法華經講義

——第五輯

——平實導師　述

ISBN 978-986-5655-69-3

執著離念靈知心爲實相心而不肯捨棄者，即是畏懼解脫境界者，即是畏懼無我境界者，即是凡夫之人。謂離念靈知心正是意識心故，若離**俱有依**（意根、法塵、五色根），即不能現起故；若離**因緣**（如來藏所執持之覺知心種子），即不能現起故；復於眠熟位、滅盡定位、無想定位（含無想天中）、正死位、悶絕位等五位中，必定斷滅故。夜夜眠熟斷滅已，必須依於**因緣**、**俱有依**緣等法，方能再於次晨重新現起故；夜夜斷滅後，已無離念靈知心存在，成爲無法，無法則不能再自己現起故；由是故言**離念靈知心是緣起法**、**是生滅法**。不能現觀離念靈知心是緣起法者，即是未斷我見之凡夫；不願斷除**離念靈知心常住不壞之見解**者，即是恐懼解脫無我境界者，當知即是凡夫。

——**平實導師**——

一切誤計**意識心為常**者，皆是佛門中之常見外道，皆是凡夫之屬。意識心境界，依層次高低，可略分爲十：一、處於欲界中，常與五欲相觸之離念靈知；二、未到初禪地之未到地定中，暗無覺知而不與欲界五塵相觸之離念靈知，常處於不明白一切境界之暗昧狀態中之離念靈知；三、住於初禪等至定境中，不與香塵、味塵相觸之離念靈知；四、住於二禪等至定境中，不與五塵相觸之離念靈知；五、住於三禪等至定境中，不與五塵相觸之離念靈知；六、住於四禪等至定境中，不與五塵相觸之離念靈知；七、住於空無邊處等至定境中，不與五塵相觸之離念靈知；八、住於識無邊處等至定境中，不與五塵相觸之離念靈知；九、住於無所有處等至定境中，不與五塵相觸之離念靈知；十、住於非想非非想處等至定境中，不與五塵相觸之離念靈知。如是十種境界相中之覺知心，皆是意識心，計此爲常者，皆屬常見外道所知所見，名爲佛門中之常見外道，不因出家、在家而有不同。

——平實導師——

如聖教所言，成佛之道以親證阿賴耶識心體（如來藏）為因，《華嚴經》亦說**證得阿賴耶識者獲得本覺智**，則可證實：證得阿賴耶識者方是大乘宗門之開悟者，方是大乘佛菩提之眞見道者。經中、論中又說：證得阿賴耶識而轉依**識上所顯真實性**、**如如性**，能安忍而不退失者即是**證真如**、即是大乘賢聖，在二乘法解脱道中至少為初果聖人。由此聖教，當知親證阿賴耶識而確認不疑時即是開悟眞見道也；除此以外，別無大乘宗門之眞見道。若別以他法作為大乘見道者，或堅執**離念靈知**亦是實相心者（堅持意識覺知心離念時亦可作為明心見道者），則成為實相般若之見道內涵有多種，則成為實相有多種，則違實相絕待之聖教也！故知宗門之悟唯有一種：親證第八識如來藏而轉依如來藏所顯眞如性，除此別無悟處。此理正眞，放諸往世、後世亦皆準，無人能否定之，則堅持離念靈知意識心是眞心者，其言誠屬妄語也。

——**平實導師**——

目次

自序……序01
第一輯：
〈經題略說〉……001
〈序品〉第一……089
第二輯：
〈序品〉第一……001
〈方便品〉第二……105
第三輯：
〈方便品〉第二……001
第四輯：
〈方便品〉第二……001

〈譬喻品〉第三……009
第五輯：
〈譬喻品〉第三……001
第六輯：
〈信解品〉第四……001
〈藥草喻品〉第五……267
第七輯：
〈藥草喻品〉第五……001
〈授記品〉第六……115
〈化城喻品〉第七……201
第八輯：
〈化城喻品〉第七……001
〈五百弟子受記品〉第八……269

第九輯：
〈五百弟子受記品〉第八……001
〈授學無學人記品〉第九……011
〈法師品〉第十……061
〈見寶塔品〉第十一……205
第十輯：
〈見寶塔品〉第十一……001
〈提婆達多品〉第十二……143
〈勸持品〉第十三……311
第十一輯：
〈勸持品〉第十三……001
〈安樂行品〉第十四……149
第十二輯：
〈安樂行品〉第十四……001

第十三輯：
〈安樂行品〉第十四……001
〈從地踊出品〉第十五……273
第十四輯：
〈從地踊出品〉第十五……001
第十五輯：
〈從地踊出品〉第十五……001
〈如來壽量品〉第十六……051
第十六輯：
〈如來壽量品〉第十六……001
〈分別功德品〉第十七……017
第十七輯：
〈隨喜功德品〉第十八……001
〈法師功德品〉第十九……127

第十八輯：

〈法師功德品〉第十九……001

第十九輯：

〈法師功德品〉第十九……001

〈常不輕菩薩品〉第二十……013

〈如來神力品〉第二十一……285

第二十輯：

〈如來神力品〉第二十一……001

〈囑累品〉第二十二……129

〈藥王菩薩本事品〉第二十三……227

第二十一輯：

〈藥王菩薩本事品〉第二十三……001

〈妙音菩薩來往品〉第二十四……353

第二十二輯：
〈妙音菩薩來往品〉第二十四……001
第二十三輯：
〈妙音菩薩來往品〉第二十四……001
〈觀世音菩薩普門品〉第二十五……013
第二十四輯：
〈觀世音菩薩普門品〉第二十五……001
〈陀羅尼品〉第二十六……139
〈妙莊嚴王本事品〉第二十七……217
第二十五輯：
〈妙莊嚴王本事品〉第二十七……001
〈普賢菩薩勸發品〉第二十八……035
〈法華大義〉……279

自　序

大乘佛法勝妙極勝妙，深奧極深奧，廣大極廣大，富麗極富麗，謂此唯一佛乘妙法，意識思惟研究之所不解，非意識境界故，佛說爲不可思議之大乘解脫境界，名爲大乘菩提一切種智，函蓋大圓鏡智、成所作智、妙觀察智、平等性智；然而此等極勝妙乃至極富麗之佛果境界，要從因地之大乘眞見道始證，次第進修方得。然大乘見道依序有三個層次：眞見道、相見道、通達位。眞見道者位在第七住；相見道位始從第七住位之住心開始，終於第十迴向位滿心；通達位則是圓滿相見道位智慧與福德後，進修大乘慧解脫果，再依十無盡願的增上意樂而圓滿，名爲初地入地心菩薩。眾生對佛、法、僧等三寶修習信心，十信位滿心後進入初住位中，始修菩薩六度萬行，皆屬外門六度之行；逮至開悟明心證眞如時，方入眞見道位中；次第進修相見道位諸法以後，直到通達而得入地時，歷時一大阿僧祇劫，故說大乘見道之難，難可思議。

大乘眞見道之實證，即是證得第八識如來藏，能現觀其眞實而如如之自性，名為證眞如；此際始生根本無分別智，同時證得本來自性清淨涅槃。乃至證悟般若不退而繼續進修之第七住位始住菩薩，轉入相見道位中，歷經第一大阿僧祇劫中三十分之二十有四的長劫修行，同時觀行三界萬法悉由此如來藏之妙眞如性所生所顯，證實《華嚴經》所說「三界唯心、萬法唯識」正理；如是進修眞如後得無分別智，終能具足現觀非安立諦三品心而至十迴向位滿心，方始具足眞如後得無分別智，相見道位功德至此圓滿，然猶未入地。

此時思求入地而欲進階於大乘見道之通達位中，仍必須進修大乘四聖諦，現觀四諦十六品心及九品心後，要有本已修得之初禪或二禪定力作支持，方得相應於慧解脫果；或於此安立諦具足觀行之後發起初禪為驗，證實已經成就慧解脫果；此時已能取證有餘、無餘涅槃，方得與初地心相應，而猶未名初地。而後再依十大願起惑潤生，發起繼續受生於人間自度度他之無盡願，不畏後世長劫生死眾苦，於此十大無盡願生起增上意樂而得入地，方得名為大乘見道之通達位，眞入初地之入地心中，完成大乘見道位所應有之一切修證。此時已通達大乘見道位應證之眞如全部內涵，圓滿大乘見道通達位應有之無生法忍智慧，及慧解脫果與增上意樂，方證通達位之無生法忍果，方得名為始入初地心之菩薩。

然而觀乎如是大乘見道之初證眞如，發起眞如根本無分別智，得入第七住位，成爲眞見道菩薩摩訶薩；隨後轉入相見道位中繼續現觀眞如，實證非安立諦三品心而歷經十住、十行、十迴向位之長劫修行，具足眞如後得無分別智，生起初地無生法忍之初分，配合解脫果、廣大福德、增上意樂，名爲通達見道位眞如而得入地。如是諸多位階所證眞如，莫非第八識如來藏之眞實與如如二種自性，同屬證眞如者。依如是正理，故說未證眞如者，皆非大乘見道之人；證眞如者謂現觀如來藏運行中所顯示之眞實與如如自性故，實相般若智慧依如來藏之眞如法性建立故，萬法悉依如來藏之妙眞如性而生而顯故，本來自性清淨涅槃亦依如來藏之眞如法性建立故。

如是證眞如事，於眞藏傳佛教覺囊巴被達賴五世藉政治勢力消滅以後，由於時局紛亂不宜弘法故，善知識不得出世弘法，三百年間已經不行於人世。及至時局昇平人民安樂之現代，方又重新出現人間，得以繼續利樂有緣學人。然而，縱使末法時世受學此法而有實證之人，欲求入地實亦匪易，蓋因眞見道之證眞如已經極難親證，後再論及相見道位非安立諦三品心之久劫修行，而能一一教授弟子四眾者，更無其類；何況入地前所作加行之教授，而得具足實證大乘四聖諦等安立諦十六品心、九品心者？眞可謂：「善知識者出興世難，至其所難，得值遇難，得見知難，得親近難，得共住難，得其意難，得隨順難。」如是八難，具載於《華嚴經》中；徵之於末法時世之現代佛教，可謂誠言，眞實不虛。

縱使親値如是善知識已，長時一心受學之後，是否即得圓滿非安立諦三品心及安立諦十六品心、九品心而得入地？觀乎平實二十餘年度人所見，誠屬難事；殆因大乘見道實相智慧極難實證，何況通達？復因大乘慧解脫果並非隱居深山自修而可得者，如是證明初始見道證眞如已屬極難，更何況入地進修之後，所應親證之初地滿心猶如鏡像現觀，解脫於三界六塵之繫縛；二地滿心猶如光影之現觀，能依己意自定時程及範圍而轉變自己之內相分，令習氣種子隨於自己施設之進程而分分斷除；三地滿心前之無生法忍智慧，能轉變他人之內相分；以及滿心位之猶如谷響現觀，能觀見自己之意生身分處他方世界廣度眾生，而使無生法忍及福德更快速增長。至於四地心後之諸種現觀境界，更難令三賢位菩薩了知，何況未證謂證、未悟言悟之假名善知識，連第七住菩薩眞見道所證眞如都只能想像者？

雖然如此，縱使已得入地，而欲了知佛地究竟解脫、究竟智慧境界，亦仍無法望其項背，實因初地菩薩於諸如來不可思議解脫及智慧仍無能力臆測故。縱使已至第三大阿僧祇劫之修行——已得八地初心者，亦無法全部了知諸佛的境界，則無法了知佛法之全貌，如是而欲了知十方三世諸佛世界之關聯者，即無其分。以是緣故，世尊欲令佛子四眾如實了知三世佛教之亙古久遠、未來無盡，以及十方虛空諸佛世界等佛教之廣袤無垠；亦欲令弟子眾了知世間萬法、出世間法及實相般若、一切種智無生法忍等智慧，悉皆歸於第八識如來藏妙眞如性者，則必於最後演述《妙法蓮華經》而圓滿一代時教；是故 世尊最後演述《法華經》時，一仍舊貫而如《金剛經》稱此第八識心為「**此經**」，冀諸佛子醒悟此理而捨世間心、聲聞心，願意求證眞如之理，久後終能確實進入絕妙難思之大乘法中。斯則 世尊顧念吾人之大慈大悲所行，非諸凡愚之所能知。

然而法末之世，竟有身披大乘法衣之凡夫亦兼愚人，隨諸日本歐美專作學問之學者謬言，提倡六識論之邪見，以雷同常見、斷見外道之邪見主張，公開否定大乘諸經，謂非佛說，公然反佛聖教而宣稱「**大乘非佛說**」。甚且公然否定最原始結集之四大部阿含諸經中之聖教，妄判爲六識論之解脫道經典，公然貶抑四阿含諸經中之八識論正教，令同於常見外道之六識論邪見；全違 世尊依八識論而解說聲聞解脫道之本意，亦令聲聞解脫道同於斷見、常見外道所說之解脫，則無餘涅槃之境界即成爲斷滅空而無人能知、無人能證。如是住如來家，著如來衣，食如來食，藉其弘揚如來法之表相，極力推廣相似像法而取代聲聞解脫道正法，最後終究不免推翻如來正法；如斯之輩至今依然寄身佛門破壞佛法，而佛教界諸方大師仍多心存鄉愿，不願面對如是破壞佛教正法之嚴重事實，仍多託詞高唱和諧，而欲繼續與諸多破壞佛教正法者**和平共存**，以互相標榜而**維護名聞利養**。吾人若繼續坐令如是現象存在，則中國佛教復興，以及中國佛教文化之推廣，勢必阻力重重，難以達成；眼見如是怪象，平實不得不詳解《法華經》之眞實義，冀能藉此而挽狂瀾於萬一。

如今承蒙會中多位同修共同努力整理，已得成書，總有二十五輯，詳述《法華經》中 世尊宣示之眞實義，因名《法華經講義》，梓行於世，冀求廣大佛門四眾捐棄邪見，回歸大乘絕妙而廣大無垠之正法妙理，努力求證，共爲復興中國佛教文化、抵禦外國宗教文化之侵略而努力，則佛門四眾今世、後世幸甚，中國夢在文化層面即得實現。乃至繼續推廣弘傳數十年後，終能使中國成爲全球最高階層文化人士的歸依聖地、精神祖國；流風所及，百年之後遍於歐美社會各層面中廣爲弘傳，則中國不唯民富國強，更是全球唯一的文化大國。如是復興中國佛教文化之舉，盼能獲得廣大佛弟子四眾之普遍認同，乃至廣有眾人付諸實證終得廣爲弘傳，廣利人天，其樂何如。今以分輯梓行流通在即，因述如斯感慨及眞實義如上，即以爲序。

佛子　**平實**　謹序

公元二〇一五年初春　謹誌於竹桂山居

第五輯：

《妙法蓮華經》

〈譬喻品〉第三（上承第四輯〈譬喻品〉未完部分）

經文：【「舍利弗！如彼長者，雖復身手有力而不用之，但以殷勤方便勉濟諸子火宅之難，然後各與珍寶大車。如來亦復如是，雖有力、無所畏而不用之，但以智慧方便，於三界火宅拔濟眾生，爲說三乘：聲聞、辟支佛、佛乘，而作是言：『汝等莫得樂住三界火宅，勿貪粗弊色聲香味觸也；若貪著生愛，則爲所燒。汝速出三界，當得三乘：聲聞、辟支佛、佛乘。我今爲汝保任此事，終不虛也，汝等但當勤修精進。』如來以是方便誘進眾生，復作是言：『汝等當知此三乘法，皆是聖所稱歎，自在無繫，無所依求。乘是三乘，以無漏根、力、覺、道、禪定、解脫、三昧等而自娛樂，便得無量安隱快樂。』」】

自己身手很有力氣但是卻不用它，只是用殷勤的心施設方便法，來勸勉救濟所有孩子們的三界火宅災難，然後卻給每一個孩子同樣是鑲了珍寶的大白牛車。如來也就像是這個樣子，雖然很有力量也全無所畏，可是卻不使用這一些神通大力和無所畏的威德，而只是以智慧加上各種方便善巧，在三界火宅之中救拔濟度眾生，而為眾生宣說有三乘菩提：所謂聲聞乘的聲聞菩提、辟支佛乘的緣覺菩提，以及菩薩乘的佛菩提，而對大眾這樣子開示說：『你們不應該再想要快樂地住於三界火宅之中，不要去貪求三界中各種粗糙而且弊陋的色聲香味觸；如果對這些有貪著而生起了愛戀之心，就會被三界中的大火所焚燒。你們應該要趕快出離三界，就會得到三乘菩提，就是聲聞菩提、緣覺菩提、諸佛的菩提。我如今為你們大家保證，並且幫助你們可以獲得這樣殊勝的事情，終究不是虛妄之說；可是你們也得要努力而很精勤修行，要精進努力才可以獲得。』如來就是以這樣的方便來誘導勸進眾生，然後又這樣子為大家說明：『你們應當知道這三乘菩提的勝妙法，都是聖者所稱揚讚歎的，可以使你們大家心得自在而不會被繫縛，並且是無所依、無所求的境界。搭乘著這三乘菩提的寶車，可以用無漏性的五根、五力、七覺支、八正道，以及各種禪定、解脫和三昧，而自己自在地娛樂，就可以獲得無量的安隱、無邊的快樂。』〕

講義：這就是說，這位長者雖然很健康很有力氣，當然也可以自己從火宅裡面，把那些孩子們一個一個拉出去。但是一個一個拉出去，就會很辛苦，總不能一次捧著幾十個孩子出去吧！所以要來回奔忙，那要多久呢？而且拉了十個出去，又回來拉剩下的孩子，可是火宅外面那十個孩子又會繼續跑進來。這是因為眾生都很喜歡三界中的境界，你強拉他們，要拉到什麼時候？沒有辦法全部拉出火宅外去啦！這就像說，我們如果不把聲聞菩提的法義講清楚，假使我們有威神力把他們放入無餘涅槃境界中，他們一定不能安住，馬上又會回來三界中。這是真話啊！諸位想想看，以前正覺弘法之前，不管哪個大山頭都一樣，都說：「我們死的時候，就以這個離念靈知一念不生，就是住進無餘涅槃裡面去了。」換句話說，就是認為涅槃之中是一念不生的心住在裡面，就好像那些不懂事的孩子認為屋裡安全無虞一般。

這就是說，他們都想要繼續保有五陰的這個生滅我，至少他們是想要保有識陰六識這個自我繼續存在。因爲你如果對他說：「假使無餘涅槃裡面只有意識覺知心，而沒有能見、能聞、能嗅、能嚐、能觸的心，你要不要？」一般學佛人都會說：「我不要，那我不是像生病了一樣嗎？不是像植物人嗎？」這樣就不接受了。覺知心都還在，只是沒有五塵、沒有五識而已，他們就不接受了。好了，我們書印出來說：「入無餘涅槃的時候，是要殺掉自己，永盡無餘，十八界全部滅盡。」那些大師們有誰接受了？到現在沒有一個啊！連大師們都不接受了，而小師們也不接受，那他們的信眾當然更不可能接受。所以當你詳細告訴他們：「無餘涅槃中是滅盡十八界的，苦與樂全部滅盡。」他們聽了，反而跟你抗議說：「這樣叫作涅槃？你這樣不是斷滅空嗎？」喔！他還罵你。然後說：「所以，我至少要有細意識存在才行。」

單單是正確的聲聞菩提，大師們都無法接受了，如果我們有力量把他拉到無餘涅槃裡面去，你說他們第八識中的我執種子會不會再運作，促使意根、意識繼續現行而再跑進三界境界中來？會啊！但是他會跟你爭執說：「我在這裡面不是三界境界，正是出三界的涅槃境界。」他住在三界裡面，跟你爭執說他不是住在三界內，說他是界外。對啊！以前不是有人寫信來跟我說三界外有什麼法、什麼法嗎？我卻回覆說界外無法。三界外還有法啊？那就是死不透嘛！

所以你用拉的其實沒有用，你把他們一個一個拉出去，才拉出去放好，剛剛反身進入火宅裡來，下一個孩子都還沒有拉到，他已經跟在你身後又進來火宅裡。因爲眾生就是喜歡三界境界，所以你用拉的沒有用，得要讓他們有智慧而自己願意離開火宅才行。如來雖然有威神之力，可以把眾生置於無餘涅槃也沒用，眾生第八識中的生死種子立刻又流注出來，我執、我所執立即現行，於是又回到三界中來。所以不能用拉的，一方面會很辛苦，要不斷地拉個不停；也許你拉了他們三大阿僧祇劫，都還得繼續再拉他們。但你如果用智慧告訴他們：「這三界眞的有種種大火，都已經在燒了。」幫助他們都懂了，當這些孩子們終於都懂了，就願意自動出離三界火宅。等到他們有能力而親證無餘涅槃的時候，接著你就給他們大白牛車，附送羊車與鹿車，他們要怎麼玩都行，由著他自己去玩，也就是所有孩子們都有三車可玩了。

所以早期，我們許多同修們進來同修會學法，他們都沒有想到我們是三乘菩提全都具足，眞的沒有想到啊！當初他們大家來學的時候很單純：「哎呀！就是可以開悟，可以明心，還可以眼見佛性。」這樣就很滿足了。可是進來修學以後才知道說，原來還有那麼多妙法。所以跟著我二十年了，現在還繼續跟隨著。也有人悟後請長假，休息了幾年，因爲在同修會學法眞的很辛苦，無止盡，一直學下去，眞的好辛苦：「人家都說悟了就沒事了，咱們正覺同修會是悟了以後事情更多，好辛苦！」眞的好辛苦，那麼心累了，告個長假，休息個五、六年，眞的有這樣的同修啊！休息了五、六年以後，想一想：還是回同修會好，因爲在外面什麼都沒有，就請問如何回來。我說：那很簡單，又不是謗法，對不對？只是告了長假；隨時回來，教學組那邊寫個銷假條，增上班的上課證就又補發了。

這就是說，如來就好像長者那樣，身手雖有力而不用之，爲什麼呢？因爲強拉的沒有眞的作用。就像你們度一些親朋好友來同修會學法一樣，你如果不爲他們講清楚，強拉了來；他們面子上不好意思，就來上二、三堂課；然後他想，已經有交代了，就 say goodbye 了。但是你如果爲他講清楚：「學佛是要幹什麼，你現在不學，以後也得要學；這一世不學，未來世也要學；這一劫不學，下一劫也要學；這一大阿僧祇劫不學，下一個阿僧祇劫以後你還是得要學；因爲只有這條路是究竟的路子，你遲早都要走上這一條路，晚走不如早走。」講清楚了，他們來學以後就不會再走人。所以不能用力氣去強拉，而要有方便善巧告訴他們那些道理。大富長者就是這樣子作的，把這一些孩子們都勸諭離開了火宅之後，就給他們羊車、鹿車、大白牛車，三車具足都給。如來也是這樣，如來雖然有十力、四無所畏，但不用這個威德來強拉眾生出離火宅，只是用智慧方便而在三界火宅中拔濟眾生。既然是以智慧方便來拔濟眾生，當然不可以純說佛菩提道，因爲佛菩提很難證、很難解、很難懂。

想要了知佛菩提是很困難的，在以前講這句話，一般學佛人不會相信的。但是現在諸位都會信，爲什麼呢？那位現成的印順法師就是個例子，他用聲聞菩提來取代佛菩提，說他講的聲聞菩提就是佛菩提道，所以他認爲阿羅漢就是已經成佛的人，所以主張凡夫位的「人菩薩行」修久了以後就可以成佛。但是即使淺如聲聞菩提，他都弄錯了。連這位被台灣佛教界大師們一致推崇爲佛法導師的他，都還是全部弄錯了，那你想，聲聞菩提已經這麼難理解了，何況是三明六通大阿羅漢們所不知道的佛菩提呢！所以若是一開始就講佛菩提，正法很難以弘傳。為什麼難弘傳呢？因為你弘揚了二十年，大家還是聽不懂，正覺同修會的弘法就是現成的例子。

大家都聽不懂、讀不懂，那麼會跟隨你的人就永遠都是極少數，你要怎麼樣廣大弘傳下去呢？所以你如果一開始先弘揚聲聞菩提，讓大家可以實證說：**「原來斷三縛結、證初果是可能的，因為我現在已經親斷三縛結、親證初果了；我接著再努力修行，薄貪瞋癡得二果，應該不是難事。」**因為這是看得見的，然後再去瞭解五下分結、五上分結等等，如法次第進修，知道原來確實都是可證的，他就有了信心。所以，得要施設三乘菩提的次第：先說聲聞乘，等到大家都證了聲聞乘以後，當然阿羅漢們也會好奇：**「那辟支佛到底是證什麼智慧？他們觀行的內容又是什麼？」**於是如來又為大家演講緣覺菩提。這樣子，阿羅漢們對於解脫道的內涵理解就更深入而且更廣大了，最後才來宣講大乘成佛之道。

這個三乘菩提，以前那一些六識論者——也就是應成派的中觀師們，他們都公開說：大乘非佛說。應成派中觀是指哪一些道場？諸位知道嗎？最具體的代表，第一個就是慈濟證嚴，因為她是釋印順所剃度的；不但是印順剃

來藏，所以他們公開否定常住法第八識。他們也認爲：阿含諸經中不承認有本住法如來藏。他們還是有一個佛學研究所的佛教道場喲！名稱叫作「中華佛學研究所」，研究的結果竟認同日本人的邪說而變成六識論者，跟四阿含諸經中說的聖教顚倒。那你想，聲聞菩提容不容易理解？難吶！直到我們《阿含正義》全部出版完畢，證明四阿含諸經講的還是八識論的正理，他們依舊沒有想要改正自己錯誤的想法。阿含諸經中有講到本住法，不但有，而且阿含中也講三乘；所以這樣一看，沒得反駁了，只好對我們的辨正默不吭聲。

所以三乘菩提之法，不是只有在大乘經中才說，而是《阿含經》就已經說過的。《阿含經》不是講有「三乘部眾」嗎？我在《阿含正義》書中都已經列舉出來了。《阿含經》中也講過眞的有菩薩，不是只有聲聞人。好啊！阿羅漢既然不是菩薩，《阿含經》中也有講到菩薩，那麼菩薩是大乘還是小乘？當然是大乘啊！並且《阿含經》中也講過摩訶衍，摩訶衍就是大乘，怎麼可以說大乘非佛說？如果依照他們那樣講，《阿含經》也得要推翻掉了。他們把《阿含經》中明文記載的聖教都否定了，那他們是佛教徒？不是佛教徒？因爲連四阿含諸經中的說法都敢否定了，他們還能稱爲佛教徒嗎？可是他們卻仍穿著袈裟欸！不但北傳《阿含經》如此說，南傳《阿含經》——《尼柯耶》—裡面也一樣是講摩訶衍，也說有大乘啊！那裡面說的摩訶薩不是阿羅漢啊！所以三乘菩提是本來就存在的，是 佛陀的時代就有三乘菩提的。而這些證據並不是只有大乘經中才有，在小乘經的四阿含之中就有了，而這個《阿含經》南傳的名稱就叫作《尼柯耶》。現在也有人把《尼柯耶》翻譯成中文了，裡面也很清楚記載著三乘菩提、菩薩摩訶薩。也都是有啊！所以當然不能夠說大乘非佛說，所以三乘菩提是確實存在，而三乘菩提都是 佛陀親口所說。

那麼，世尊就爲眾生說：「你們這一些人不要再繼續貪愛而樂著於三界火宅的境界，因爲三界是不安全的、不究竟的、不安隱的。」即使說三界中眞的有樂，也是苦多樂少。在人間雖然苦樂參半，但是想一想，生老病死以後，到了下一世又重新生老病死，再下下世還是生老病死，就是不斷地生老病死。這樣不斷地生老病死，到底是爲了什麼？總不會說「就是爲了生老病死」，一定有個什麼目的。生老病死的一生過程當中，一定不斷地要有提升。不然的話，老是在人間生老病死，到底是爲了什麼呢？

好啊！如果得要提升，就有人說：「要昇華我們的心靈啊！」好啦，昇華心靈了以後，還是在人間生老病死；昇華了心靈以後，並沒有脫離生老病死。所以探究到最後的結果，一定要設法探究出一個最究竟的，所以說：「我一直在三界中生老病死，是爲了什麼？所爲的那一些成就，哪一個是最究竟的？」因爲一定有很多的原因才要繼續生老病死。有的說：「我爲了要一世又一世當轉輪聖王。」有人說：「我爲了要生天堂」、「我爲了要到色界天去」、「我爲了要出三界」等等，一定都有所爲。爲什麼呢？凡是有所爲，目的可以有很多項，其中哪一項才是最究竟？當然要討論這個題目。那麼探討的結果發覺：那一些都是世間法，原來有一個可以出離世間的妙理，這個比所有世間法都究竟，這一個跟所有的其他世間的境界顯然就不一樣。那麼就想：「我要這個。」要了這個，可是等到獲得這個以後，如來卻說還有比這個更好的緣覺乘；緣覺乘學完了，如來又說還有比這個更好的大白牛車，就是佛菩提乘。

可是眾生很難救度，所以要先從最簡單的部分開始講起：「你們不要貪著粗弊的人間色聲香味觸；若貪著生愛，則爲所燒。」既然三界中都是火宅，那該怎麼辦？所以接著勸說「汝速出三界」，就是要叫大家趕快離開三界。那麼眾生當然會問：「我們離開三界，有什麼好處啊？」就像這大富長者說：「你們要趕快出離火宅。」孩子們要問：「老爸！我們趕快出去，您給我們什麼？」於是老爸就開了支票：羊車、鹿車。至於大白牛車，對孩子們來講，無法想像，可能也不信，所以答應給他們羊車、鹿車，這是他們可以瞭解的。好啊！趕快出來火宅之外，然後就給孩子們大白牛車，因爲大白牛車裡面也有鹿車與羊車，他們如果大白牛車玩膩了，把鹿車、羊車搬下地來也可以玩，這就是佛菩提。

你如果只教眾生佛菩提，眾生說：「哎呀！這太深太廣了，我要玩小一點的比較容易。」也可以啊！那就給他們二乘菩提，拿下地去玩一玩。玩到後來膩了說：「哎呀！這個沒什麼好玩的，就只有這樣而已。」於是就回到大白牛車上來玩，這時就把鹿車、羊車都搬上大白牛車裡放著，就開始玩大白牛車，這就是遊戲於佛菩提道中。所以世尊告訴眾生說：「你們要趕快出離三界，你們只要出離了三界，就有三乘菩提給你們玩：聲聞菩提、辟支佛菩提以及諸佛的菩提。」其實呢，其實是先得聲聞菩提，然後才有三乘的具足。若不這樣講，眾生沒有辦法接受，因此就這樣講：「你們只要趕快出來，就有這三個東西給你。」所以大乘法中就有聲聞乘、辟支佛乘以及佛乘，全都具足。

眾生剛開始還是無法完全相信的，所以 世尊得要寫保證書給眾生：「我今爲汝保任此事。」就是：「我爲你們保證：你們只要出了三界，我一定給你們這三個菩提。」並且還說：「我講話不虛妄，眞的可以給你；只要你肯出離三界，我就給你。」好啦！眾生看到 世尊寫了這張保證書：「如來對我們保證，眞的可以得到三乘菩提。」因此心裡終於信了。信了以後，如來就勸大家說：「你們要勤修精進。」如果他們不信，你講勤修精進有什麼用？正要他完全信受了，然後才叫他「勤修精進」，這就是 如來爲眾生方便而說的話。

如來就是這樣方便利誘眾生、勸進眾生，然後還爲大家讚歎三乘法有些什麼內容，引起大家的興趣。如果你不說清楚，大家想：「你只是說一個好聽的，到底有什麼內容，你又不告訴我，我哪知道是眞的假的？不知道眞的假的，憑什麼相信你？」所以，如來只好詳細一點說明：「你們應當要知道，這個三乘法都是聖眾所稱揚讚歎的，獲得這三乘法的時候，你就可以獲得自在而不被繫縛，可以於三界火宅隨意來去，不會被煩惱大火所燒。」大家想一想：「這樣好啊！我如果有時候喜歡回來玩，就回來玩一玩；不喜歡的時候，我再隨時離開，都不會被煩惱大火燒到。」世尊當然要爲大家說明：你有這個能力，就不必依於任何人，也不必求任何人，你自己可以自在於生死，這才是最重要的。

所以，一定要先讓眾生瞭解，出離了火宅以後有什麼東西可得；因爲眾生的心都是在得，所以你教給眾生聲聞菩提，要告訴他：「你可以得初果。」可是等他得了初果，他才知道上當了；因爲本來是有五陰、有十八界、有十二處、有欲界種種法可以貪愛，結果得到了初果以後是：這一些法可愛的想法，全部都捨去了，都要推翻掉。可是你如果說：「你要出三界，就是什麼都捨，除了不斷地捨，依舊是捨。」眾生會說：「那我什麼都沒有了，爲什麼要出三界？」你就告訴他：「你可以得阿羅漢果啊！」可是，阿羅漢果只是個名稱而已，原來是把自己幹掉了，原來是這樣啊！

但是，雖然他成爲阿羅漢，什麼都捨盡了以後，他卻有智慧可以爲眾生說法。眾生一看：「這阿羅漢這麼有智慧可以出離三界，而我們作不到。他有那麼多法可以教給我們，讓我們知道怎麼出離三界，這阿羅漢果然得了不少法。」可是「得」不少法，背後是什麼？就是什麼都丟掉。但這個道理若跟一般眾生講都沒有用，只能跟你們講，因為你們懂。所以你看，這《阿含正義》寫出來，大家看：「喔！這蕭平實有這麼多智慧，能夠懂這一些法，一直不斷地寫出來，你看！」可是，他們不知道的是：我的心境中是把什麼都捨掉。如果不是什麼都捨掉，誰願意當我這種大傻瓜？出來弘法不為求名、不為得利。「出來弘法最重要就是名跟利，總是紅包一大包、一大包的一直收，最好每年收個五億、八億元的。可是，這個蕭平實這麼笨，人家只是單單供養個一千塊、二千塊錢也都不要，那不是傻瓜嗎？」是啊！是傻瓜。

可是，只有這樣的傻瓜才會有解脫道的智慧，聰明人一天到晚在收紅包，他們其實很笨，表示他們都沒有解脫道的智慧。所以有些話跟諸位講可以，跟外面那些人講，他們聽了會說：「那我才不要去學。我去正覺證了阿羅漢果，結果是上當了。」可是你對眾生要講：「你有阿羅漢果可得。」不要告訴他們說：「證果就是捨掉自己。」他們想到有果可得，為了這個果，就願意試著去學；一面學一面理解正法，學到後來想一想：「也眞的只好如此，因爲如果不出離三界，終究不離生老病死。雖然出離三界的結果是要什麼都捨，但還是得要捨。」最後終於弄懂了，於是證果就水到渠成了。

就是要這樣去利誘勸勉，否則眾生沒有辦法一開始就接受的，所以讓他們瞭解說：「你出離三界以後，你也可以不必一定就離開三界，你有能力出離三界就行了。」等到證得阿羅漢果以後，有能力出離三界了，就告訴他說：「你就繼續住在三界裡利樂眾生，哪一天你膩了厭了，想要出離時再出離吧！」這樣就接受了。就好像一個大監獄，這個監獄裡面關著三界一切眾生。這監獄裡面，有的眾生層次比較高，他在裡面辦辦公，這樣來服刑；有的要作粗工，有的要挨罵，有的是一天到晚被欺負受苦的。這個三界監獄裡面的眾生，後來有人修行而證悟解脫與實相以後，他想：「我終於有能力離開三界監獄了。」但是你想，他有須要馬上離開嗎？沒有必要嘛！譬如被判刑關在監獄裡面，後來他因爲作了許多事情而導致監獄無權再關他，所以後來免刑了。免刑以後他想：「我這麼多的好朋友都在這裡，我應該教他們怎麼樣統統可以免刑，都可以離開監獄。」所以他反而不想離開了，乾脆說：「我在這監獄裡面當教化師好了，我就常住監獄中，也不想到外面去；因爲如果我有事想要出去，隨時都可以出去。」那麼，他掛念著三界監獄中的好兄弟們，所以就常年住在裡面，這就是當菩薩。

所以，一定要先讓眾生「自在無繫，無所依求」：不必求別人，自己可以出離三界；不必依止於別人，自己可以出離三界。當他這樣自在的時候，就表示他們自己對三界境界已經無所畏懼了。有了這樣的能力，如來接著就要教導他們：「不是只有出三界的功德而已，在出三界這個法上面，還有許多的法，你們乘坐這三乘菩提出離生死之車，還有許多的法可以自己娛樂。」因此 如來就講俱解脫、慧解脫的差別，然後又講三明六通大解脫。不但如此，所有眾生在三界中有四種識住、有七種識住，還有八解脫等等，就全部爲大家說明，使大家具足解脫生死的功德。

有些阿羅漢，只是自己努力去修行而能夠出三界，可是出三界的各種差異狀況並不完全瞭解，於是 佛就詳細解說聲聞菩提的全部內容。阿羅漢們既可以出三界，又有這麼多解脫道的智慧，可以爲眾生說明。這就是羊車，這就是聲聞菩提的法樂，阿羅漢們可以用聲聞菩提來娛樂自己。有這個能力了，也有這個智慧了，再送給他鹿車。鹿車就是緣覺菩提，就是因緣法。因緣法，現在對諸位來講，會覺得這不是很深，可是在以前，那眞的很深。

也許有人講：「那有什麼深？就只是十二因緣。」當然現在不敢再講了，因爲若沒有十因緣法，就沒有十二因緣法。可是以前有誰講過？佛教界沒有人講，只有經典裡面說了，但是大家都不知道。論典裡面，不曉得有沒有說過，我不知道，我還沒有讀過；我在判斷：應該是有。以前大家都說：「十二因緣，我知道了，就是無明緣行，行緣識，識緣名色……」，就具足唸出十二有支給你聽，然後說：「就這樣而已啊！有什麼深？」可是現在大家不敢再說沒有什麼深了，因爲現在終於知道：「原來因緣法也是很深的法，是阿羅漢們所應該學的，而我們現在都還證不得初果呢。」所以當眾生證得阿羅漢果了，接著教導他們修證緣覺果，這就是送給他們鹿車了。

於是他們有緣覺菩提可以爲眾生解說，平常就以這個法而自娛樂。所以，阿羅漢們托缽以後，經行完了、消食了，如果不修定，世尊又剛好到別地說法去了，這時要幹什麼呢？就是你來找我，我來找你，大家談法；一天到晚就作法談，法談之後互相讚歎；於是迦旃延讚歎舍利弗，舍利弗讚歎富樓那，富樓那讚歎迦旃延，就互相讚歎來、讚歎去。就這樣子，這就是佛世大阿羅漢們的生活。

然後，終於 世尊開始宣講大乘菩提，大家就有點忙了，就不斷地探討佛菩提了。佛菩提講的是諸佛如來無漏性的五根、五力、七覺支、八正道、四禪八定、各類增上定、種種解脫、種種三昧；所以阿羅漢們跟著 佛陀一生學不完，大家都以這一些深妙法「而自娛樂」，來獲得無量快樂、無量安隱。如來就為眾生這樣說：「你們如果獲得這三乘菩提，那麼這三乘菩提裡面有無量無邊的法，可以讓你自己娛樂，從此以後獲得無邊的安隱、無量的快樂。」因為法樂無窮。這就是這一段經文所說的眞實義。

經文：【「舍利弗！若有眾生，內有智性，從佛世尊聞法信受，慇懃精進，欲速出三界，自求涅槃，是名聲聞乘，如彼諸子為求羊車出於火宅；若有眾生，從佛世尊聞法信受，慇懃精進求自然慧，樂獨善寂，深知諸法因緣，是名辟支佛乘，如彼諸子為求鹿車出於火宅；若有眾生，從佛世尊聞法信受勤修精進，求一切智、佛智、自然智、無師智、如來知見、力、無所畏，愍念

安樂無量眾生，利益天人、度脫一切，是名大乘。菩薩求此乘故，名爲摩訶薩，如彼諸子爲求牛車、出於火宅。」】

語譯：【世尊又說：「舍利弗啊！如果有的眾生，他的心中有智慧性，隨從於佛陀世尊聞熏正法，而從深心之中相信並且願意受持，然後慇勤精進如法觀行，想要快速出離三界，這是想要自己去求得不生不死的阿羅漢境界，這樣的人就是聲聞乘的修行者，這個人如同那一些大富長者的孩子們，爲了求得羊車而出離三界火宅的意思是一樣的；如果有的眾生，隨從諸佛世尊聽聞正法而信受，並且慇勤精進想要求得自然的智慧，樂於獨善其身而住於寂滅的境界之中，深入瞭解諸法因緣生滅的道理，這一類人就稱爲辟支佛乘，就如同大富長者那些孩子之中，有些人是爲了想要求得鹿車而出離火宅之外；那麼，如果有眾生，隨從諸佛世尊聽聞佛法，心中信受而且精勤修學，努力精進尋求一切智、佛智、自然智、無師智、如來的所知所見、十力、四無所畏，並且有慈悲心能愍念無量眾生，願意給予一切眾生安樂；他願意無窮無盡地利益天人，想要度脫一切眾生，這一類的修學者就稱爲大乘的修學者。菩薩們正是因爲尋求這個大乘法的緣故，所以才被稱爲大心的修行人，

名為摩訶薩，這一類人就如同大富長者那一些孩子之中，為了要求得大白牛車、而出離火宅的人一樣。」】

講義：世尊這一段開示，是比較具體來解說三乘行者不同的根性。第一類眾生，是自己心中有智慧性，他懂得應該出離火宅。一般人都不會想要出離火宅，他們在火宅中生老病死是覺得很快樂的，所以你如果跟他說這五陰苦、空、無常、無我，他們聽不進去，因為他們覺得：「五陰存在非常好，我每天快快樂樂過生活，你偏要跟我說這是苦。」不能接受。你如果對他們說：「你們每天喜歡聽音響，讓你連著聽三天三夜不睡覺，你總該苦了吧！」他們會說：「還是不苦，我們最多睡一覺，醒來繼續再欣賞音樂。」他們都不覺得苦，只有你覺得苦，所以你為他們講苦是沒有用的。要等什麼時候呢？等他們年紀大了、耳背了、牙衰了，然後許多身體機能都退化了，你再來跟他們說苦，他們才聽得進去。所以你跟一般人說學佛，他們會說：「我才三十歲，學什麼佛？」認為學佛應該是老人的事，是快要死了才要學；所以你跟他們說學佛，他們根本聽不進去。

現在比較有年輕人願意學佛，是因為學佛很時髦。為什麼時髦呢？你看那些上位者，不然就去找那位法師，不然就來找這位法師，而這些上位者也說他們在學佛。於是眾生覺得學佛好像很時髦，又看見左鄰右舍也都在談論佛法，於是想：「嗯！佛法好像很深的樣子；嗯！那好像很有智慧的樣子。」所以他是為了趕時髦而學佛，真正學佛的人是很少的，附庸風雅比較多。如果是真正學佛的人，他遲早會走進正覺來；若是附庸風雅、趕時髦的人，都不會進正覺修學。初機學人喜歡表相：「我如果參加了某個大團體，只要外面有災難時，我就穿起那個制服到現場去，人家都會尊重我。我覺得自己若是屬於某某團體，身分地位就會很高。」他就覺得這樣子很快樂，他只是為了求得眾人的恭敬與快樂而進入佛門。

可是他們學的是什麼呢？是表相佛法，就是《阿含經》中說的「相似像法」，甚至不是相似像法，而是外道法。學外道法、表相佛法的人，你要度他們很困難。也許你對他說：「請您四月二十五號來高雄巨蛋聽佛法。」「哎喲！我們常常都在聽了，那有什麼好聽？要跑那麼遠！」對吧？你就告訴他們：「你學了十幾年的佛法，聽來聽去都是那個東西，都是表相的、膚淺的，你何不花五個小時來聽一次完全不一樣的？」你要告訴他們：「你們要來聽聽不一樣的佛法，而且是有內涵的眞實佛法，不是表相的。你們十幾年來都聽一樣的，不覺得膩嗎？來聽一次不一樣的，比較看看。就好像十幾年來都吃同一種食物，現在有更好吃的，你來嚐一下看看嘛！假使還覺得不好吃，你以後不要吃也行！也許這個東西比你十幾年吃的都要好吃，那你何妨試一次？」用這樣的說法，也許有的人善根熟了，才剛一聽，心想：「對啊！我五十幾年都聽一樣的東西，道業都沒有長進。現在有不一樣的，我就去看看、瞧一瞧。如果不合口味，再丟了也不遲；如果合口味，我何妨每天享受它。」這就是諸位度眾的善巧方便，可以這麼講嘛！

這段時間大家都很忙，好像是我比較有空的樣子，所以最近我是忙著寫曲，因爲我們的〈超意境〉完結篇想要在年底印出來，總是該要開始製作，所以這段時間寫了一些曲子。以前有託人作了五首，剩下的部分我就自己寫，所以很多種不同風格的曲子，包括吉爾特民謠的風格、京劇風格、藝術歌曲風格、台灣民謠風格；總之，什麼樣的風格都來一種，就這樣子，還包括一首是情歌的風格。如今準備要開始去錄製，但是有許多前置作業，例如編曲、配樂等等要作，還得邀請專家來幫忙；所以你們忙著籌備「四二五穿越時空——「超意識」的演講工作，我在忙這個東西；大家各有所忙，那麼福德快速累積，這就是進道資糧。言歸正傳，我們還是回到《法華經》來，上回講到三十九頁第二段，我們有大略講過了沒？只是略說了第一段而已？

好！上一回只有略講第一行，第一種人，是說眾生心中因爲有智慧的自性，所以隨從諸佛世尊聽聞正法而能信受，慇勤精進想要快速出離三界，這樣的人在自心中唯一的所求就是實證涅槃，也就是出離三界生死而不再受生死，這樣的有情就稱爲聲聞乘的修行人；這就如同大富長者的孩子們之中，有的人是爲了想要求得羊車而出離火宅之外。第二種人是說，如果有一種眾生隨從諸佛世尊聽聞正法而相信了，並且也受持了所聞的正法，那麼他很慇勤精進想要求得自然慧，樂於自己一個人善得寂滅境界，能夠自己一個人深入了知諸法的因緣生、因緣滅等道理，這樣的人叫作辟支佛乘；就如同大富長者的孩子們之中，有一些人是爲了想要求得鹿車而出離火宅。第三種人是說，如果有眾生隨從諸佛世尊聽聞正法已經相信而且受持了，然後精進修行慇勤地尋求一切智、佛智、自然智、無師智、如來的知見、十力、四無所畏；不但如此爲自己追求，而且又愍念一切眾生，想要安樂無量的眾生，所以盡未來際來利益諸天以及一切人，想要度脫一切有情，這樣的人就叫作大乘的修行人。菩薩就是因爲求實證這種大乘法的緣故，所以才稱爲摩訶薩；這就如同那位大富長者的孩子之中，其中有許多人是爲了想要求得大白牛車而出離火宅。

這裡面還是有一些涵意，但是依文解義時其實無法眞的如實理解。例如眾生有智慧性，這句話若只是依文解義時，大家是不懂那個道理的。有智慧性，是誰有智慧性？有情生來都有智慧性，那狗生來，眼睛都還沒有張開，牠就懂得要吃奶，都不必教導。你有沒有看過小狗要先被教過以後才懂得吃奶？沒有。這也是智性。那小孩子，大人沒有教他，但他看見對面那個小孩子也在吃餅乾，就想到自己面前這堆餅乾會被對方吃光，於是他就趕快抓更多，嘴裡也一直塞，塞到塞不下，然後手再用撥的，把更多餅乾撥到自己這一邊。有沒有人教他呢？沒有。這也是智性。問題是，求聲聞乘的人需要什麼樣的智性？也就是說，一般人其實沒有求聲聞乘的智性；在他們身心之中，那個智性是不存在的。因爲一般人想的是：「聽說有涅槃可證，可以不住在三界中痛苦輪迴。」他想的是：「我這個覺知心可以常住不壞，如此就可以不在三界中生死痛苦。」他就這麼想啊！可是這樣的智性不可能是聲聞乘的智性，但一般人都會以爲那就是聲聞乘的智慧性。

最常見的一個邪見，例如密宗喇嘛藉著雙身法，騙人說那樣可以成爲報身佛，出到三界外安住。這根本就是畜生道的智性，因爲畜生吃飽了就是想著怎麼繁殖，就沒有別的大事嘛！如果沒有這件事情，牠就是想吃的，大約就是這兩種。密宗正好是這一類，正是像這一類的智性，他們心中想的就是怎麼樣每天有機會修雙身法，其餘的呢？都不懂！也不想懂。你告訴他們眞正的聲聞道，他們不想知道，也不肯接受。那麼你說，他們會有聲聞乘的智性嗎？根本不可能有。說到密宗，大家很難以想像說，他們的智性是下劣到什麼程度，那些喇嘛們對佛法是完全不懂的。

我曾聽誰講過說，網路上有密宗的人在罵，說「蕭平實是阿賴耶外道」。有呵？我曾聽人講過，但我忘了是誰講的。問題是，阿賴耶是諸佛據以成佛的實證標的，結果竟然變成外道，但他們就這樣罵了。因爲我們證的是如來藏阿賴耶識，他們卻認爲證阿賴耶識的人都是外道，問題就跟著來了，他們等於就是罵諸佛全都是外道。你看，這樣也罵得出來，那你想想看，他們的智性是低到什麼程度？你想要幫他們斷我見，根本就沒有機會，也永遠不可能。即使你爲他們說明到很詳細了，包括聖教的證據、理證上的證據，全部都提出來，白紙黑字明寫著，他們也不會相信。你也許又想：「**那麼，不如我再加上一些比量的譬喻，看他們會不會相信？**」結果還是不會信，因爲他的智性不足嘛！所以，眾生的智性是有很多種的。

且不說密宗那些外道，你看看那些大山頭的大法師們，他們有聲聞乘的智性嗎？還是沒有！所以我們寫了這麼多、講了這麼多，至教量、現量、比量都提出來寫在書裡面了，但是到現在爲止，那些大山頭的大法師們，有誰承認過意識是生滅的？還沒有！佛陀再三、再十說明「**意根與法塵作爲因緣而出生意識**」；佛陀甚至把所有意識一網打盡，說都是生滅法，我們也常常提出來講的聖教量就是：「**諸所有意識，彼一切皆意、法因緣生。**」佛陀把**所有意識**一網打盡，我們也提出來說明了；可是這些大山頭，有沒有哪一個山頭公開出來認同說意識是生滅的？到現在爲止還沒有，到今天爲止還沒有。由此可見聲聞乘的智性也不容易具足。

你們能接受，就表示你們的聲聞乘智性已經有了，接著就是要有緣覺乘、菩薩乘的智性了。他們是連這個智性都沒有的，所以這個「內有智性」的意思，必須要這樣去理解。這樣理解了以後才知道說，假使能夠有聲聞乘智性存在於他的內心中，這種人在末法時代還眞的不多；這種人並沒有智慧自己懂得聲聞法，他得要隨從 佛世尊聽聞正法，然後相信而受持。也許有人想說：「不太對哩！你蕭老師這一世並沒有聽聞正確的聲聞法，而你自己讀了《阿含經》就懂了。」但你如果往前追溯，我還不是一樣隨著 釋迦如來熏習修學來的；從無量世以前來到二千五百多年前，已經是跟隨很久了；其實在二千五百年那個年代之前，就已經跟隨 世尊好幾劫了，不是那個時候才第一次聽聞的。想清楚了，你就可以證實、就可以知道，不是二千多年前才開始修學的。所以，我今世無師自通，但我的所知與所證，還是從 佛修學而來的。因此，眞正有實證的人不會說：「我很行，我很厲害。」不會這樣想，因爲全都是從 世尊那裡學來的。可是，完全沒有實證的人，心裡面都想：「諸佛說的，我都知道，所以我跟諸佛一樣，我已經成佛了。」以後如果聽到有人這麼說，你就向他說：「由此可見你還是凡夫。」就當面對他潑冷水，這樣便能救他不入三惡道，否則他是沒得救的。只要誰說他跟諸佛一樣，你就說：「由此證明你還是凡夫。」

這就是說，聲聞乘的人，心內有聲聞法的智慧性存在，所以隨從諸佛世尊聽聞到聲聞解脫道的正法以後，相信而接受了，也能夠受持，接著慇勤精進而求快速出離三界。但他依舊是「自求涅槃」，不是由 佛給他涅槃；因爲佛可以教導他如何出離三界，然而聽聞之後實修，還是得要他自己來作。並不是單單聽聞以後就可以證得出三界果，還得要自己實際上去作觀行，才能夠證得聲聞果，所以這也是「自求涅槃」。關於「自求涅槃」，還有一個意思就是自知自作證。你們可以在阿含諸經裡面常常看見這一句話「自知自覺」，或是另一句「自作證」；也就是說，證得聲聞果，然後可以出離三界生死了；是否捨報之後眞的可以不再受生於三界中？這是自知自作證的，不必別人來告訴他說你眞的可以出三界了。

這就是說，在聲聞部派佛教剛開始分裂的時候，有人從聲聞上座部分裂出去時，那一些人都是凡夫。上座部的長老們主張：「阿羅漢能出離生死，是否已經證得阿羅漢果，都是自知自作證。」但那些人不信，認爲必須有 佛當面印證的才算數。由於見解不同，不信上座部那些長老眞的是阿羅漢，所以就從上座部分裂出去了。然後分裂出去的那一個派別，接著又繼續開始分裂；後來上座部又有凡夫們繼續分裂出去，所以各部派成爲各有一種說法，到最後總共就是十八個部派。但這十八個部派的源頭是什麼？是聲聞法的上座部，與大乘菩薩們的菩薩僧團無關，所以不能用聲聞法部派佛教的弘法歷史來函蓋大乘佛教。以聲聞部派佛教的弘法歷史來取代整個佛教的歷史，是一開始主張的時候就從根本弄錯了，何況十八個部派裡面只有個上座部的聲聞法是正確的。

所以，實際上出離三界生死的事，都是要「自求涅槃」，不是由別人送給他涅槃。他得要自己觀行、自己去實證，然後確定自己可以不再受生，確定「不受後有」了，因此說是「自求涅槃」。那麼，這樣求出三界生死而不再來三界中的人，就叫作聲聞乘。聲聞，意思是說要經由音聲聽聞解脫道正法，然後才能觀行而獲得實證。那麼聲聞人證得阿羅漢果以後，不會發願要繼續留在三界中度眾生，他成爲阿羅漢以後只是隨緣度眾，等到捨報的時候就入無餘涅槃，不會繼續留在三界中。

眞正修持解脫道的人，只要有一分的我慢——只要發覺自己有一絲絲愛樂自我存在的心，他就會當作是被毒蛇咬了一口，覺得很恐懼，這就是聲聞阿羅漢（凡夫而假名阿羅漢，卻是反過來極度執著覺知心自己的存在），所以這種人成爲阿羅漢以後，他並不想學得更多，他也不想繼續往上修進，這就是聲聞乘；因此他只求自己了生死，眾生是不是可以出離生死呢？他並不在意；所以別人對他有什麼建議，他也不會聽的，這就是阿羅漢。他乘著羊車只能度一個人，就是度自己出離生死。也就是說，未來世他不再來人間度眾生解脫了，這一世度人是因爲捨壽之前反正閒著，有人來問法就多多少少講一些，所以這叫作自了漢，稱之爲羊車。

如果有另外一種眾生，是隨從諸佛世尊聽聞正法，相信之後受持了，但是受持之後不會立刻成爲辟支佛；因爲他不想在別人教導下成爲辟支佛，所以他受持之後，慇勤精進而求後世的「自然慧」。「自然慧」是說，沒有人教導，他自己觀察以後就有智慧出離三界生死。可是他明明這一世已經受佛教導了，那該怎麼辦？那就好好努力修行，但是不證涅槃；然後轉到未來世去，要在未來世無師獨覺。無師獨覺就是世間無敵，這是因爲他不想有別人證量比他更高，他要示現是自己開悟因緣法而成爲辟支佛，可以自力出離三界生死，這叫作「自然慧」。就是要在無佛之世自己自然證得辟支佛果，自己獨自親證種種善法而住於寂滅之中。這就是說，他想要無師無敵而證得辟支佛果。如果隨從諸佛世尊修學而會了因緣法，當然就不能稱為無師無敵，所以他就必須要轉到未來世去示現；但在未來世因為還有胎昧，所以重新出生以後就忘了。然後自己出家，努力觀行，終於懂得因緣法，於是他在表面看來就是憑自己的智慧成為辟支佛，世間沒有人能與他匹敵，那他就是「自然慧」。這種人也不喜歡跟人家住在一起，這種人很深入了知諸法因緣生、因緣滅的道理，這叫作辟支佛乘。

辟支佛乘法就是因緣法，在我們把《阿含正義》寫出來以前，各個道場大家都說他們懂因緣法，沒有哪一個道場曾經自稱：「我們不太懂。」都認為自己完全懂，然後就立刻背給你聽：無明緣行、行緣識、識緣名色……。十二支都背給你聽，然後他再反過來，從老病死憂悲苦惱緣生、生緣有，就往上背，一樣都背給你聽。但問題是，為什麼不能證得辟支佛果？甚至連我見都沒有斷？原因就是沒有「深知諸法因緣」；當然，愛攀緣諸法而不能「樂獨善寂」也是原因之一。「諸法」當然主要就是指五陰十八界等法，這五陰十八界必定有心所有法配合運作。這樣就總合成爲緣覺乘—也就是辟支佛乘—所應該深入熟悉理解的諸法。

但是對「諸法因緣」爲什麼沒辦法深知？就是因爲以前沒有隨從　佛世尊的正教聞熏修學。諸佛世尊教導因緣法的時候，都不會以六識論來談因緣法，也都會講十因緣，然後講十二因緣。一定是十因緣法說完了，然後在說十二因緣法的時候，有增說、也有減說；因此十因緣法從來都沒有增說、也沒有減說，只有十二因緣法才有增說與減說。但是，不懂十因緣法眞正義理的人，往往會把十二因緣法當作是十因緣法的增說，在因緣法的觀修上面就會嚴重偏離，台灣的釋印順就是現成的例子。不知道十因緣法的眞正意涵，他就無法「深知諸法因緣」，對十二因緣法就無法如實觀行，這道理是放諸十方三世而皆準的，所以說因緣法甚深難解，不是末法時代的現在才如此的。所以阿難尊者有一天說：「我看因緣法就這麼簡單，其實沒什麼，世尊爲什麼說是很深、很難了知？」所以他想一想，就去向　世尊報告，沒想到　世尊兜頭給他一盆冷水：「你不要這樣講，因緣法甚深極甚深，不是你所能知道。」因爲眞正實證了十因緣和十二因緣的人是菩薩，就爲他宣講了十因緣與十二因緣，阿難尊者終於確認因緣法甚深難解。

辟支佛在十因緣上面，只是推斷出來有一個本識出生了名色，知道必定有一個自己所不知道的本識出生了自己的名色，祂是萬法的根源，超過了這個本識就沒有一法可得。就如同現代的哲學家終於認同了「假必依實」的道理，卻是研究到二十世紀末才瞭解這個道理。辟支佛雖然智慧很好而能以十因緣法自行推斷必有這個本識，才能有自己的名色出生，但他也只是推斷而已，並未實證這個本識；是因爲他有智慧，所以推斷說：能夠出生我的這個五色根、五塵、法塵，能夠出生我的這個六識心的，一定是心嘛！總不可能說無情的物質會出生我這個心、我這個色身嘛！總不可能說虛空無因出生了我這個色身、覺知心嘛！一定是心才能生。所以他就這樣推斷出來，但他對這個本識畢竟沒有親證，老實說：這因緣法並不是辟支佛能夠全部實證的，只有菩薩能夠實證，但菩薩的實證還是往世、今世從諸佛學來的。

但是辟支佛想要無師無敵，所以過去世從 佛世尊聞熏以後，縱使可以那一世就證得辟支佛果，他也不想證，他要留待未來世自悟自證而成爲無師無敵，所以留到未來重新受生的無佛之世，自然而然有辟支佛的智慧，而他顯現於外的是沒有被人教導，成爲獨覺。那麼請問大家：獨覺辟支佛的慢心重不重？很重啊！如果他的慢不重，他會成爲緣覺，也就是　佛在世時的諸大阿羅漢。佛世的大阿羅漢都是緣覺，因爲藉於聽聞　世尊說法的因緣而覺悟，所以叫作緣覺；也因爲藉著因緣法的現觀而覺悟，所以叫作緣覺；但是他們無慢，所以他們都承認：我們是從　佛世尊聽聞而證得辟支佛果，不是無師獨覺。所以佛世的大阿羅漢們雖然同樣都實證了因緣法，通常都不叫作獨覺，都只叫作緣覺。

所以如果聽聞　世尊說法以後，他不想讓人家知道自己是因爲　世尊說法而證悟緣覺的因緣觀，他想要留到未來世去成爲無師獨覺，想要「無師無敵」，那就是慢心重的人。所以，辟支佛在人間無師無敵得自然慧，由於慢心重，不會主動爲眾生說法。但是，他可以度比較多的人，是因爲今天去到哪一家托缽，人家供養了他，他受供了以後就往天上一飛，走了。大家就發起信心：「喔！人間眞的有聖人。」然後就願意努力修行。可是，阿羅漢往往苦口婆心說了一大堆法，有些人依舊不太信受，因爲慧解脫看起來沒什麼威德。「**你也不能飛啊！我心裡面罵你，你也不知道啊！**」對不對？慧解脫就是這樣嘛！可是慧解脫者沒有慢心。辟支佛慢心就很深重，就是說：受人智慧教導之恩，而不承認有那個師承。他要示現於外的是：我是無師獨覺。

說句老實話，辟支佛遠遠不如阿羅漢，因爲慢心深重。說句不客氣的，哪一天，如果給我遇見了個辟支佛，我就罵他：「忘恩負義！」你們不敢罵辟支佛，我敢罵，我照罵不誤。我就是不罵凡夫的升斗小民，可是我敢罵那些聖人。哪一天給我瞧見，我就罵他：「忘恩負義！」這就是辟支佛啊！所以辟支佛背後的心態，諸位要瞭解。咱們未來世遇見了 彌勒尊佛的時候，寧可當緣覺，不要當獨覺。現世就可以證得辟支佛果，就是緣覺啊！爲什麼不證？只是爲了想要無師無敵於世間，就留到未來世再去證，這就是慢。這種人，世尊就說：好像長者的那些兒子之中，他的企圖心比較大，不像最小的、不懂事的那幾個，覺得有羊車就很好了。他企圖心大：「我要鹿車，鹿車可以載二、三個人。」因爲辟支佛也是在人間住一世而已，所以就像鹿車一樣。爲了求鹿車而出於火宅，就是辟支佛乘。

那麼佛菩提乘的人呢？應該說就是諸位，但不是每一位，我說的是大部分人就是這一類的人。隨從諸佛世尊聽聞正法以後，相信了、受持了以後，也努力精勤地修行、精進地用功，是爲求什麼？求一切智，求佛智、自然智、無師智、如來知見、十力、四無所畏。一切智，有時候又稱爲一切智智，就是一切諸法無所不知，這叫作一切智。一切諸法，當然就包括了三乘菩提，不是只有菩薩乘而已，因爲菩薩乘就是佛菩提乘，是函蓋二乘道的。那麼，「佛智」就是「一切智」的究竟位，到達了佛菩提智的究竟位無所遺餘，已經究竟了知了，才能稱爲「佛智」。「佛智」還有一個代表名稱，叫作一切種智，也就是八識心王一切功能差別的智慧，這一切功能都函藏在如來藏裡面，所以又稱爲如來藏的一切種子的智慧。這個一切種智大概可以分爲四種，就是大圓鏡智、妙觀察智、平等性智、成所作智。剛剛明心的時候是什麼智？是法界體性智，是因爲你證得法界體性了。法界以什麼爲體性？以如來藏爲體性。你證得如來藏了，你就有了法界體性智。由這個法界體性智，你才有下品妙觀察智與平等性智的初分。像這樣繼續進修，具足了大圓鏡智等四種智慧，才叫作佛智。

那自然智呢？也就是說，菩薩證悟以後，只要入了地，未來一世又一世，都自然有佛菩提智；未來世不必再跟隨別人修學，接觸到正法以後，有一天你也可以自己悟入。縱使你被誤導了，最後你還是可以自己悟入，這叫作「自然智」。如果有人要求已有「自然智」的菩薩說：「請問：你說自己開悟了，是誰爲你印證的？」這要求，合不合理？不合理啊！因爲他有「自然智」。末法時代的人間，所有大師都是未悟言悟的人，有誰能爲他印證？反而會極力否定他。如果經典還在，他可以用經典自己印證；如果經典已經不在的時候，你能要求他用什麼印證？可是一般眾生不懂，就會要求說：「請問菩薩，你是由誰爲你印證開悟？你怎麼可以自稱開悟？」還問得振振有辭。對啊！就是這樣，那就表示說，眾生不懂得菩薩有「自然智」。

那麼「無師智」呢？就是說菩薩到了最後身，人間眾生得度的因緣成熟了，所以受生於人間示現如同凡夫。這個是最難的，因爲菩薩三地滿心或者最遲五地滿心以後，都可以正知入胎、正知住胎，然後又正知出胎，這是三地滿心或最遲五地滿心就能作到的。可是，到了妙覺位來降生於人間，正知入胎、正知住胎，藉著母胎廣作佛事利樂眾生以後，出胎的時候行走七步說「天上天下唯我獨尊」之後，就把一切都忘記，示現爲凡夫，要這樣從頭再來修學一切佛法而示現一個凡夫人類也可以成佛。這個很難！就好像善財童子一樣，從凡夫地示現一世成爲妙覺菩薩，這個很難！

這樣的最後身菩薩出家修行受盡種種苦，然後終於無師自通而成佛了，如果有愚癡人來了，就問：「**世尊！你自稱是世尊，那我問你，是誰爲你印證的？**」就是會有愚人這麼問啊！不是打魚的漁人，是愚癡的愚人，就會這麼問，那麼　佛陀會怎麼答？「**我的成佛，自知自作證，具足十號的功德。**」所以　佛陀在人間示現時，還得要諸天下來擁護，並且示現降伏外道。當諸天下來人間示現禮拜供養於　世尊了，那些有五通的外道看了才會信受，因爲諸天不會騙他們。這就是無師智。所以，最後身菩薩來人間示現成佛，那八相成道是有目的的，就是告訴大家：「**你們不要妄自菲薄，諸天並沒有比你們行啊！諸天還很難成佛，以人身修行卻可以成佛，所以你們人類是比諸天更厲害的。**」這樣子建立起眾生對三寶的信心，這就是「無師智」示現時最重要的目的。

那麼大圓鏡智成就之後，自然就有了如來的所知與所見，乃至接著成所作智生起，於是十方無數億佛土之外的某一個世界正在下雨，下雨完了，總共下了多少滴，也是成所作智可以知道的，這也是如來的所知與所見。這聽起來眞的像神話，但是我們目前所未證的並不能一概推翻；因爲到目前爲止，經中所說的許多妙法是我們可以實證、已經實證的，至於其中尚有我們所未證的，自然不能一概推翻，否則就成爲打魚的人——漁人（愚人）。

這歇後語，諸位聽不懂啊！就好像我們正覺同修會弘法以前，如果聽到說可以證得第八識如來藏，大家都不信。如果再加上說眼見佛性，無形無色的佛性，竟然可以眼見，更沒有人相信。但是，沒有人可以實證的見性之法，就代表是不能實證的嗎？顯然不是嘛！因爲我們正覺同修會已經有許多人實證了，不但很多人證悟明心，也有十幾位眼見佛性了；所以不可想像的、不可思議的，還沒有人實證的經中其他妙法，不能斷定說是假說的，因爲未來也許哪一天有人親證而出來弘傳，大家便可以跟著實證。所以在正覺同修會弘法以前，沒有人敢說他可以教人家親證如來藏。當然有很多大師們在教人家可以明心開悟，但所悟的都是意識，那是落在我見之中，不是眞悟。那些大山頭大師們哪個不在講禪？結果都是意識心的境界而說是開悟，那都叫作因中說果，未證言證。

所以如來的所知所見，不是妙覺、等覺菩薩之所能知，更何況諸地乃至三賢位菩薩，又如何能知呢？所以不該因爲尚不能知、尚不能證，就說那是不存在的、不可證的。即使世間法也是如此，以前的人都說：人沒有辦法去月亮。中國人的心比較大，就說：「可以啦！嫦娥已經去到月亮了，吳剛也在那裡。」中國人心量比較大。那一神教徒的心量太小了，後來知道美國人終於登月了，焉知未來世的人類不能去到另外一個太陽系呢？假使人類能活八萬四千歲，再加上一些生物科技可以像青蛙一樣冬眠，那還是可以作到啊！所以現在還沒有達到的，不代表未來的人類不能達到。

同理，經中所說如來的所知與所見，我們現在還沒有辦法實證，不代表它不存在；因爲到目前爲止，佛教聲聞乘的證果、出三界，我們已經證明是可以實證的；辟支佛的因緣觀，我們也已證實它是可以實證的；佛說的佛菩提道：證悟明心、眼見佛性、道種智，我們也證明確實可以實證。由此證明世尊沒有一件事情曾騙我們，所以我們目前還沒有能力實證的經中說法，當然應該要繼續信受。如果只相信到這裡爲止，後面應該實證的證量全部推翻掉，而說那都是假的，就代表這個人很笨，而他只到這裡就開始原地踏步了。這也代表他開始退轉了，爲什麼呢？因爲他已經開始自大了，自大就是退步的第一個現象，可是他一定不知道自己已經後退了一步。所以說，如來的所知與所見，等覺、妙覺尚且不知，何況是諸地與三賢菩薩呢！

那麼，有的眾生是要求證如來的所知與所見的。另外十力，譬如說處非處智力等等，以及四種無所畏，這也都是只有如來才有。如來的四種無所畏，末法時代大家已經都不知道了。且不說末法，單說 佛陀還在世的時候，就有比丘不懂，還誹謗 佛陀呢！你們想像不到吧！有個善星（別譯：善宿）還毀謗 佛陀：「佛陀！你竟然敢說那個阿羅漢是凡夫，竟然敢說他七天後就會死，佛陀！你心中已經有嫉妒了。」因爲有個外道叫作究羅帝（別譯：苦得），他修苦行自稱是阿羅漢。他只吃一種食物——粗糠，內地話叫作穀皮；而且他不用碗裝，就直接在地上用舌頭去舔起來吃。由於他這樣吃穀皮修苦行，大家都尊崇他，說他是阿羅漢，他也成就大妄語業。善星比丘也跟著相信，佛陀就告訴他（因爲善星跟在背後，佛陀身體不轉動，把頭轉過去一百八十度），直接告訴他：「那不是阿羅漢，你不要崇拜他。」有智慧的人看見這樣子就信了，結果他還不信，然後 佛陀只好告訴他：「你要是不信的話，我告訴你，他七天後就會死了，死了會墮落餓鬼道，成爲起屍鬼。」這善星竟然毀謗 佛陀，說佛陀嫉妒阿羅漢。佛陀得四種無所畏，什麼都沒有可以畏懼的；又得一切種智，世出世間無所不知，他竟然還毀謗佛陀，眞是愚癡啊！

這表示說，佛陀的境界不可思議，並不是所有比丘們都知道的，當時不知道的人還是很多，能夠瞭解更多的就是菩薩們。那麼，菩薩有智慧想要求證這一些智慧，大略有幾種呢？就是「一切智、佛智、自然智、無師智、如來知見、力、無所畏」等七種。這七種只是針對自己本身所應求得的。然而求證佛陀這一些智慧與境界的人，一定有一個特性：「愍念安樂無量眾生。」只有這樣的心性的人，才可能求得佛陀的這一些智慧與境界；因爲這些智慧與境界，不是像聲聞果的智慧一世便能成就；這要歷經三大阿僧祇劫，而且要從利樂眾生之中去修得。最笨的菩薩，就是一天到晚只想著自己的智慧有沒有增長，不管眾生是否安樂，那叫作笨；因爲佛地的智慧是要從利樂眾生中去獲得的，利樂的眾生越多，福德越大，就越有能力去獲取那些智慧。所以，在修學佛菩提的過程中，最重要的就是「愍念安樂無量眾生」的心態；菩薩所應該憐愍顧念的眾生，所應該安樂的眾生，是無量無邊的；既然是無量無邊的，就得要一世又一世、一劫又一劫，歷經三大阿僧祇劫努力去實行，來利益諸天、利益一切人，想要度脫一切的有情，這樣才可能成就佛地智慧與境界。

這意思是說，菩薩以大悲爲根本。聽到這裡，也許有人就說：「喔！我知道了，我明天就到街頭去拉人，每遇到一個人，我都告訴他：你身上有如來藏，你的如來藏就是這個。那我就是利益一切人啊！」其實那不是利益人，而是在害人。所以，要看是在什麼樣的前提下，來利益一切人天、來度脫一切。有的人是永遠不信邪的，心裡面想說：「**以前蕭老師弘法在這個地方翻車了，我也跟著翻一次，看看是什麼滋味吧！**」這就是笨！有人在這裡翻過一次車了，我們還要再跟著也翻一次嗎？例如我弘法早期，不觀察根器而隨便傳授無上妙法，後來導致了三批退轉者，眞是慘痛的經驗；我已經親身試過了，諸位就不必再跟著體驗這種慘痛經驗。譬如說，看見老爸養鱷魚，不小心被鱷魚咬了，斷了一隻手，自己就說也要被咬咬看：會不會也斷一隻手？那就是愚癡嘛！

也就是說，要利樂人天、利樂無量眾生，這個心態是正確的，因爲菩薩以大悲爲根本；但問題是，最頂級、最勝妙的無上法，眾生有沒有能夠相對應的福德可以實證？眾生有沒有那個慧力能接受？這才是最大的問題。就如這部《法華經》，在稍後還會再講長者挑糞子的故事譬喻給大家聽，所以這個部分就先不談，這裡只先提示一下，免得明天就路上到處去亂講無上法，因爲那是害人。這就是說 佛陀先有交代：必須是眾生所熏習的知見，以及他的福德、他的慧力都到達應該開悟的程度了，然後幫他開悟，才不會壞了正法。佛陀很早就有開示了，因爲講到這段經文說要「**愍念安樂無量眾生**」，所以我先提示一下，免得大眾忘了。

佛陀說：願意「**利益天人、度脫一切**」，願意「**愍念安樂無量眾生**」，然後來求一切智等等，這樣的人是永遠不會因爲證得無餘涅槃就取涅槃，都會留惑潤生，一世又一世不害怕生老病死，繼續在人間利樂人天；這樣的人就稱爲修學大乘法的人，修學這種大乘法的人就稱爲菩薩。世尊又說，菩薩因爲求大乘的緣故，才稱爲「**摩訶薩**」，也就是大心的有情。這樣的菩薩就好比大富長者那一些孩子之中，有許多人爲了要求得很高廣、很大的白牛車而出離火宅。請問：菩薩有沒有出離火宅？有喔！因爲這裡已經講了：「**菩薩求此乘故，名爲摩訶薩，如彼諸子爲求牛車、出於火宅。**」所以我見很重、我執堅固，而自稱他得涅槃，自稱是菩薩摩訶薩，那根本就不值得信受。因此，諸地菩薩是可以出離火宅而繼續住於火宅中，沒有不能出離三界生死的諸地菩薩。所以最嚴格的定義，菩薩摩訶薩是指入地以後；但是有比較廣義的定義，譬如《大般涅槃經》說，十住菩薩眼見佛性所以就稱爲摩訶薩；也有《般若經》裡面的經文說，菩薩明心了就稱爲摩訶薩。所以，摩訶薩有廣義與狹義的定義，不能一概而論。

這一段經文所說的，是告訴我們：求高大的白牛車，能乘載很多眾生的大白牛車，指的就是菩薩乘。如果有人用羊車來取代菩薩乘這個大白牛車，就表示他完全不懂三乘菩提，也表示那個人是連二乘菩提都不懂的，那就是以聲聞的解脫道來取代大乘佛菩提道的應成派中觀師，就是釋印順及日本搞佛學研究的那一票人；而且更糟糕的是，他們拿來取代大乘的聲聞解脫道又是錯誤的常見、斷見邪法，只會教導大家使我見更深重而無法斷我見，更別說是斷我執；所以，他們拉出來給眾生看的那個羊車是紙紮的，沒有辦法坐人，不成其爲「乘」，不是能成爲使人到達無生無死彼岸的交通工具，所以不成其爲「乘」，所以說他們的解脫道連羊車都不是。必須是八識論的解脫道，才可以成爲到達離生死的涅槃彼岸的交通工具，那才能叫作羊車，才能稱爲聲聞乘。

經文：【「舍利弗！如彼長者，見諸子等安隱得出火宅，到無畏處；自惟財富無量，等以大車而賜諸子。如來亦復如是，爲一切眾生之父，若見無量億千眾生，以佛教門出三界苦，怖畏險道，得涅槃樂。如來爾時便作是念：『我有無量無邊智慧、力、無畏等諸佛法藏，是諸眾生皆是我子，等與大乘，不令有人獨得滅度，皆以如來滅度而滅度之。』是諸眾生脫三界者，悉與諸佛禪定解脫等娛樂之具，皆是一相一種，聖所稱歎，能生淨妙第一之樂。舍利弗！如彼長者，初以三車誘引諸子，然後但與大車，寶物莊嚴、安隱第一，然彼長者無虛妄之咎。如來亦復如是無有虛妄，初說三乘引導眾生，然後但以大乘而度脫之。何以故？如來有無量智慧、力、無所畏諸法之藏，能與一切眾生大乘之法，但不盡能受。舍利弗！以是因緣，當知諸佛方便力故，於一佛乘分別說三。」】

語譯：【世尊說完上面那一段話以後，接著又說：「舍利弗！如同那一位大富長者，看見他所有的孩子們已經平安而且保護得很好地出離火宅了，到達了宅外無所畏懼的處所；然後大富長者自己思惟說，我的財富多到沒有辦法計算，所以我就平等地以大白牛車來頒賜給所有孩子們。如來也是像這樣，如來是一切眾生的父親，如果看見了無量億千的眾生，就以佛的教門來使眾生出離三界生死之苦，出離於種種恐怖畏懼的危險道路，而獲得不生不死的涅槃快樂。如來這個時候就這樣子想：『我有無量無邊的智慧，我有十力、四無所畏等等諸佛同有的法藏；而這一些眾生都是我的孩子，我就平等給他們可以獲得諸佛佛法寶藏的大乘法，不要讓所有的眾生之中有人獨得滅度而使其他人不能獲得滅度，要全部以如來的滅度來滅度他們。』而這一些眾生已經脫離三界生死苦的時候，如來全部都給他們得到諸佛的禪定解脫等等娛樂法具，都是同樣究竟的一種法相，也是同樣一種法樂，是諸聖所稱歎的，能夠出生清淨微妙至高無上的法樂。舍利弗！如同那位大富長者一樣，在火宅內，剛開始是以三車來誘導所有的孩子們，當所有孩子們都出離火宅之外了，就全部平等地給他們大白牛車；而且每一輛大白牛車都以各種寶物加以莊嚴，並且都是很安全，保護得很好的、沒有差錯的大車，然而即使所給的車子，是與在火宅之內剛開始誘引的時候所說有所不同，這位大富長者仍然沒有虛妄的過失。如來也是像那位大富長者一樣沒有虛妄的過失，剛開始雖然爲眾生說有聲聞乘、有辟支佛乘，也有大乘，但是等到大家能夠出離三界生死以後，就純粹都以同一種大乘來度化所有眾生脫離生死苦海。爲什麼要這樣子作呢？因爲如來有無量的智慧、有十力、四無所畏等等諸法的寶藏，能夠給與一切眾生大白牛車的大乘之法，只因爲眾生並不是所有的人都能在一開始便接受大白牛車。舍利弗！由於這樣的因緣，應當知道諸佛都是以方便善巧的力量的緣故，所以把一佛乘分開來說有三乘佛法。」

講義：這意思就是說，其實本來沒有所謂的三乘菩提，三乘菩提是方便說；可是你如果不施設方便來分別演說，直接就演說大乘佛法，眾生聽不懂啊！他們沒有辦法瞭解。所以演說三乘菩提之目的，其實是要給大家獲得唯一佛乘究竟成佛的內涵；只是因爲眾生一時無法瞭解，眾生也正在恐懼生死苦，所以要分成三乘來演說。但是教導而使眾生修學三乘菩提之目的，最後還是想要給眾生得到最勝妙、至高無上的唯一佛乘。所以，如同那位大富長者，看見他所有的孩子們都已經安全了，已經在被隱覆之狀況下出離火宅而到達無所畏懼的地方，自己心裡面就想：「我的財富無量，這一些孩子們應該都獲得同樣最好的車子，就是大白牛車。」

這是作爲父親的人一定會有的心態，假使你手上有幾千億元，你那個大宅院可能是五百公頃；當這五百公頃的大宅院裡面，有些地方已經開始燃燒起來了。假使你有五十個兒子，那你想：「我應該告訴他們：『你們只要趕快出來屋外，每一個人都給你一輛勞斯萊斯。』」行不行？行啊！對你來說，不算是很多的負擔嘛！或者再加碼也行啊：除了勞斯萊斯以外，每一個人再給一輛法拉利。你有一千億元欸！這五十個孩子卻是你的命根子，眼看著要被大火燒死了，花這幾十億元，也划得來嘛！對不對？好啊！等他們都出來以後，再給他們加碼，也許每一個人再給一台直升機。行不行？行啊！因爲你的幾千億花不完，死後也帶不走，終究要給他們，先救他們的命再說，這就是「如來爲眾生之父」的心態。

所以，眾生如果討價還價，沒有關係，先告訴他們：「你可以證初果。」開了這個支票出去，眾生說：「初果不夠瞧啦！我要阿羅漢果啦！」如來就說：「好啦！就給你阿羅漢果。」那就有羊車了嘛！對不對？他爲了要玩那個羊車，就得要趕快出離火宅。有的說：「證阿羅漢果還不夠瞧啦！我要證得辟支佛果，我要當緣覺；我不但要有羊車，我還要有鹿車。」佛陀也答應，就給你鹿車，羊車還是一樣給。有的眾生說：「那個心量太小了，不夠看啦！我無始劫以來跟眾生互相成為父母、師長、配偶、子女，一切有情無不是我的眷屬，我怎麼可以捨下他們呢？我要利樂所有人，所以我將來要成佛，要跟佛陀您一樣。」佛陀不會說：「喔！你想跟我一樣喔？」佛陀不像上帝，那上帝耶和華自認為是唯一的，他不許人家跟他一樣；你如果想要跟他一樣，他心裡想：「你要篡位啊？我就把你打下地獄永不超生。」但是佛陀聽說你想要跟祂一樣，就想：「原來我這兒子有大心，也願意像我一樣成為大富長者；那好，你就出來，我大白牛車裡面什麼都有，全都給你。」也就當場答應了。

有人要羊車，有人要鹿車，有人要大白牛車，等到他們都出離火宅了，就全部給大白牛車。也就是說：「我的前提很簡單，你們想要車子，都到門外來。」全部都到門外來，離開火宅了，三車就全部都給他們。要羊車的，給他大白牛車，沒有過失喔！因為大白牛車裡面就有羊車，他可以搬下去先玩玩。想要鹿車的，也可以啊！給他的大白牛車裡面也有鹿車，他也可以搬下去先玩一玩。玩到不想玩了，再搬回大白牛車；等長大一些了，有能力玩大白牛車了，就可以自己玩。今天我們不就這樣玩的嗎？我們寫《阿含正義》不就是玩羊車給佛教界瞧嗎？眞的是玩羊車啊！《阿含正義》裡面，我們也講了因緣法，就是玩鹿車給佛教界瞧。可是這一些羊車、鹿車，其實全都在大白牛車裡面，大白牛車之中就已經具足了。所以他說：「我不要大白牛車，我只要羊車。」還是一樣給他大白牛車，因爲裡面就有羊車了：「你自己去拿出來玩就好了。」就說：「你如果只要玩羊車，就玩羊車；大白牛車，你就暫時把它擺著。」也行啊！這就是 釋迦如來的心態。所以沒有吝法的如來，也就是沒有吝法的菩薩，但觀時節因緣而傳正法。

因此，對「無量億千眾生」，一樣是要給他們大白牛車。「無量億千眾生」就是無量的眾生，如來都以諸佛的教門，也就是以諸佛的聖教和各種法門，要使眾生「出三界苦」。眾生爲了出三界苦，就趕快斷我見、斷我執。斷我見、斷我執就能夠具足了知羊車嗎？還沒有。所以佛世有一些人剛成爲阿羅漢時還無法說法，因爲他只知道怎麼樣讓自己不再受生。你問他什麼叫「心解脫」，什麼叫「時解脫、非時解脫」，什麼叫「八背捨」，什麼叫「四識住、七識住」，他懂嗎？他不懂，他只知道：我怎麼樣奔出三界火宅。等他已經斷了生死，佛陀繼續說法：有七識住，要怎麼斷它；有四識住，要怎麼斷它；有八背捨，八背捨的原理是什麼、境界是什麼；俱解脫、慧解脫的差別是什麼，三明六通大解脫又是什麼等等。於是他就有羊車了，因爲他已經出火宅了，這羊車就能得能玩了；所以他聽聞 佛陀說法，他就可以轉爲眾生說法，轉爲眾生說法時，就說是他在玩羊車了。所以，阿羅漢如果不爲人說法，就表示他還沒有在玩羊車，他只是出離火宅而已。

菩薩也是一樣，菩薩如果證悟了、有智慧了，躲在深山裡面不肯出來弘法，表示他那個大白牛車都沒有在搭乘，佛陀度這樣的菩薩幹什麼？度來沒有用嘛！所以菩薩要有大心，再怎麼辛苦也得要作菩薩。因此，最主要的就是先讓眾生可以出離生死，也就是先出離火宅。同樣的道理，菩薩能出離火宅了，然後告訴他般若、種智等等，菩薩就有很多東西可以玩——有很多法可以玩，也就是有很多法可以爲眾生演說，那他就是在玩大白牛車了。有能力玩大白牛車的時候，就會邀集親朋好友：「**你們都上車來玩。**」親朋好友有的要羊車，菩薩就給他羊車玩，有的要鹿車就給他鹿車玩，因爲菩薩得到大白牛車了。這就是說，如來的想法是說：「我有無量無邊的智慧，我有十力、有四無所畏等等諸佛所有的佛法寶藏，而這一些眾生都是我的孩子，我就平等給與一切眾生大乘法。」不會只給一個人得到能夠究竟滅度的大乘法，而是對所有人都願意平等給與，所以如來度眾的時候多多益善，不會嫌多。

諸位也許想說：「這本來就應該如此。」可是我告訴你：「多多益善，是多多辛苦欸！」所以夜半之前，某某鬼神、某某鬼神王來請法；過了夜半，換諸天天人來請法。所以你看《阿含經》記載，在祇陀園或者靈鷲山，不論是在什麼地方，總之，常常有天人來拜見 世尊請法，所以往往三更半夜時亮得不得了。人家在睡覺，佛陀還在爲天人們說法；天亮以後，又得要爲人類說法。累不累？累啊！所以不要以爲說：「喔！成佛以後就是等著受供養、受禮拜。」成佛是最辛苦的，兩旁的等覺、妙覺菩薩就是專門來幫 佛陀分擔一些辛苦的。可是，光是兩位等覺、妙覺大士來幫忙就夠了嗎？不夠，一定還要有一位當來下生成佛的菩薩，他來幹什麼呢？幫 佛陀負責處理僧團中的大小事。出家菩薩們有什麼事情需要處理，他就得要代替 佛陀來處理；不但菩薩們，出家的聲聞人有什麼事情，他也一樣要幫忙處理；那他當然就得要示現聲聞出家相，否則聲聞人不會聽他的。那好比是誰？就是 彌勒菩薩。所以當佛是最辛苦的，接下來就是那幾位等覺、妙覺菩薩。

但是，因爲視一切眾生如子，「**爲一切眾生之父**」，所以要平等給與大眾：只要他有因緣可以得就讓他得，他如果沒有因緣就是不讓他得，就是完全要看因緣。所以那五千聲聞退席，佛陀默然而不阻止，由著他們離開。五千個人退席，聲勢多麼浩大！那麼大的聲勢同時離開，一定是塵土飛揚的。想想看，我們這三個講堂擠滿了，也不過一千出頭而已。換句話說，是這三個講堂的人合起來的五倍啦！那聲勢很壯觀，可是 佛陀沒有一句話阻止，因爲他們的大法因緣還沒有成熟。但如來一定會想方設法讓眾生以如來的滅度來滅度，而不單是以聲聞的滅度來滅度。這裡又說到一個「**滅度**」的名相，你們有沒有聽過經文裡面講「生度、活度」？有啊？誰度過？保證你找不到，都叫作「**滅度**」。怎麼樣才是度？是把五陰十八界的自我全面否定了，才叫作度。若是不能夠全面否定，還想要把覺知心活蹦亂跳、活生生地度到無生死的彼岸，是度不了的。所以只有滅度，沒有生度。

如來滅度跟二乘的滅度不一樣喔！二乘的滅度，是要把五陰十八界滅盡，只剩下本識如來藏獨存，那樣叫作滅度；可是如來的滅度，是現見這五陰十八界滅盡以後，成爲已經度到生死的彼岸了，可是無妨繼續世世留著五陰十八界，以方便善巧和大悲願力，斷盡思惑的現行與習氣種子，但仍然可以繼續受生於三界中，永遠不中止地廣度眾生，這就叫作「如來滅度」，這與聲聞、緣覺的滅度是不一樣的。如來不但要所有的眾生都可以滅度，而且所有眾生滅度時所獲得的，都是如來的滅度，而不只是二乘的滅度。所以，當眾生能夠依三乘菩提而滅度的時候，就把二乘菩提的滅度者引入大乘菩提中來滅度：當這一些眾生已經脫離三界生死了，就全部都給他們諸佛所有的禪定、解脫等等佛法寶藏中的娛樂之法，這是同樣的一相，叫作佛菩提相；是同樣一種法，叫作佛法。不單是聲聞法與辟支佛法，而是佛法函蓋了二乘法，這是三世一切聖者之所稱揚讚歎的，這就是無上勝妙的第一義諦。這樣的第一義諦，能夠出生最清淨、最微妙的第一無上的法樂。

在正覺弘法之前，沒有大師這樣說，因爲大家根本都分不清三乘菩提，都認爲菩薩修行的就是四聖諦、八正道、十二因緣。如果看到有人演說如來藏妙法，就說那是外道法；若是證如來藏以後應該修學的更深入的法，就更甭提了。所以，以前他們有什麼勝妙之樂呢？有相似像法的看似淨妙之樂。至於密宗呢？那不是佛法，就不必談它。密宗叫作外道，因爲那根本與佛法扯不上關係，八竿子遠也還打不到。「淨妙第一之樂」，是要從佛菩提中生。我記得以前（我曾經說過，書中也印出去）說：「**阿羅漢來到我面前，也沒有開口的餘地。**」哇！外面好多人因此就罵翻了，在網站上一直罵：「**這蕭平實好狂！阿羅漢還跟他講不上話。**」可是等你們明心了，你們就知道：當你與阿羅漢談到實相法界，阿羅漢是完全聽不懂的。對不對？完全聽不懂嘛！對啊！好比南部人說的「鴨子聽雷」啦！對不對？就是這樣啊！他聽不懂啊！他只知道斷我見、斷我執、出三界，可是實相法界是什麼？他不懂啊！那他還能夠跟你討論佛法嗎？所以，阿羅漢們來到禪師面前，沒有開口的餘地欸！這是實話嘛！這樣看來，顯然阿羅漢來到菩薩面前，沒有「**淨妙第一之樂**」，因爲他不敢開口。

假使不信邪，哪一天某一個人自稱是阿羅漢（我跟你保證現在沒有阿羅漢）；假使哪一天南洋有誰自稱阿羅漢來了，你就問他：「如何是涅槃？」他就跟你講一堆又一堆啊！你就說：「原來你不懂。」因爲他眞的不懂，因爲他們連我見都沒斷了，怎麼會懂涅槃？他們自稱是阿羅漢，我告訴你們：別被他們的名詞所惑。公認的南洋阿羅漢竟然還拿了信用卡去玩女人，有那樣的阿羅漢啊？現在他們當然不敢再稱阿羅漢了，因爲《阿含正義》出版後，他們有一些耳聞了。縱使眞的有阿羅漢來了，你就對他說：「如何是涅槃？」他一定講出一些意識境界，你就說：「原來你不懂。」他反過來說：「請你教我。」你就說：「好啊！換你問我。」他就問：「如何是涅槃？」你只給他一巴掌就走了。這就是涅槃，對啊！這就是涅槃啊！他懂嗎？且不說他是凡夫，就算他是眞正的阿羅漢，也還是不懂。可是，你有沒有欺騙他？沒有；你有沒有侮辱他？沒有；你是在幫他證涅槃。所以阿羅漢的法只是羊車，最多只是緣覺的鹿車，不是「能生淨妙第一之樂」。但是，菩薩有了佛菩提以後隨意說法，三乘皆通，當然就「能生淨妙第一之樂」。諸佛的存心就在此，就是希望眾生同樣都能夠得到這一些法樂。這一些大乘法「能生淨妙第一之樂」，世間無有一切賢聖能夠超越，因爲三乘聖人之中，就是菩薩乘的智慧最勝妙。

可是就如同那位大富長者剛開始時，是以羊車、鹿車以及大白牛車，來誘惑這些孩子、來引導這些孩子趕快出離火宅。可是一旦大家都出離火宅之後，就平等給他們大白牛車，並且都平等地用種種寶物加以莊嚴，而且每一輛大白牛車都是安隱堅固而且速疾。這大富長者應允了給羊車、鹿車，這時候全部都給大白牛車，他也沒有虛妄的過失，因爲在每一輛大白牛車中，都已經安置了鹿車與羊車了。如來也是像這樣子，開始的時候說有羊車，大家努力修學聲聞法趕快出離火宅，出離火宅以後就教給他們更多聲聞解脫的法義；然後也教導說有鹿車，但是要先斷我見、斷我執再說。所以大家斷了我見、我執以後，就告訴他們說還有因緣法可以學，這因緣法比聲聞法更勝妙，於是大家能夠出離了三界火宅之後，就告訴他們十因緣、十二因緣，乃至把十二因緣不斷地加以增說等等，最後一樣給他們大白牛車，因爲大白牛車裡面就已經有鹿車了。所以，雖然剛開始說有三種車——有三乘菩提，這樣來引導眾生，也是不得不然，因爲你如果一開始就說可以成佛，但需要三大阿僧祇劫，大家聽了可都搖頭不信。

就像二十年前我們開始弘法，說可以明心證悟如來藏，大家不信啊！那怎麼辦？那時我一個人說話沒有人信，我得要找一些證人來，證人就是你們。所以我就弄出很多人，證明眞的可以證悟如來藏了，佛教界才開始相信。因此我先弄出一些人來再講，不管他有緣無緣，那時是有緣也證，無緣也證，會退的人等以後退了再說，現在先證了再講，終於有很多人出來證明：「《般若經》中說的眞如確實可以實證呵！第八識如來藏眞的存在呵！」可是佛教界大部分人還是不信，才會考慮到其他的部分，才會用唯識的經典來證明。然後關於禪宗的公案也得要寫出來，不寫不行啊！因爲他們都在講：「那蕭平實只是經典讀多了，很會說法啦！他有什麼實證？」沒有實證喔？好嘛！那不然就祖師的公案來拈提看看。拈提過了，換另外一批人說：「哎呀！他是有實證啦！可是教典他是不懂的。」又換另一種說法了，那怎麼辦？只好漸漸擴大層面，函蓋範圍必須越來越大，多講一些經典吧。然後終於有人講：「我們密宗最行，他根本不懂。」不懂喔？好嘛！我們就講一點密宗，甚至他們法王不懂的，我也把它寫出來了。最後一批人是說：「他不懂般若，也不懂中觀，他從來沒有講中觀，那阿含更不懂啦！」阿含更不懂喔？我這一世剛開始學佛，就是讀《大藏經》，而且專讀前二冊，也就是四大部的阿含諸經嘛！但是那些屬於南傳佛法的人，他們跟佛法的緣比較淺，那不是我們急著要度的人，可以慢慢來，所以留到最後才去寫《阿含正義》。就是這樣子啊！

但是，實際上我們想要給眾生的，並不是二乘法，而是大乘法。可是，眾生並不能瞭解我們的想法，所以接著有人罵：「哎呀！你眞喜歡賣弄。你證得無分別智，那你就不要再分別就行了，爲什麼還要一天到晚在分別別人的法義對或錯？」就這樣子啊！你眞的拿他沒辦法啦！所以有許多的智慧，我們是要給眾生的，我們也能夠給與一切眾生大乘之法，我們一直遵照著如來的開示在作。可是，問題就像如來說的「但不盡能受」；眾生不是每一個人都有那個福德、智慧可以接受，所以你要給眾生大乘佛法時，還得要分層次，前後分開來說。要分等級：對這個層次、等級可以證悟的人，你就給他證悟；這個層次、這個等級是不可以證悟的人，就只給他熏習。另一個層次的人呢？你只教給他斷我見再說。我們目前的目標，就是希望佛教界普遍斷我見。可是，這個大乘之法，他們「不盡能受」，依舊不是所有眾生都能夠接受、都能夠奉行的，這就是我們現在所作的。

然後　佛陀作了個總結：「舍利弗！由於這樣的因緣，你應當知道，諸佛都是以方便善巧力量的緣故，把唯一佛乘分別爲三乘來爲眾生宣說。」今天講到這裡。

先講幾句題外話：不曉得諸位來到正覺學法以後，是不是越來越快樂？（大眾回答：是！）這是異口同聲啦！不過很抱歉，第二、第三講堂的聲音，我沒聽見，因爲那邊聲音傳不過來。不過，我可以看見你們也是高興的。你們高興，我也是很高興，因爲越來越覺得正法的未來無憂了。這二、三年，好像是正覺有一點引領風潮的味道，當我們講什麼法，外面就會跟著講；我們出版了什麼書，外面也會跟著有同類的書籍出版。我倒覺得這樣是好現象，那麼以後就把大乘法多講、多出版，讓外面跟著在大乘法上多講也多出版，希望讓南傳佛法少講、少出版。現在大乘佛教大概只剩下兩個隱憂，就是不容易看得見的、須要憂慮的地方，第一個就是密意的守護，別讓它流落到那些外道手裡去，這個是最重要的，也別讓它散播到不信大乘法的那些六識論的聲聞人那裡去。但是要如何控制得當，是很困難的事，因爲既要多度人，又要守護密意，相當難！這是一個隱憂。

另一個隱憂，就是佛教裡瀰漫著的紅色氣燄，我用一個名詞形容，叫作「赤氛」，就是赤色的氣氛。這要什麼時候才能消弭？紅色的氣氛是什麼知道嗎？知道嘛！因爲法界中紅色代表淫欲，淫欲最強盛的就是密宗喇嘛教。這個氣氛在兩岸佛教界裡面還很濃，當然沒辦法要求馬上清淨下來，因爲往往有些意外而不得不走上這條路；意思是說有些大師，本意也不是要弘揚密宗，是因爲不小心跟女徒弟們搞上了，所以就開始走上密宗樂空雙運的邪路，才能取得繼續立足於佛教界的藉口。既然有那個前提在，你要他否定密宗就會很困難，所以這也是佛教的隱憂之一。這兩個隱憂，第二個部分大概再過二十年、三十年，應該就可以平定了。但第一個部分會永遠跟隨著我們，因爲這個是無可奈何的事情，而且是 佛陀在世的時候就已經如此了。

如果你們有看《阿含經》，看到四阿含諸經中，那些定性聲聞阿羅漢們結集出來的《阿含經》中，他們對於本識的所知是那麼少，對佛菩提是全然不知的，竟然敢自稱爲「阿含」——成佛之道。然後，佛入滅後從上座部（上座部是聲聞法而非菩薩法）以及大眾部分裂出來的那些部派佛教，他們對大乘法所說的如來藏是完全不知，然後偏要逞強來說大乘法，當然就是亂說一氣。不是他們修證的法，偏要來插嘴亂講，所以對大乘佛教的弘傳，就產生了魚目混珠的現象。好在我們這一世，三乘經教資料很充分，我們也把它作了釐清。這個部分釐清了，大概就只須要繼續破斥意識境界，佛教未來應該就可以安隱無憂了。想到這一點，心中不由得歡喜起來，所以這幾天嘴角就時時刻刻有一個笑意在；雖然我自己沒感覺，但人家都發覺到了。

這應該是一個好消息，或者說是好的發展；我們只要繼續把這個好的現象，把它表面張力繼續擴張著，不要讓這個表面張力消失掉，佛教的未來就會充滿光明。未來可能二千年、三千年，我還不必再出來當法主弘法，但是我跟諸位就留在這裡，未來世隱身在諸位之中，一起廣修福德與智慧。原則上我會留在這裡，就不是像以前那樣說要先去極樂再回來；因爲雖然不出來弘法，但是看著諸位未來一、二千年風光地住持正法，不也是一件樂事嗎？所以就特地要留下來，看諸位如何住持正法。（大眾鼓掌⋯）留下來看諸位風風光光地住持正法，那麼我也許就躲在山林裡面，看著這樣一個光景，其樂自得，這樣就夠了。回到《法華經》來，今天要從四十頁第二段開始：

或時離地一尺二尺，往返遊行縱逸嬉戲，
捉狗兩足撲令失聲，以脚加頸怖狗自樂。
復有諸鬼其身長大，裸形黑瘦常住其中，
發大惡聲叫呼求食。復有諸鬼其咽如針。
復有諸鬼首如牛頭，或食人肉或復噉狗，
頭髮蓬亂殘害凶險，飢渴所逼叫喚馳走。
夜叉餓鬼諸惡鳥獸，飢急四向窺看窗牖，
如是諸難恐畏無量。

語譯：【前面佛陀講了許多法義以後，想要重新再宣說那些道理，就以重頌再敘述一遍說：

譬如大富長者有一座很大的宅院，這個宅院因爲歷史很久了，已經變成很陳舊，有許多地方傾斜或者毀壞，所以高堂房舍在高處的部分已經有一些危險的狀況出現了，而這一些高堂或房舍的柱子底部，也被歲月所摧而變得有些老舊；屋頂部分的梁與棟也已經有一些傾斜，而承接屋子各部分的基礎也有些流散或者毀壞；

牆壁也是一樣的情形，有一些剝落或者已經鬆散；壁上所塗的白泥或者紅泥，乃至表面敷上去的白灰，也都已經一片一片陸續在掉落當中；而屋頂所覆蓋的草蓆，也開始一片又一片紛亂地掉下地來；

至於蓋瓦的部分，那一些頂梁以及瓦條，已經開始變得不整齊，有些脫落的現象；在這樣悠久而故舊的大宅之中，裡面遍布了許多會遮障人們下腳的地方，所以裡面有許多不同的髒穢之物充遍著，因此下腳的時候必須彎彎曲曲地行走；在這樣悠久陳舊的大宅之中，有五百個人住在裡面。

陳舊的屋宅中不但住著這五百人，還有貓頭鷹、夜梟、雕鷲、烏鴉、喜鵲、斑鳩、鴿子、蚖以及蛇、蝮蛇、毒蠍、蜈蚣、蚰蜒，加上壁虎與百足之蟲那一類，甚至有專門躲在洞穴中出出沒沒的鼬貍，或者沿著水流邊安居的鼷鼠等等；總之，有各種不同的動物，或者惡蟲一類，爬過來又走過去。

因爲有這麼多的眾生住在這個舊屋裡面，所以這裡面就有屎尿而成爲一個很髒臭的地方；當這些屎尿四處流溢，有屎有尿的地方，就有蜣蜋等等蟲類集合在這些不淨物上面；又因爲有這樣多的動物同住在舊屋裡，所以狐狸、野狼等等就來這裡面捕獵，就在裡面對被捕獲的獵物又咬又嚼，然後又踩過來踩過去，所以這些被牙齒咬過的死屍骨肉四處散落非常難看；

由於這個緣故，狗群也就跟著跑進來；這些狗群沒得吃，就在這裡面由於飢餓又怕被人撞見，就帶有恐懼心，在這個大宅舍裡面到處求取食物；因爲這個緣故，群狗就互相鬥爭推擠，有時目露凶光互相瞪來瞪去，有時露出牙齒在那邊大叫，這個大宅舍裡面恐怖的狀態變異不定，狀況大概就是這個樣子。

這舊屋裡面不但如此，到了晚上，到處都有魑魅魍魎，或者夜叉、惡鬼來尋找，看有沒有人肉可以吃。到這個時節，那一些毒蟲一類，或者來裡面狩獵的那些凶惡禽獸，凡是哺乳類所生產的動物們，到了晚上都各自躲藏起來自我守護；這時夜叉常常跑來這個地方爭奪這一些哺乳類動物來吃；當他們吃飽了，不是生起善心，而是生起惡心，反而更加轉變而熾熱，所以夜叉們晚上往往也在舊屋互相鬥爭，那個聲音聽起來就使人非常恐怖與畏懼。

接著還有鳩槃茶鬼蹲踞在舊屋裡的小土堆上面，有時離開地面一尺或二尺飛過來飛過去，在那邊遊玩；他們有時候又捉了狗，把狗的兩隻腳提了起來，然後舉高而把狗撲到地上，讓狗恐怖叫不出聲音來；然後鳩槃茶鬼就用腳踩在被他所摔的狗的脖子上面，作種種讓狗恐怖的事情，這樣來娛樂。

還有其他不同種類的鬼，其中有的鬼身體很長大，他們都是裸形而沒有穿衣服的，非常瘦又非常黑，一直都是住在這個大宅院之中；他們往往發出很大而很難聽的聲音在那邊呼叫，想要求取食物。也有一些鬼是屬於餓鬼類，所以咽喉細到就像針一樣。

還有不同的鬼，那些鬼的頭就好像牛的頭一樣，這些牛頭鬼或者吃人肉，或者抓了狗來吃；他們的頭髮蓬亂並且手段凶殘，心中常有害心，是一種凶險的鬼類，他們也因爲被飢渴所逼迫而大聲叫喚、四處奔走。

這些夜叉、餓鬼以及惡鳥獸等等，當他們很餓的時候就會到處去窺探，從窗户或者門縫去看屋子裡面有沒有人，想要抓去吃。就像是這樣子，舊屋裡有種種的災難，其中的恐怖畏懼眞是說之不盡。】

講義：這個老舊的大朽宅，講的當然就是三界，三界正是這樣子。十方虛空中的所有世界都具足三界，有的三界剛生成，才剛到了住劫，眾生還可以長時間安居，這就好像新的高堂房舍落成，但是終究會經過長時間以後而開始毀壞。這就好像說，一切堂舍，不論建好的時候多麼高偉富麗，時間久了終究是會陳舊，然後就開始毀壞。眾生所住的三界也正是如此，世界剛形成時還不能住，就好像房子剛剛蓋好，都還沒有作修飾或莊嚴，裡面各種氣味很嗆鼻，世界剛形成就好比是這樣子。經過一段時間，氣味比較淡了，也不嗆鼻了，可以修飾與莊嚴，然後就可以安住了，這就好像是住劫。可是住劫如果到了末期，世界就很不好住了，這就是「**堂舍高危柱根摧朽，梁棟傾斜基陛隤毀**」，是一樣的道理。

不過，我剛剛才說正法的未來看來還不錯，所以你們就別擔心這個問題。而且因爲我們現在這個房舍是新建成不久，我們娑婆世界這個房舍，現在在住劫開始還不是很久；因爲一個大劫的「成住壞空」是有四個中劫，現在是住劫，是一個中劫；在這個住劫裡面將會有千佛出世，現在才不過出現了四佛而已，後面還有九百九十六佛要來下生人間成佛；這表示我們賢劫中的這個住劫時間還很長，所以不必擔心外道說的二〇一二年是什麼世界末日（編案：這是二〇一〇年四月六日所說。當時正流傳南美洲馬雅文化所記載世界將於二〇一二年毀滅的傳說）。那是人家拍電影的題材，如果不是這樣，他們有什麼題材可以拍攝？所以那只是世間人賺錢的手段，我們學佛人要有智慧，不要跟流行。

我們學的是智慧，要有智慧當個流行的領導者。我常常對孩子們說：「追隨流行的人，一方面要崇拜人家，同時又要花大筆的錢財；反過來，被崇拜的人，身分很崇高，他領導流行，又是大把銀子每天收進來。那麼你們要當跟流行的人，或者創造流行的人？」他們一聽就懂了，所以我的孩子們都不跟流行。跟流行的人就叫作迷者，不是有所謂的樂迷、球迷……等嗎？人間有一大堆的「迷」，政治上也有迷者，叫作扁迷、馬迷，全都叫作迷。請問，這個迷的意思是什麼？就是失掉了自我的判斷與正確的認知，去完全投向對方，那才叫作迷。迷的意思是失去了判斷力，我們學佛是要學智慧，當然不要成爲迷。如果成爲佛迷，那就不好了；大家要成爲佛弟子，不要當佛迷。可是，確實有很多佛迷，他們跟著有名氣的未悟言悟的假大師，長年付出了很多的精神與錢財，結果一生盲目追隨的所爲，根本不知道爲了什麼，那就叫作佛迷。他們不曉得佛法是智信的，所以他們把佛法當作是一種世間法來崇拜、來跟隨。

我們有智慧就知道說，其實不必擔心什麼二〇一二年世界末日。世界末日的事情，你們不是聽很多了嗎？對不對？百年來常常遇到一神教徒出來大聲唱說「明年就是世界末日了」，因此很多的神迷眞的就是迷，就把所有的財產都捐了出去，捐給那些一神教徒，然後那些人就說：「世界末日到了，我們就自殺，等上帝來接引。」最後他們自己不自殺，信仰的人卻是死了，然後所有錢財都跑到他們手裡去。你們說，到底是誰聰明？前些時候不是還有人說：「上帝就是開飛碟的高級人類，他將要開飛碟來接引我們了，所以大家要努力奉獻；全部奉獻給上帝以後，上帝開飛碟來了，就可以接我們離開地球生到天堂去。」神迷們迷信他，就跟著他到美國去了，錢財也大量奉獻了，是不是？結果有沒有搭飛碟去天堂？沒有，結果是借錢搭飛機又回到台灣來住。

我總覺得很奇怪，爲什麼就有人那麼愚癡，會相信這種荒誕不經的話呢？所以我們就說那種人就叫作迷，所以什麼二〇一二年世界末日說，那都是假的。千禧年的前二年不是也說：「二千年結束的時候，世界就會毀壞，就沒了。」那時世界沒了嗎？以前在西元一千年的時候，一神教徒也說世界將會消失，結果世界還在。一神教的末日使徒教會一天到晚在說末日到了，我想他們大概是勸募很困難，才會這樣講；但是就有很多愚癡人也會相信啦！還有美國那個什麼大衛教派，也是這樣子弄，全都是在欺騙眾生；可是我常常說，不管是多麼荒誕不經的信仰，都會有愚癡眾生相信。甚至每天從早到晚想要免費睡人家年輕貌美妻子的密宗，專搞男女雙修睡人家妻女又可以收供養的邪教，也會有人相信。那些密宗女信徒們，被人家騙上床以後還得要供養人家；這是什麼樣的時代，連這種邪教也會有人相信，就可以知道末法時代的現代人是多麼愚癡！

所以，你們看現代社會上光怪陸離的那些現象，爲什麼它們會存在？我們覺得很不可思議，認爲那都是不可能存在的啊！但它們就是能存在啊！這就是說，其實眾生都是迷失的，愚癡、沒有智慧，所以大家不要去信那個世界末日說。老實說，未來有九百九十六位世尊還沒有降生來人間，現在才只有四位，那麼大家想一想，我們賢劫的這個住劫還可以有多久的時間？這樣想一想就知道了！所以人家拍電影給大家娛樂，愚癡人竟也眞的信！但是相信的人確實有很多欸！如今弄到連美國太空總署都不得不出來聲明說：「沒有這回事，二〇一二年不會是世界末日。」連美國太空總署官方機構都得要出來講話，你看，那一些人藉著這個題目來賺錢，眞聰明，卻沒有因果，因爲他們的本意只是娛樂大眾來賺錢。你看那電影多賣座！但是我都沒有生過一念想要去看它，爲什麼呢？因爲那是人家編寫的東西，我們去相信它，不就是跟著人家的虛妄想在那邊轉了嗎？那不是就變成後知後覺了嗎？如果有人看完以後還眞的相信世界末日要來了，那就叫作不知不覺。他們賺錢是先知先覺，找到這個題材時說：「**哎呀！賺錢的機會來了。**」拍攝了起來，大家就趕快去看，大賣就賺錢啊！都是爲了錢。人家是爲了作生意，愚癡人信以爲眞，那眞的叫作愚不可及。

所以，賢劫還有九百九十六位世尊將會來人間示現，我們這個住劫的時間還長著呢！所以我們這個娑婆世界高堂房舍還是新成的。雖然新成的，也已經用了好幾億年了，所以房舍的窗戶也有一些磨損，或者某些地方有油漆剝落等等，我們就稍微修補修補，因爲用久了就是會這樣嘛！所以不久之前有八八風災發生，也是正常的。八八風災，其實從這個世界來講，只是很小的一件事。對災區的人來講，不得了，這是當地毀天滅地導致人們生離死別的大事；可是對整個世界來講，這是微不足道的一件事。譬如地震等等，對世界而言都是小事；就好像新成的房舍，用一段時間以後有些螺絲鬆了，所以就要把它修理修理，就只是這樣子。所以，雖然這個房舍還很新，但也別太放逸，不然你一不小心，風一吹大門，你的腳或者手剛好在那裡就被夾傷了，這是一樣的道理。

但是三界，你從長時間來看，其實能住的三界就是個朽故的老宅，因此有許多地方已經都不堪用了。這就是說，賢劫中的住劫這個中劫之中（不管哪一劫的住劫），當住劫已經到了末期的時候，就是這個樣子，因此裡面的許多生物其實都不好過。這裡講的「鵄梟雕鷲烏鵲鳩鴿、蚖蛇蝮蠍、狐狼野干、群狗、鳩槃茶、夜叉」等等，加上朽故老宅中的人，這是在譬喻什麼呢？譬喻三界的欲界之中有三惡道、有人間也有天界、也有無色界天，就是在譬喻這個；所以老宅裡面住的人類，就譬喻三界中的天界眾生，其他的就是鬼道等三惡道的眾生。三惡道的眾生且不談他，單說人類就好，你看世間人，有什麼人是一天到晚閒著優哉游哉的？你很難找得到。除了已經年老而有退休金退下來養老的人以外，凡是年輕力壯一天到晚優哉游哉的人，我們就叫他作街友，他們在馬路各頭餐風露宿，其實並不是眞的沒有辦法獲得工作，大

連下來問候一聲都沒有，目犍連就以神通跑到前面去擋下來說：「你為什麼見了師父還不停下來？」他說：「我在人間是大德的弟子，才舉手問訊，別人可都沒有對您問訊。」原來他急著要去享樂，不肯下車問候一下師父。你想，欲界天的天人們像不像這個老故朽宅裡面的大富長者那些小兒女們呢？就像是這樣嘛！只有什麼人會發覺到三界無安？只有色界跟無色界的眾生，那就是住在這個老故朽宅裡面的長者已經成長的孩子們，或者是他裡面的佣人，雖然已經成人了，可是他們還不知道該要怎麼離開這個老故朽宅，他們也不知道。所以他們以為說，全部世界就是這一個宅院，不知道還有可以出離宅院的方法以及境界，只好繼續住在裡面過著苦樂參半的生死過程。

因此，三界中就像是這個已經很老、很故舊的老宅一樣，在這裡面的生活，其實並不是永遠安隱無憂，大部分人都是過著辛苦而且不安定的生活，能夠安定地過生活的人還是少數。過安定生活而且還能夠不虞匱乏，那就是往世常常修布施的人，才能夠這樣過著優渥的生活。而大多數人日子都不好過，總是覺得不安心：到底什麼時候會有惡劣的狀況出現呢？不知道。總是這樣啦！所以，三界中比較沒有恐怖境界的、比較沒有憂慮的眾生，就是色界天與無色界。也就是說，在這個很老舊的朽宅裡面安住的，是住在那一些高堂房舍裡面而被守護得很安全的那一些人，就是這樣的譬喻。但是只要一打開窗戶、打開大門，就會有問題，因爲外面庭院中的橫逆境界很多。這就好像說，在天界，不管是欲界天或者色界天、無色界天，一打開大門就會下墮到人間或三惡道來，意思就是這樣。這樣子，在三界中流轉不會快樂啊！

所以，修菩薩道的人應該要有什麼樣的觀念？要有福德、要有智慧隨身，這一世萬貫家財是帶不走的，只能留給孩子去享樂，你帶不走嘛！將來走的時候，就只有業隨身，那要以什麼業來隨身才好？要善業、淨業，不要惡業隨身。如果有善業、淨業隨身，一世又一世在人間又何妨，因爲那些惡事都無法臨頭，你沒有那個業，就不會遇見。所以慳吝而當守財奴，不是聰明人，那背後有一個很大的原因，是表示、顯示他是來還債的。還債，還給誰？還給他的兒子、女兒。他只是來還債，因爲他一生捨不得用，每一餐都是吃鹹蘿蔔乾，連一顆蛋都捨不得買，捨不得吃。有時候買了一顆滷蛋，他要切成兩半，一半中午吃，一半晚上吃。可是他的兒子得到財產以後，五月花、黑美人、東雲閣、玉屋，就這樣到處吃喝去。

那是我親眼所見的，老人家每天在田裡辛苦，捨不得吃，捨不得穿，捨不得用，他死後，孩子才一繼承了遺產，就是上酒家裡去，幾乎是每天都去的。結果呢？不過五年，所有田產賣光光，最後繼續開計程車；剩下最後那一輛計程車，他就不敢再賣了，就是這樣。所以，我說那就是來還債的，他兒子就是來討債的，只是這樣。所以聰明人，當然要盡義務，應該留一些給孩子，可是也要準備一分自己死後要帶的、遠行的糧食。你不要說：「兒子啊！我好疼你，我全部給你。」然後自己出門才走上兩天就餓死了，對不對？縱使沒餓死，也要跟人家乞討。乞討的時候，臉上會怎麼樣？眞的臉上無光，羞愧難當。所以有一些人，你看，他在當乞丐，有可能他上一輩子是很富有的人，從來不肯布施；這輩子因爲他不願意去謀生，因爲他不屑於受人家管轄，上一輩子頤指氣使慣了，所以這輩子就當乞丐去了。

所以，聰明人要知道三界的狀況是什麼，三界的狀況就是像這一個老又故的朽宅一樣。我們既不是要當聲聞人，是要當菩薩；我們當菩薩的時候，就是要世世在人間，那當然得要爲自己先準備好未來世的資糧。你準備了未來世的資糧以後，能有餘力你再給孩子，應該是這樣啦！這是身爲菩薩應該有的正確觀念。因為你所得的是自己辛辛苦苦，朝九晚五或者作生意逐什一之利，好不容易才累積起來的，當然先為自己把未來世的道糧準備好，未來世才有餘力行道；總不能夠說未來世要行菩薩道，結果都打伸手牌。每天到晚都用伸手牌，人家見了你都膩了。看見這位老兄來，人家遠遠瞧見了，轉頭往另外一邊就走了。他要行什麼道呢？

懂得這個道理以後，雖然說三界朽宅不安全，但是因為這個住劫現在才剛開始不久，還是可以安居啦！因為後面還有九百九十六佛，如何把握時間能夠親值即將下生成佛的 彌勒尊佛才是最重要的。所以，如果去極樂世界可千萬不要睡覺，假使睡過頭了，只要睡上整整一夜，這裡九百九十六佛全都過去了。極樂世界一夜就是這裡半個大劫，你睡上一夜，這裡九百九十六佛已經過去了，人家已經不曉得在諸佛加持下進步到哪裡去了，他還在那邊睡覺剛剛醒來，所以要有智慧去衡量。如果去那邊，你就說：「我是短期的留學，聽一會兒，道業增上，馬上就要趕回來。」想想看，去那邊聽法，以那邊的時間，如果是那邊的一個時辰兩個鐘頭，或者說一個小時，這裡等於多久？這裡已經過去幾佛了？你想想看。所以這個是自己要去衡量的，所以要有智慧去判斷。

三界無安猶如火宅，我們該怎麼樣在無安的三界中，避免那些恐怖的境界？要避免未來世遇到恐怖的境界，最好的方法就是現在不造惡業，只造善業、淨業；只要不造惡業，將來就不會遇見惡事，這就是我們要作的事。但是雖然這個住劫才剛開始不久，那風災、地震等等，怎麼樣可以不會在自己身上發生危險？這就是大家要考慮的。所以雖然說住劫才開始不久，但仍然有這些惡毒眾生存在，也有許多的無常鬼存在，我們要怎樣去避免？既是想要避免，當然要先瞭解它。這一段經文 佛陀是告訴我們說，三界中的狀況就是像這個年久又陳舊的腐朽的宅院一樣。

經文：【是朽故宅屬于一人，其人近出未久之間，
於後舍宅忽然火起，四面一時其炎俱熾，
棟梁椽柱爆聲震裂，摧折墮落牆壁崩倒；
諸鬼神等揚聲大叫，雕鷲諸鳥鳩槃茶等，
周慞惶怖不能自出；惡獸毒蟲藏竄孔穴，

毘舍闍鬼亦住其中，薄福德故為火所逼，
共相殘害飲血噉肉；野干之屬並已前死，
諸大惡獸競來食噉；臭烟熢㶿四面充塞，
蜈蚣蚰蜒毒蛇之類，為火所燒爭走出穴，
鳩槃荼鬼隨取而食。又諸餓鬼頭上火燃，
飢渴熱惱周慞悶走；其宅如是甚可怖畏，
毒害火災眾難非一。

語譯：【這個已經腐朽的舊宅裡面，它的產權屬於一個人所有，這個人最近才剛離開這個朽宅，不久之後這個朽故的大宅院，後面的一些房舍忽然有火燒起來了，由於這個緣故，朽宅的火就開始蔓延，不久之後猛焰非常地強烈，有一些棟梁椽柱被火所燒而出現了爆開或是震裂的聲音，因此使得那一些棟梁椽柱燒斷了，然後就從屋頂上墜落下來，接著就是牆壁崩頹而倒下來。

這時大宅院裡面的各類鬼神就揚起聲音開始大叫，那些獵食類的鳥類以及鳩槃荼鬼等，因為這個大宅四面已經有大火生起來了，所以他們很恐怖到處去探視出路，都沒有辦法憑自己的能力出離這個火宅之外；

這時候火宅中的惡獸毒蟲也都四處逃竄，尋找火宅裡面的一些孔或洞穴來躲藏；毘舍闍鬼也住在這個大宅院中，但他們因爲福德不夠的緣故被大火所逼，因此就互相殘害，然後把死者的血喝了，又吃死者的那些肉。

較小的動物譬如野干一類，在火剛起的時候早已被燒死了，比較大的還沒有死的那一些狼、狗，就都聚集過來吃這些野干的肉；

這時因爲有些動物被大火所燒了，所以臭煙瀰漫非常地強烈，整個宅院四處都充滿了這種臭味、燒焦的味道；接著火燒到洞穴時，蜈蚣、蚰蜒、毒蛇這一類，因爲火燒到了，導致洞穴裡面濃煙瀰漫，又都重新跑了出來，於是鳩槃茶鬼——就是甕形鬼——又一一把牠們取來吃掉。

還有些是餓鬼類，頭上都被大火所燒，加上肚子裡面餓火中燒，又飢又渴，所以非常熱惱而幾乎是要迷悶一般，像無頭蒼蠅一樣四處奔走。

這個起火的大宅院裡面就是像這樣讓人怖畏，因爲裡面既有毒害又有火災等種種的苦難，並不是只有一種。】

講義：從這樣的比喻看來，三界是不是就這樣子？人間現在最熱門的題目是溫室效應，雖然說是溫室效應，其實比起劫末來，也已經夠好了。爲什麼夠好？因爲又不像這個火宅這麼恐怖。可是，如果眞要說起來，雖然如今還在住劫，但住劫之中也有很多大災，眞的也像這個火宅一樣。住劫之中每一段時間就有火災，每一段時間就有水災，每一段時間就有風災；可是在這三種災變的間隔當中並不是都無災，在這三種災變的間隔當中還有許多刀兵劫、饑饉劫、疾疫劫等等，還有其他的很多種劫數。如果造業的人，劫災來的時候就會像布袋戲裡面說的「劫數難逃」，眞的劫數難逃啊！

也就是說，他造了那個業；譬如一個慳吝的人沒有福德，當饑饉劫來的時候，他就必須餓死。饑饉劫來的時候穀貴如金，一粒米換一顆金子，有多少人買得起？想想看，那要非常非常有錢的人才買得起，然後要很省、要節儉著吃。到那個時候，只要看到地上有一粒米，就得趕快撿起來，好好用個盒子裝起來存在身上。如果那一天撿到十粒米，喔！他那一天就很快樂了。這就是饑饉劫的景況，想像不到啊！如果是刀兵劫呢？那可恐怖啊！最嚴重時，很多物品都像兵器一樣堅硬而銳利，把那蘆葦摘下來，向人一刺就可以刺死人了，那就是刀兵劫。蘆葦摘下來就等於劍一樣，不堪這麼一刺，人就死了。

如果是疾疫劫呢？你看，現在不是有ＳＡＲＳ（大陸說非典型肺炎）嗎？又是禽流感……等，那都屬於疾疫劫，都屬於傳染病啊！現在是醫藥發達，大家懂得控制配合，若是在古代，可就得要死上百萬人了。你看以前中古時代的黑死病，死多少人？算千萬欸！古時候的歐洲，人數不是很多，不像現在地球上有六、七十億人。古時候人類沒有這麼多，竟然是一死就是一、二千萬人，你看那個劫厲不厲害？所以住劫之中也還是有很多的劫數。在火災、水災、風災三劫的間隙當中，還是有很多的劫數存在，所以用這個火起——四面火燃，以及各種凶獸、惡鬼來作譬喻，還眞的恰當，因爲眞的是如此。再想回來，住在人間已經是如此，如果生在三惡道中呢？更難過了。

也許想說：「**住在天界上就沒事。**」不然！住在欲界天中也還有五衰相現的困擾，而且欲界天中會被大火所燒，也會被大水所淹，還會被大風吹壞，沒有幾個地方是好過的啦！如果是色界天，到了初禪天中還會被火燻到、烤到，雖然不會燒死，也會被燻、被烤得很難過；可是水災來了，莫說初禪天，連二禪天都給淹壞了。如果大風災來了呢？三禪天所有宮殿也都會被吹壞，大家都流離失所。所以，三界中只有四禪天以上勉勉強強可以住，但是卻有無常鬼。這無常鬼是遍三界中存在的，所以三界境界眞的不安隱。因爲在四禪天乃至無色界天，捨報下來往往在三惡道中，因此不如不生天的人；因爲生天享福完了以後落到三惡道，要重新回來人間非常困難。所以，寧可一世又一世在人間生老病死，憑仗修菩薩道的福德資糧繼續在人間生老病死，都比生四禪天、無色界好；因爲生到那邊下來以後，通常不在人間，什麼時候能再回來當人呢？一旦當了畜生、當了餓鬼，要回來當人是很困難的，機會不多，大家搶破頭還不見得能成功。

所以，說來說去還是人間好，雖然人間比天界有較多的困苦，也有許多的病來折磨，但終究是比去天界好，這是從長遠的時間來看。所以，這段經文裡面形容的，就是這個三界很不安隱，沒有一個稍微長一點的時間可以讓你覺得是可以安樂久住的。可是愚癡人會這樣覺得嗎？他們不覺得。那些住在天界的人，他們自己覺得：「我是永生不死的。」耶和華就是這樣想的啊！他在四王天中看著人間：「哎呀！這個人又死了，那個誰又死了；這個人死了下地獄去，那個人死了會到我這裡來，所以我是永生不死的。」可是等到五衰之相開始現前，他才知道自己是會死的，那時候他已經來不及了。因此，一般人是不會知道三界的無安猶如火宅，天界的天人更是如此。雖然如此，根據《舊約聖經》的記載，耶和華其實比較像是長壽鬼，因爲他喜歡血食，而且瞋心很重，不太像四王天人。

可是回到人間來說，一般人他假使有一些錢財和不動產等積蓄，他想：「我可以開始每天享樂了。」就一天一天過著安逸的日子，不會覺得人間是苦的，就好像在這個起火的大宅院裡的孩子們一樣，這就是一般人對三界貪愛的看法。但有些人是有智慧的，他們會想：「我一生又一生這樣子輪迴生死，我究竟是在幹什麼呢？這有什麼意義呢？」他會想：「原來我出生了就是爲了長大，長大以後就是爲了賺錢，賺錢就是爲了成家，成家就是爲了生養孩子，把孩子養大了然後我老了，我老了就是要死，我下一輩子還是一樣，未來的每一輩子都一樣。」想一想：「哎呀！這心愛的孫子要別離了，好痛苦欸！」終於才想通了說：「人生眞苦，我應該要求解脫。」這就是聲聞人。

你們呢？你們不一樣，你們就是想：「我活著到底是爲什麼？生從何來？死往何處？非得要弄清楚它不行，不然我活在人間幹什麼？」這就是菩薩。

但是不管聲聞或菩薩，永遠都是三界中的極少數有情。極多數的人是聽到說：「喔！可以解脫喔！好啊！我跟著你去解脫，然後我就在三界外享樂。」他們是想要到三界外享樂，這就是一般的學佛人。這些一般人的身分是什麼？就是大法師啦、大居士啦，以及密宗的活佛、法王、大喇嘛們，全都一樣啊！這些人都叫作一般學佛人，不是聲聞種姓，也不是緣覺種姓，更不是菩薩種姓。因為三界有無量的這種人，宅主回來看見了，他就有下文了：

經文：【是時宅主在門外立，聞有人言：「汝諸子等，
先因遊戲來入此宅，稚小無知歡娛樂著。」
長者聞已驚入火宅，方宜救濟令無燒害。
告喻諸子說眾患難：「惡鬼毒蟲災火蔓延，
眾苦次第相續不絕；毒蛇蚖蝮及諸夜叉、
鳩槃荼鬼野干狐狗、雕鷲鵄梟百足之屬，
飢渴惱急甚可怖畏；此苦難處況復大火。」
諸子無知雖聞父誨，猶故樂著嬉戲不已。

是時長者而作是念：「諸子如此益我愁惱，今此舍宅無一可樂，而諸子等耽湎嬉戲，不受我教將爲火害。」即便思惟設諸方便，告諸子等：「我有種種，珍玩之具妙寶好車，羊車鹿車大牛之車，今在門外汝等出來，吾爲汝等造作此車，隨意所樂可以遊戲。」諸子聞說如此諸車，即時奔競馳走而出，到於空地離諸苦難。

語譯：【這時候，這個大宅院的主人大富長者遠行回來，剛剛回到門口站在門外，聽到有人對他這麼說：「你這些孩子們，先前是因爲想要遊戲，所以到這個大宅院裡面來；這些孩子們年紀幼稚所以沒有智慧，因此還在裡面歡戲娛樂而繼續執著，還不知道火已經燒起來，應該離開。」這大富長者聽聞了，才知道這些孩子還眞的笨到不知道要離開，所以心裡很驚嚇，就趕快進入火宅裡面，開始用各種便宜善巧來救濟這些孩子，希望孩子們沒有人被大火所燒而害死。

這時他就告訴孩子們，就是用譬喻來跟他們說三界中有種種不同的患難：「這大宅裡面已經有惡鬼毒蟲遍布，也有災火開始蔓延了，接著會有種種的苦惱一個又一個相續不絕出現；而這個大宅裡面毒蛇、蚖蝮以及夜叉、鳩槃荼鬼、野干、狐狗、雕鷲、鵄梟、百足之屬，這一類毒蟲既飢又渴，而且心裡非常惱亂、非常著急，你們一不小心就會被牠們所害，這宅院裡面已經變得非常恐怖，你們應該要畏懼這些；而且這個苦難之處現在又開始燒起大火來了，不久就沒辦法救濟了。」這些孩子們雖然聽到父親這麼說，可是因爲沒有智慧而聽不懂，所以聽聞到父親這麼教誨時，他們仍然繼續樂著於他們所玩的那一些玩具和遊戲，依舊繼續不停地玩著。

這時長者心裡面就這樣想：「這些孩子們如此愚癡，因此繼續增加了我許多憂愁與煩惱，如今這一個房舍宅院裡面沒有一處是可以在裡面享樂的，而我這些孩子們都在這裡面耽著沉湎而不停地繼續嬉戲，不聽受我的教誨離開火宅，不久以後將會被大火所害死。」大富長者心裡面又繼續思惟，然後巧設了種種方便告訴這些孩子們說：

「我有許多種不同種類而又珍奇的、可以讓你們把玩的各種玩具，而且還有非常勝妙、非常寶貴的好車子，例如羊車、鹿車以及很大的白牛之車，如今都在大門之外等你們，你們只要出來大宅之外就可以玩了；我是特地爲你們造作這一些好玩的車子，隨著你們喜歡哪一種，只要你們離開了這個火宅來到了門外，就可以遊戲了。」

這些孩子們聽說有這麼多的好玩之物，又有三種好玩的車子可以玩，比原來在房子裡面玩的還要好，所以大家聽完了就互相推擠著，努力奔馳而走出這個火宅的門外，因此就來到了空地，已經不在火宅之中，就離開了種種的苦難。】

講義：這一段重頌是講什麼道理呢？這不就是現前地球世界的寫照嗎？這個大富長者——這個宅主——遠行回來，到了大宅院的大門外，這是譬喻什麼呢？譬喻諸佛如來或是即將下生成佛的妙覺菩薩，有很多珍玩之物；以前因爲遠行（第七地就是遠行地），遠行了一大阿僧祇劫以後回來了，這就是大富長者遠行回來，回來時就是譬喻應該成佛了，諸佛告訴他說：「你的這些孩子們，爲了遊戲進了這個宅院，可是年紀尚輕、年幼無知，所以都在這個宅院裡面玩著，不知大火之將至。」聽完別人這個說法，一生補處的妙覺菩薩嚇死了，當然要趕快進入三界來，所以就得下生人間成佛，來接引孩子們趕快出離三界火宅，就是這個譬喻。

假使他所度的這一些眾生因緣成熟了，是可以度得出去的，當然就要來度。如果這些孩子都還在繈褓之中（例如無種性的貪愛世間五欲者），說話都聽不懂，就不用來度嘛！如果被大火燒死也就燒死了，不然你還能怎麼樣？但如果已經經過一段時間教導，聽懂了你說的是什麼道理；至少你講話，他們聽得懂，目前雖然還沒什麼智慧，但你可以方便誘諭，讓他們出離三界火宅。所以，長者聽聞說這些孩子們都還不懂得要趕快離開這個火宅，當然要趕快進來火宅中，也就是下來人間受生示現成佛而度這些人。諸佛就會告訴他說：「你遠行已久，如今大火在宅院中開始燒起來了，而你這些孩子們還沒出離火宅，得要趕快救他們出來。」就是這樣的譬喻。諸佛總是這樣互相慰勉，諸佛不會說：「留著讓我度，你不要度。」都不會這樣啦！

那麼，三界裡面有種種劫；水火風三劫、以及成住壞空這個世界相；並且每一種水火風劫之間還有各種小劫，還有各種不同的劫變，說明這事情的目的就是要讓大家知道世界不可愛樂。例如《阿含經》裡面也有《大樓炭經》，另外一個譯本就叫作《起世因本經》，也就是說明世間是如何生起的，以什麼爲因、以什麼爲本，然後如何演變；其中所說的是，人類是由光音天下來受生的，就是從光音天墮落於欲界天，一天一天往下墮落才來到人間的，不是所謂的生物學家說的：人類是由恐龍轉變出來的。恐龍能變出人來，那才怪！那都是唯物論者的想法，把人當作物質來分析，成爲只有基因而沒有精神體，也就是由於有肉身的緣故，就由肉身來出生覺知心，這倒是成爲物能生心的大笑話了，可是他們都不知道那是一個學術陷阱。假使憑基因就可以有人，恐龍可以轉變成人，問題就來了，那麼應該人類也可以變成魚，人類也可以變成恐龍了，所以純憑物質來推究有情界，是有嚴重過失的。

如果物質可以組成基因，然後組成一個有情，而不是由心來形成基因與有情，請問：宇宙中地水火風那麼多，爲什麼不能自行組成爲人、或者天、或者狗？物質可以生心嗎？這是一個很基礎的根本知見，所以他們用物質來分析、來斷定說人類從哪裡來，就好像一神教說：人類是造物主創造的。都是一樣的迷信。他們都屬於迷信者，只不過這叫作科學迷信，因爲物質不可能生心。所以一定是有那一些業種而由心來成就各類有情，有什麼樣的業種就會由第八識心產生什麼樣的有情。想想看，獵食動物的恐龍、或者草食性動物的恐龍，牠們的業是什麼？牠們竟然可以變成人類？而人類的業是什麼？與恐龍的業是一樣的嗎？這兩種業是完全不通的，不能互通有無。人的業種跟恐龍的業種不可能互通有無的，可是他們不懂，咱們就原諒他們，諸位也不必刻意寫論文去評論他們，因爲我們不可能把實相明文告訴他們，所以那個爭辯將會變成公說公有理、婆說婆有理，永遠沒有交集點的，那我們就不管他。

這就是說，三界眾生是沒有智慧的；那你想，這些孩子們明明已經大火燒起來了，他們在大火還沒有燒到自己這一棟房子之前，其他那幾棟儘管怎麼燒，他們都不管，他們只會繼續在自己的屋子裡遊戲；這是因爲他們不知道外面已經火燒了，他們沒有智慧去了知。所以有智慧去了知的孩子，就是年紀大一點，已經六、七歲了：「喔！外面別棟房子已經燒了，我們要趕快走。」可是該怎麼走？他們也不知道，也許就以爲說：「我們這一棟是不會被燒的。」這就像古時候 佛陀還沒有在人間示現之前，那一些自稱已經得阿羅漢果的外道一樣，所以還得要有人來教導。你想想看，那一些想要以意識心、以識陰來住在三界外，繼續享受欲界快樂的人——也就是密宗那些人，是不是經文說的只有二歲的年幼兒子？就是這樣啊！你對他們說：「你們那個樂空雙運只是欲界中的輪迴境界。」他們聽不懂，也聽不進耳裡去的。

那一些不是金屋藏嬌而應該叫作金鑾殿藏嬌的大法師們，他們顯密雙修，是不是也這樣？是啊！他們也都認同：「我們出離三界的成佛之樂，就是享受這種男女快樂時的一心不亂境界。」把欲界境界當作是超過色界、無色界的三界外涅槃境界，說可以在三界外享受欲界男女快樂。這是多麼笨的想法，表示他們的佛法知見是嚴重不足的，就像大富長者的二歲孩子一樣沒智慧。因爲這五欲的快樂只有人間才會有，上生到欲界第三天就沒有男女二根相交的事情了；若是上生到色界時，所有天人都是中性身，連男女二性都不存在了，哪裡還會有男女相交樂空雙運的境界？但密宗喇嘛法王們竟然想要超越色界、無色界之上，還可以有欲界人間男女的快樂，是把欲界境界當作三界外的境界，這不是愚癡人嗎？所以你們如果誰有常常上網，也可以上去講這個道理，就這樣說明：這個是只有欲界的低層次有情才有的境界，密宗想要把欲界的境界帶到三界外去，就是不懂佛法的妄想說法。原來密宗的三界外還有欲界存在欸！就是這樣嘛！如果三界外沒有欲界，就不可能把雙身法的境界帶到三界外的涅槃中去啊！這是一定的道理啊！這個道理，不管誰來都不可能推翻嘛！可是，那些大法師們跟著密宗喇嘛們這樣學、這樣練，就是想要把欲界法帶到三界外去另外成立一個新的欲界，其實只是停留在欲界中並未離開欲界。那麼你說，這到底是有智慧還是沒智慧呢？諸位用膝蓋想就知道了，對不對？但他們用腦袋還想不通啊！

所以這一些人，就像這個老故朽宅四面火起時，屋裡面還沒有被火燒到的那些年幼孩子一樣，因此 世尊必須要施設三乘菩提來度化他們。這是因爲一開始就講三乘菩提，一定是行不通的，大眾一定聽不懂的；因此要告訴他們：「你們先搬遷到另外一棟去，那一棟比這裡更好。」他們就想：「我就搬到那一棟去，因爲那一棟更高廣更堅固，裡面玩具更多。」那就是人天善法；從這一棟比較破舊的朽屋，搬到離火比較遠一點的、比較大一點的房去；這就是人天善法，先求不要落在三惡道裡面，然後努力修到欲界天，從欲界天再到色界，繼續再到無色界，這就是人天善法的「生天之論」，眾生就容易聽得進去。剛開始你就講聲聞菩提，聽不進去的，所以要告訴他們人天善法。

所以，《阿含經》的記載都是這樣，一般人來見佛，佛就告訴他們「施論、戒論、生天之論」，告訴他們受生於欲界天、色界天的道理，說要持五戒、行十善、修禪定等等。讓他們先瞭解三界的全部境界和生天的原因以後，然後觀察來者已經聽得進去了，才告訴他們「欲爲不淨」，接著才告訴他斷我見、聲聞菩提等四聖諦的道理，都是先這樣子教導的。大富長者就是這樣子，所以最後看他們聽懂了，再施設羊車、鹿車、大白牛車。眾生都是爲了要追求這一些車子才出離火宅，所以要告訴眾生有三乘菩提。我們現在就是在扮演這個角色，對不對？三乘菩提就是羊車、鹿車、大白牛車。等到他們搭上了羊車的時候，才知道原來沒有羊車，這個羊車只是給他玩，玩到最後羊車也要丟掉，就譬喻什麼？譬喻說，出三界了就沒有聲聞菩提了，出三界了也就沒有鹿車、緣覺菩提，成佛了連佛菩提都不存在，住在無住處涅槃中。就這樣去利樂眾生永無窮盡，就是這個意思。所以大富長者這時施設了羊車、鹿車、大牛之車：「羊車鹿車大牛之車，今在門外汝等出來，吾爲汝等造作此車，隨意所樂可以遊戲。」所以大家聽到了就說：「喔！有佛法可學了。好啊！趕快學啊！」爲了修證佛法就不得不斷我見、斷我執，也要了知一切因緣起、因緣滅，還要了知原來法界有這樣的實相，這就是佛陀的方便善巧施設。這個時候眾生爲了得到三乘菩提，就趕快奔跑擠到門外來，就是出了三界，於是就脫離生死了。

經文：【長者見子得出火宅，住於四衢坐師子座，而自慶言：「我今快樂！此諸子等生育甚難，愚小無知而入險宅，多諸毒蟲魑魅可畏，大火猛炎四面俱起，而此諸子貪樂嬉戲。我已救之令得脫難，是故諸人我今快樂。」爾時諸子知父安坐，皆詣父所而白父言：「願賜我等三種寶車。如前所許：『諸子出來，當以三車隨汝所欲。』今正是時唯垂給與。」】

語譯：【長者看見這一些幼稚的孩子們已經出離了被火所燒的大宅院，長者於是住在四衢道中，坐在高廣的師子座上面，自己心裡面就很慶慰地說：

「我現在眞的是好快樂！因爲我這些年幼的孩子們，當年生養他們時眞是歷經很多的困難，他們因爲年紀幼小愚癡而沒有智慧，進入這個危險的大宅中，有這麼多不可愛樂的毒蟲等眾生會殘害他們，令人恐怖；這時大火猛焰已經從四面八方燒起來了，而我這一些孩子們貪著於宅院中的快樂與嬉戲。如今我已經救護他們，使他們脫離宅院中的各種苦難逼迫境界以及大火的災難，所以各位朋友們！我現在是非常的快樂。」

這時他的孩子們知道父親已經在宅院外安坐下來，都來到了父親面前稟白說：

「希望父親賜給我們三種寶車。如同您之前在宅院裡面所允許的，說：『我們這些孩子如果出來，就以三種寶車隨著我們所願而賜給。』如今正是時候，我們都專心企盼您賜給三車。」

講義：這就是說，眾生眞正開始修行的時候，他們並不知道出離三界的境界是什麼，所以得要先方便善巧施設，來誘引眾生先出離三界再說，然後再教導他們成佛之道。可是能出離生死，就代表他具足了知出離生死的法嗎？不是這樣的，所以有的阿羅漢很會說法，譬如說法第一的富樓那；但是有的阿羅漢一生都不太會說法，可是他能出離三界生死，他知道說把自我滅盡，一點點的執著都沒有的時候，他就可以出離生死，那就是出離三界火宅。他知道，他也能作到，可是你叫他說法，他不太會說，這就是一千二百五十位大阿羅漢座下的多數阿羅漢弟子們。因此，這顯示了一個現象，他們有能力逃離三界火宅，可是他們還沒有羊車。有羊車是指什麼？是指具足了知能夠出離三界火宅的方法，這就是羊車，所以這個羊車指的是聲聞菩提。

聲聞人出離三界的各種不同的方法，就是羊車；那麼鹿車呢？就是出離於三界火宅的另外一個方法，這是比較深細的方法，比聲聞菩提更深細，因爲包括心所法在內；它是函蓋了聲聞菩提的，但是它比聲聞菩提更深細，這就是鹿車。那麼佛菩提呢？一樣是出離生死，可是佛菩提函蓋所有能夠出離火宅的一切方法，而且是究竟出離的方法，這就是佛菩提，就是大白牛車。這就是諸佛不斷地教化眾生的原因，因爲這三乘菩提的法裡面說之不盡，特別是佛菩提，因此就不斷地—即使眾生已經修行而成爲阿羅漢、成爲聖弟子了—佛陀還是要爲他們繼續說法。爲他們說法的過程或者事相，其實就是在送給他們羊車、鹿車、大白牛車，這一段要講的就是這個道理。

而今此處多諸患難，唯我一人能為救護；
雖復教詔而不信受，於諸欲染貪著深故。
以是方便為說三乘，令諸眾生知三界苦，
開示演說出世間道。是諸子等若心決定，
具足三明及六神通，有得緣覺不退菩薩。

語譯：【這位長者因為非常的富有，倉庫裡面所珍藏的各種寶物非常之多，譬如金銀琉璃車磲瑪瑙等等，所以就用各種不同的寶物來造作三種車子乃至大白牛車；

又在車上作了很多的莊嚴，工整地把它裝飾起來，四面周匝都有欄楯，然後在四面的欄楯上面懸掛了寶物所製造的鈴鐺；

還用金絲製成的繩子，做成了一些金絲網，再以眞珠去串成寶羅網，把它懸在大白牛車上面；

還用各種黃金製成的美麗花朵，以各種流蘇處處垂掛下來，又用很多種鮮麗的色彩做成的寶綵，間雜著裝飾而在欄楯上面圍繞著；

並且以柔軟的絲織品等等作為它的坐墊、或者車上休息躺臥的床褥；這一些都是以最好的、最勝妙而很細緻的白氎去製造成功的，價值千億兩黃金，然後把這樣莊嚴的物品洗滌得很鮮白潔淨而蓋在這上面。

不但如此，還有大白牛長得又肥又壯，力氣都很強壯，這些牛的形體也長得很威武而且很美好，用來駕馭這樣的大寶車；

在大白牛寶車的周圍又有許多僕人隨從，來侍衛著每一輛車上的孩子，大富長者同樣都以這種姝妙寶車，平等地賜給他的所有孩子們。

他的孩子們這時候大家都是歡喜踴躍，就搭乘著這樣莊嚴的寶車在人間四方遊歷，都在人間快樂自在地遊戲而沒有任何的障礙。

佛陀又說：我就告訴你舍利弗，其實我也像大富長者這樣，我是一切聖人之中最尊貴的人，我是一切世間的父親；

一切的眾生都是我的孩子，可是世間的這些孩子們很深厚地貪著世間的快樂而沒有智慧心。

三界之中並不平安，就好像大火已經從四面燒起來的大宅院一樣，其實三界之中無量無邊的種種苦痛充滿著，是可以讓人非常恐怖畏懼的地方；

這裡面常常都有生老病死和種種憂悲苦患存在，像這樣的大火非常熾熱地燃燒著，從來都不曾停息過。

而如來是已經離開三界火宅的人，寂寞而安閒地居住於三界火宅之外的空曠林野之中。

如今這個娑婆世界的三界都是我所有，而這裡面的眾生都是我的孩子；然而現在這裡面有非常多的各種災患苦難，只有我一個人能夠來為大家作各種救護的事情；

雖然我來三界中作種種的教誨以及宣示，可是眾生都不信受，於種種五欲之中產生了染著，而這個貪愛染著是非常深厚的緣故。

由於這樣的緣故，所以我施設了方便為眾生宣說有三乘菩提的覺悟之法，使所有眾生能夠知道三界中有各種的苦難，因此我為眾生開示演說出離世間的方法。

我的這些孩子們如果心中已經決定而不退轉了，於是漸漸獲得三明以及六種神通了，也有人證得緣覺的果位或者成為不退轉位的菩薩了。」

講義：《法華經》在上週二，我們把四十四頁第二段語譯完了，接下來要來說明這一段重頌究竟是什麼意涵。

「長者大富庫藏眾多，金銀琉璃車磲馬瑙，以眾寶物造諸大車，莊校嚴飾周匝欄楯，四面懸鈴金繩交絡，眞珠羅網張施其上，金華諸瓔處處垂下，眾綵雜飾周匝圍繞；柔軟繒纊以爲茵蓐，上妙細氎價直千億，鮮白淨潔以覆其上。有大白牛肥壯多力，形體姝好以駕寶車，多諸儐從而侍衛之，以是妙車等賜諸子。」這意思其實是說　佛陀是大富無極的人。也許有人想：「佛陀眞的是大富無極嗎？成佛後所宣說的法，也不過四十九年就講完了，就只是那麼多啊！有什麼大富？有什麼無極？」在佛門那些六識論的相似像法之中，有很多人是這麼想，這也是正常的想法。這就好像一般學佛人學了二年、一年半，他就想：「所有的佛法，我都知道了，就是四聖諦、八正道、十二因緣，以外就沒別的法了。」所以他們不曉得　佛陀大富無極的道理，心想：「那個說法或許言過其實吧！」他們是那樣的想法。

後來聽說有第八識，心想：「這第八識到底是什麼意思？這第八識聽說又名爲如來藏，又是阿賴耶識，又是異熟識，又是無垢識，又是心，然後菩薩的論中又說祂是所知依，又說祂是阿陀那識、菴摩羅識；這個第八識這麼多名詞，到底什麼意思啊？」聽都沒聽過。然後又想：「這第八識與佛法有什麼關係？又有個禪宗的開悟，那禪宗的開悟到底跟佛法又是什麼關係？看來好像沒關係啊！可是禪師悟了以後，個個講起佛法頭頭是道，別人又無法推翻他。」覺得好奇怪呵？終於覺得說：「可能我的所知有所不足，也許佛法眞的是浩瀚無邊。」後來想一想：「何不請出《大藏經》來讀一讀？讀罷便知啊！」結果請了出來讀時，莫說大乘經，連二乘經都讀不懂，這才知道說：「哎呀！佛法眞的是難啊！」到那時候就回過頭來，跑到另一個極端去了；本來是說「佛法沒什麼，就這樣而已」，後來成爲另一個極端說：「佛法浩瀚無涯，無從摸索，我這一生想要實證根本是沒希望了，以後不要談什麼實證了。」又變成另一個極端了，本來還說沒什麼呢。

可是，往往有許多人相信那一些「大乘非佛說」的邪說，相信那些否定第七識、第八識的講法，一直都不肯改變。那麼，他們大力主張「大乘非佛說」，有很多人想：「他們講的也有道理啊！爲什麼我們一定要去弄懂那些大乘經典呢？因爲『大乘非佛說』啊！我只要修解脫道就行了，因爲阿羅漢就已經是佛了，這豈不暢快？一生就解決了，因爲阿羅漢果一世就證完了。」

這就是以前的佛教界。可是四、五十年之後，有人出來弘揚大乘法，講解如來藏妙義；可是，那到底是什麼？心裡面想：「那些在宣揚『大乘非佛說』的大師們，一定會出來破斥的；不必等很多年，正覺同修會就得要關門了，他們只不過同樣是個新興宗教罷了。」然後就等，年復一年，好幾年以後心想：「已經很多年了，大師們破斥正覺的書籍大概快寫出來了，也許半年後、一個月後就寫了出來。」結果半年又半年、一個月又一個月，還是不見蹤影，沒有人出來破斥，因爲小法師出來破斥正覺的，後來都是被正覺辨正以後就體無完膚。等了二十年，然後確定心想：「這大乘還是比較妙喔！因爲人家講大乘法的正覺，還可以講二乘法；講二乘法的南洋『阿羅漢』們都不能講大乘法。而且，人家正覺講大乘法時，所講的二乘法講得又勝妙，遠遠超過南洋的『阿羅漢』們。」終於服氣了：原來大乘是佛說。不再諍論而放下了，可是等到幾年後想起來「大乘是佛說」，願意學的時候又覺得：「好難呵！無從下手。」這就是佛教界半個世紀以來的現況。

然而菩薩悟了以後，研讀三乘經典時，就發覺 佛所說法不可思議；繼續進修又眼見佛性之後說：「原來佛性眞的可以眼見，原來大乘佛教的《大般涅槃經》說的眼見佛性還是眞的呵！」可是淨信而且實證佛性之後，繼續研讀大乘經典時又發覺：「還是有很多勝妙法是我們還沒有實證的。」然後，也許繼續進修，到了初地、二地、三地，依舊是說：「佛太厲害了！怎麼還有那麼多妙法是我還不懂的。」所以，修證越高，對 佛越恭敬，慢心越少。慢心最少的人是誰？是妙覺菩薩一生補處，他的慢心最少；所以不論 佛說什麼，妙覺菩薩沒有一句話是反對的。妙覺菩薩對 佛陀都是唯唯諾諾，佛說怎麼樣，他就怎麼樣。

你們看三乘經典中，有沒有看見 彌勒菩薩曾經向 佛頂嘴或者提出異議？在三乘經典的記載中，彌勒菩薩幾乎像是不存在一樣。幾乎是像不存在的妙覺菩薩呵！很少有他出來講話或作什麼示現，他講話的時候眞的不多。倒是有個 文殊師利仗劍逼 佛，好大膽呵！其實不是大膽，那是 佛陀授意他出來演一齣戲。沒有菩薩會有那麼大的膽子啦！因爲等覺地或者妙覺地，跟佛地之間相距非常遙遠，所以最瞭解 佛是大富長者的人就是妙覺。那麼，文殊菩薩、維摩詰菩薩，一個是出家、一個是在家，其實也是已成之佛大悲心重，憐愍這種五濁惡世的眾生，故意化現爲菩薩來幫 釋迦牟尼佛的忙，他們何嘗不知道妙覺位與佛位之間相差那麼大呢？當然都知道。不過既然約定好：「你演國王，我演宰相。雖然我們大家都平等，但你演了國王，我來演宰相時，我在戲中當然就要事事聽你的。」本來就如此啊！「你叫我來演戲，我就演戲。」這就是諸佛遊戲人間，不像我們遊戲人間利樂眾生時，處處挨罵、處處被打壓、處處被踐踏。文殊、普賢他們跟 佛就是這樣，這個星球度完了，又到另一個星球去，就這樣一直爲眾生轉法輪。

被度爲大阿羅漢以後，迴小向大證悟實相而成爲菩薩了，每一個人對 佛都是無比恭敬，不論 佛在或已經示現入滅了，都沒有人敢自稱說：「我就是佛。」可是聲聞法中堅持六識論的凡夫僧們卻常常自稱是佛，或者都把他們的凡夫師父高推爲佛；古時候則有凡夫弟子把阿羅漢師父高推爲佛，說「我師父跟佛一樣」。問題是，人家會怎麼想呢？人家想說：「你師父是阿羅漢，爲什麼見了佛時還要跟佛禮拜？爲什麼佛說話時，你的阿羅漢師父就唯唯諾諾？爲什麼不是跟佛陀平起平坐？」那不是因爲世俗禮節如此，事實上是因爲相距太遠。

所以你們看《法華經》中的記載，舍利弗尊者他們平常看見 佛爲諸菩薩們說那一些法，有時也會授記諸菩薩們將來成佛時如何、如何、如何。平常雖然聽了很多，但他們沒有一個人敢向 佛提問說：「佛陀！我們什麼時候可以被授記？」連問都不敢問，因為很清楚知道自己跟那些大菩薩們的距離已經很遙遠了，可是那些大菩薩們還得要 佛陀為他們授記。一直到《無量義經》講完，講了《法華經》的時候，才為這些阿羅漢們授記，在此之前哪個大阿羅漢敢請問？可是末法時代的凡夫僧膽子最大，在凡夫位中，連我見都沒有斷就敢自稱成佛，這就是末法時代。在聲聞上座部的部派佛教剛要分裂的時候，上座部裡的那些凡夫僧們就高推他們的師父阿羅漢，說他們就是佛；然後又因見解不同，就與阿羅漢長老們開始分裂，才會有後來的部派佛教；所以部派佛教是從聲聞法分裂出來的，他們的行為以及他們所說的大乘法，都跟眞正的大乘法無關。實證的菩薩們沒有一個人會去分裂大乘佛教，大乘佛教永遠不可能分裂，自古以來的大乘實證佛教之中，也從來不曾分裂過。所以親證而深入於妙法之中的菩薩，絕對相信《法華經》。

言歸正傳，「長者大富庫藏眾多」，就是說 佛陀妙法「大富庫藏眾多」，因此眾生們想要得法，佛陀的本意就是全部都給大白牛車，也就是全部都給佛菩提。可是有的眾生心量小，看見大白牛車，心想：「這個不是我能要的，我算什麼？」假使他自己認爲是 佛陀的兒子，就敢要啊！爲什麼不敢要？如果有人，他的父親擁有全球的國度與財富，然後他父親說：「我這些孩子們，一個人給他一國。」孩子們要不要？要啊！「因爲我老爸擁有全球，全世界都是他的，我是他的兒子，爲什麼不敢要？」如果心裡面懷疑：「我眞是他的兒子嗎？」哪一天老爸說：「我把台灣送給你啦！」他心想：「會不會是想要害我？用這個先把我安撫下來，然後設計來害死我。」他當然不敢要啊！這個時候假使這老爸說：「給你新莊市好了。」只是小小的一個新莊市，他就說：「好啊！這就好。」台灣不敢要，很小的一個新莊市就敢要。

大陸沒聽過新莊市這個名詞，可想而知它多麼小嘛！如果在台灣，他們都聽過。這就是一般眾生的心態。自己是否眞的認定是 佛的兒子，這是很重要的事；你如果眞的認定自己是 佛的親生兒子，祂給你大白牛車，你憑什麼覺得沒資格得？你會想：「我是你兒子，你給我大白牛車，天經地義啊！我得了也是天經地義啊！」兒子總是這麼想嘛！所以 佛陀財富無量，就給眾生佛菩提的見道功德；在佛菩提的見道功德裡面，函蓋了二乘菩提的見道功德。如果眾生自認爲是 佛陀的兒子，那麼承接下來就是天經地義的事啊！

爲什麼覺得不好意思說：「哎呀！抱歉啦！我覺得我不夠格啦！我只要羊車就好了。」佛陀聽了當然要責備他是焦芽敗種，說他的菩提芽、菩提種已經燒焦了、腐敗了。佛陀就表示說：「我這個兒子氣量太小，不敢認我這個父親。」諸佛就是這樣想的，因此，以 佛陀的無量無邊智慧以及無量無邊的解脫功德和祂的福德來說，給所有的佛子們在佛菩提中可以見道，這是天經地義的事，也一定是如此。因爲 佛陀視眾生爲子，一切眾生都是祂所要度化的人，所以給與一切眾生大白牛車都是正常的，而這個大白牛車只是 佛陀那些妙法庫藏中的一小部分而已。所以這一段經文講的就是說，佛陀「大富無極」，「等與佛菩提」；眞是大富無極，平等給與一切眾生同樣的佛菩提。

那麼，接下來：

「諸子是時歡喜踊躍，乘是寶車遊於四方，嬉戲快樂自在無礙。」這個講的當然就是諸菩薩。也許有人想說：「眞的如此嗎？」但是我保證確實如此，也有現成例子啊！我這個人，這一世並沒有懂得正法的師父。我學佛的時候還是被聖嚴師父誤導，所學的都是跟證悟顚倒的知見。所以你看，他們教打坐，我學；但他們教的是數呼吸：一呀、二呀、三呀，一直數到十，又從頭開始數，說要這樣每天打坐數呼吸，不斷地數上幾十年，說要數到數而不數。問題來了，什麼叫數而不數？教的人不曾講解過：能夠數而不數時，那是什麼層次、什麼境界？也沒有教導過說：怎麼樣可以到達數而不數的方法。一直到他死時都沒有教過。可是我學了數息法半年，就自己完成了數、隨、止、觀、還、淨六個階段。我當時不知道那是什麼，但我自己就會。

我不知道那是什麼法門，後來讀到智顗大師寫的《摩訶止觀》，我終於看到：「啊！原來我這個叫作六妙門。」就是數息法。我是自己會的，教我數息的大法師卻是到死爲止都還不會，應該是連聽都沒聽過六妙門，更不知道六妙門的修行方法。但我半年就自己會了，從數息到達第六階段的清淨，半年就自己完成了。數、隨、止、觀、還、淨，我就自己這樣前進後退用來用去，有時止有時觀，觀若不行時就退回來止，止不行時就退回來隨，但是沒有退回到數的層次。如果可以了，我就繼續推進：隨、止、觀、還。「還」就是修習六妙門的過程：有時候住在觀中心有些散漫了就退回來止，然後再往前推進而觀，半年後就一心不亂了，那就是「淨」。

我學了數息法後，前三個月數息時，我怎麼數？你們知道嗎？你們沒想過。我學數息觀才學三個月，人家沒有教這六妙門，只叫你數，一直數，說要數一輩子。但我怎麼數？我數十數，數到後來我就變成只有數一，就只有一個一；這個「一」就一直延續下去，我就一直把它「一……」下去；「一」到後來，「一」也不見了，定境就出現了，然後就住在定境中，就是「止」；住在「止」中久了，確定不退失了，就開始「觀」，詳細瞭解定境；全部瞭解以後心就轉變清淨而如如不動，這就是「淨」。所以，無相念佛我一樣是自己發展出來的，那時每天生活忙碌，白天業務很忙，回來辦公室以後還要繼續作，趕文件，然後明天早上一早又要上班繼續忙碌。所以每天晚上只有半個鐘頭可以用來課誦《金剛經》，後來想想：「哎呀！實在沒有體力啦！」爲什麼呢？因爲後來課誦《金剛經》時，總是一面誦著一面打哈欠。後來乾脆不誦了，因爲《金剛經》後面不是有禮拜一些佛菩薩嗎？我心裡說：「爲什麼我要唸佛號才拜？我直接想著佛菩薩來禮拜，不是更加一心不亂嗎？」我把定的功夫帶進來，所以就想著佛菩薩而不唸佛號，就這樣子禮拜；每一尊佛菩薩拜三拜，功夫漸漸上來了，後來《金剛經》索性不唸了，我專作這個功夫，無相念佛就弄起來了，這也不是人家教的，因爲我這一世的師父還不會無相念佛呢。

密宗的人罵我說：「你跟人家聖嚴學法，還評論人家，忘恩負義！」我反問說：「我跟他學了什麼？我的六妙門是自己修起來的，無相念佛也是自己修起來的，看話頭功夫也是自己修起來的。到我要離開法鼓山之前一年，我那位師父都還不會看話頭，還叫我寫文章說：『我們可以在《人生月刊》發表啦！你把它寫出來，看你這個功夫是怎麼修起來的就照實寫出來。』」後來我才知道原來是他想要自己閱讀，窮其一生都沒有想要發表，後來我把文章要了回來，我現在還留著。假使有人說：「那是你編造的，誹謗人家。」但是我還有證據，因爲他附帶了一張便條紙，上面有他的親筆字，我這個人不說謊。那接著呢，說到看話頭，這看話頭的功夫也不是他教的，因爲他自己都沒那個功夫。後來我自己參禪，自己破參明心，自己眼見佛性，全都不是他教的，而且他還嚴重誤導了我學法的知見與方向，有什麼恩於我？那我有什麼地方忘恩？既沒有忘恩當然就沒有負義嘛！對不對？

我是自始至終自己發展出來的，本質上是往世的修證在這一世因爲學佛而觸動以後，自己開始現行的，不是自己這一世有多行。這就是說，菩薩重新受生而又發起往世的所證，並且繼續進修時，都很清楚知道法應當如何，也很清楚知道自己距離佛地有多麼遙遠。這是說，當我那天下午明心之後馬上又眼見佛性，那時我就知道自己距離佛地很遙遠；爲什麼呢？因爲我很清楚知道自己還沒有成佛，雖然受用那麼大，可是很清楚知道距離佛地還很遠，所以深入經典去瞭解；越深入瞭解，發覺距離越遠。本來見性以後還看著說，佛陀大概在那一邊，我在這一邊；後來經典深入讀得越多，發覺佛陀與我的距離越遠，變成永遠追不上的那個感覺。因爲你瞭解越多就知道那個距離和過程，觀察下來說：「這距離，到底我是還要多久才能完成？」我當時用大姆指當工具，掐指算來十二個指節，這邊的四根手指也是十二節，把雙手二十四節算完了，還是沒有辦法算出來。所以菩薩到這個時候慢心不見了，可是慢心不見之後，卻變成怎麼樣呢？開始遊戲人間，不管人家怎麼罵、怎麼糟蹋、怎麼抵制，總之就是要繼續行道下去。眾生越是罵得厲害，就越想要救他們；因爲深深地覺得眾生無智，眞的好可憐！自己很清楚知道，那麼就轉惡事爲佛事。

修證到這個時候的菩薩，就是《法華經》中說的這個「諸子」，三車全都已經得到了，所以說：「諸子是時歡喜踊躍，乘是寶車遊於四方。」不管去到哪裡都以這個佛菩提來遊歷人間，在法樂之中嬉戲快樂自在無礙，不管人家怎麼糟蹋，仍然是法樂無窮。往年有很多附佛法外道在網站上一直罵，辱罵蕭平實，他們希望蕭平實會生氣，可是蕭平實就是不會氣，爲什麼呢？因爲看清楚自己跟眾生之間的距離，明知道這個距離太遙遠，無法爲他們說明；勉強說了，他們也不知道，聽不懂。就像大學教授看到那小學三年級的學生在罵：「你這個某某教授，你連加減乘除都不懂，你在講什麼數學？」等於這樣嘛！那你說，那個教微積分的教授，要不要跟他回罵？當然不回罵，他只是覺得可笑，覺得那三歲小兒愚癡可憐；可是，你要爲他說明代數、幾何，然後講到微積分去，要怎麼講？你講了也是白講。但是，這大學教授無妨在大學校園裡面快快樂樂地講解微積分，有時候也許應聘去某某中學講一講代數，叫作牛刀小試；當人家把那個三歲小兒毀謗他的事情講給他聽的時候，他會不會生氣？當然是「噗」地一聲笑了起來，怎麼可能生氣？

菩薩正是像這樣，所以菩薩不會因爲人家毀謗就生氣，因爲菩薩心裡面有一個觀念：眾生本來如是。有些同修聽我講過很多遍了，我總是說「眾生本來如是」。既然已經知道說眾生本來就是這樣，已經知道了還生什麼氣呢？因爲接受了，所以無妨被罵啦、被糟蹋啦，乃至被抵制啦，菩薩依舊遊心法海、法樂無窮。所以，這樣實證如來藏的菩薩只要遊心法海十年，勝過未證的凡夫大師遊心法海八十年、九十年乃至九百年，爲什麼呢？因爲有大白牛車，幾頭肥壯白牛拖著的大車太殊勝了，內容太豐富了。假使有人隨時要來比富麗、比堂皇，大白牛車裡面隨便拈出一輛來：「你有這個羊車嗎？」對方一看：「啊！我沒有。」他沒有，就只好退回去了，還比什麼呢？

我們弘法二十年寫了這麼多書，也有人來跟我們炫耀過，但是我們連比都不用跟他比，爲什麼呢？例如有人拿出來說：「我們這個是報身佛境界、雙身佛境界，是最高的報身佛，你們顯教只有化身佛的境界。」我簡單說一句話，根本不用拿東西跟他比，我說：「你那個境界就像是泥巴做好了拿來鍍金的。」我何必拿東西跟他比？因爲他們的東西只要輕輕敲一下，就碎壞了，就知道那是泥巴做的。我說：「你這個是意識相應的境界，都還追溯不到意識自身來。」這麼一聽，再也沒有人敢拿雙身法來正覺炫耀說：「我們比你們顯教更行。」你看，現在你看不到密宗有誰敢再說他的雙身法樂空雙運境界比顯教更行。

大約五年前，或者說八、九年前，密宗就像中南部的人用河洛話講的「足嘎啞」（台語）；「嘎啞」聽懂嗎？「啞啞飛啦！足嘎啞啦！」聽懂了呵！就是說他們當時是很興盛、很猖狂的樣子，大家趨之若鶩。還有聞名四海走過五大洲的大法師，竟然邀請那個雙身法的外道達賴喇嘛，在紐約搞什麼「世紀大會談」，有沒有？那是花錢買來的，大法師向那個外道買那一次會談；除了當時要給他好像是八十萬美金或多少錢？我忘了正確的數目；然後還要每年再給達賴二萬元美金，大家的錢就是這樣送到達賴外道那邊去。聽說前幾年就不再給他了，也許是讀了我的書而知道那是個外道吧？但這樣一來大法師其實又是背信了。對啊！背信啊！因爲這是雙方的約定；你跟達賴約定好了，人家達賴也跟你世紀大會談完成了，你給了幾年以後不給了，就是背信。如果有書面的話，人家是可以來告大法師背信的，好在大師已經捨世走人了，如今扯不上他。

但是，菩薩根本不用把大白牛車裡面的任何東西、任何寶貝拿出來跟人家比，都不用比，因爲沒有人有別的寶物可以來跟菩薩的比，而密宗正是把

這就是說，菩薩們本來就是　佛陀的兒子，心裡很清楚知道，一絲一毫都不懷疑，然後願意承接　佛陀的大白牛車。因爲菩薩們知道：「那大白牛車裡面還有鹿車、羊車，只要有了大白牛車，我就什麼都有了，然後就能乘著大白牛車一步一步邁向佛地。而且未來每一世都是『嬉戲快樂自在無礙』，以這個大白牛車於法海之中嬉戲法樂無窮。」你們可能想說：「這蕭老師眞的讓人佩服，悲心深重，爲了利益眾生寫書寫到三更半夜，用電腦寫，寫到手都腫了，半夜裡還套兩層襪子保暖，好可憐！眞可憐！」可是我沒有覺得我可憐，我很快樂，爲什麼呢？因爲寫書的時候，以前都用稿紙寫，旁邊都另外要準備一些廢紙，因爲背面還可以用，寫著、寫著、寫著，突然又一個法跑出來，怕忘了，趕快那邊先寫幾個字再回來寫原文，不然等一下把這邊寫完，那邊新出現的妙法又忘了，就無法寫了；因此趕快去廢紙那邊寫幾個字，然後回來把這一段寫完，接著再藉那幾個字提醒，再接下來寫；而且，把那個新出現的法義寫了一半，都還沒有寫完，又跑出另一個法來，趕快又去旁邊加記一下；寫了三、五個字提示，回來第二段寫完時再把第二次新出現的法義再增寫上去，就這樣欲罷不能，是法樂無窮，怎麼會可憐呢？

有時候稿紙都寫完了，忘了剛剛那些東西還要寫上去，糟糕了！這個妙法要放到哪裡去？最後沒辦法，在以前都用稿紙時，只好另外用白紙寫了很小的一大段文字，然後剪下來貼到稿紙裡面去，所以有的稿紙上是貼了很多張補充的白紙條，眞是法樂無窮啊！後來用電腦，那就快很多了，也不需要再用貼的方式來增補了。可是老實說，現在晚上睡覺手掌雖然不必再套兩層襪子保暖，但是夜半裡都知道已經僵硬而痛起來了，就趕快縮進棉被裡再藏起來增溫；就是這樣子，冷了就會痛，溫暖就不會痛。可是有人說：「哎呀！你這個變成職業病了。」我說：「我哪有職業病？我是無業遊民——不賺錢，會有什麼職業病？」有人說：「這個要醫治啦！」我說：「沒關係！我只要上了電腦鍵盤一敲，手就不痛了。」這就是法樂無窮。

菩薩本來就應該這樣，不然你認了大富長者作他的兒子，你是他生的，得到這麼多可以玩的東西，憑什麼你不玩？你可以玩，你當然就要駕著寶車遊於四方，法樂無窮，這叫作佛法中的「嬉戲快樂」。那麼「嬉戲快樂」的時候，表示你一定「自在無礙」。你出來說法或者寫書印出去，沒人能來挑戰你。他們只有從你的書中、從聽你演說的法裡面去受用，何曾有能力挑戰你？因爲他從你說的法裡面學到很多，自然懂得自己的分寸。只有一種人讀了你的書、得了好處還會挑戰你，因爲他覺得名聞利養受到損害了。本來他是第一把好手，結果因爲你的書中所說法義，他在大眾心中的地位漸漸地演變，後來變成第五把好手的時候，他覺得受不了，爲了名聞利養，當然要出來罵你，這也是正常的啊！

但他們罵歸罵，咱們不會生氣，因爲我們也很體諒他們。你想想，他們擁有一個精舍或一個寺院，四事供養都是來自四方徒眾；徒眾讀了正覺的妙法書籍以後供養一直流走，你說他們不難過嗎？道心不夠堅強時當然會難過，這都是正常的事情，我們當然要體諒人家。但他們如果落實到文字來罵，我們就有機會利樂眾生了。我總是期待有人罵，因爲如果沒有人寫文章、寫書來罵你，你就沒有機會寫更好的書、說出更妙的法，你沒有機會。你如果特地主動去寫，人家會說你愛現，對不對？那就變成師出無名嘛！事實上是這樣啊！如果人家出書或者寫文章在雜誌上連載，或者乾脆一期登完來毀謗正法，我們回覆來顯示正法的勝妙，這就師出有名，沒有人能說你不對。

所以菩薩就是這樣子，得到了佛菩提，也就是得到了大白牛車的時候，眞的歡喜踴躍。想想看，正覺弘法以前的佛教界，對法界的實相，大家都只能空談而不可能實證。菩薩既然實證了，當然心中踴躍。以前每天課誦《心經》的時候，總是想：「那是什麼境界？」再怎麼想也不懂。悟了以後說：「啊！原來《心經》是講我心裡的境界。」從此以後不再課誦了，因爲每天住在《心經》的境界裡面，還要課誦什麼？好了，既不課誦，久了以後就忘掉了，等到要誦的時候：「觀自在菩薩行深般若波羅蜜多時……」結果呢？只剩得下一句「照見五蘊皆空」，其他也就忘掉了。可是不管誰拿來問你，你就會講，這才是眞的遊心法海。

然後繼續利樂眾生，也許再過幾年，福德增加很多了，佛性便可以看見；眞的能看見，想像不到欸！喔！當然又是歡喜踴躍，很難想像欸！這佛性無形無色，你怎麼可能在山河大地上看見？偏偏就看得見啊！當菩薩拿出這一件寶貝的時候，佛門大法師們，加上那些附佛法外道以及外道們，他們要拿什麼來跟你比？沒辦法啊！因爲他們都無法想像，無法想像就表示他們手裡都沒有那個貨，他們拿什麼來跟你比？喔！所以菩薩剛剛見性以後，也許三兩個月後有時想起來說：「哎呀！我還眞有福報欸！這個大家都看不見的佛性，無形無色的東西，我竟然用眼睛看得見。」那不就是這經文中說的「歡喜踊躍」嗎？

可是菩薩繼續修下去，豈止如此？那大白牛車裡面有太多寶物了。所以我出來弘法，就這樣不斷地運用這些寶物；當他們說：「哎呀！你沒有羊車啦！」我就把羊車拉出來，給他們瞧一瞧，而且我的羊車跑得比他們快。我的羊車還可以載一個人，他們的羊車載不了人，他們自己一站上去就垮了，原來是紙板糊的，我的《阿含正義》正好就是羊車。他們說：「你沒有鹿車啦！」我有啊！怎麼沒有？《阿含正義》裡面不是有鹿車嗎？把大家都沒講過的十因緣與十二因緣的關聯等法全都講出來了。那大白牛車，他們就更別提了，所以菩薩這樣子，坐著大白牛車「遊於四方」，就在這一些珍寶之中「嬉戲快樂自在無礙」。

因爲他不管拿出什麼珍寶來示現給眾生，勸勉眾生說：「你們要想辦法得到這些珍寶啊！而這些珍寶都在大白牛車裡面，全都有啦！你們只要肯認定自己是佛的兒子，努力依照佛所說的，趕快奔出三界外，你就有這些了。」眾生聽了就願意努力，這就是這三句所講的意思。所以，這三句講的大富長者的兒子就是菩薩們，而你們正住在這樣的境界中，只是你剛剛上了大白牛車，裡面那麼多寶物，你還沒有完全知道，才剛剛在認識那一些寶物。當你把所認識第一項寶物拿出來玩一玩時，人家旁人看見說：「你怎麼有個寶貝？」你就說：「你來正覺修學，將來你就會有啊！」然後你繼續努力，有時候就有另外別的寶貝又取出來玩一玩，你就這樣增長道業，所以後來也能以妙法寫論文、寫書等等，還可以出來教別人修學。這就是菩薩，所以菩薩就是大富長者的兒子。

那麼，這個講完了，世尊接著說：「舍利弗！我也是像大富長者一樣，是眾聖中尊，也是世間之父。」一切聖者之中，以佛陀為最珍貴。阿羅漢們也是聖者，三果人也是聖者，初果、二果那就差很多了，可是還有那些阿羅漢們恭敬得不得了的菩薩們，那更是聖者。可是諸聖之眾以 佛陀為尊，這就是「眾聖中尊」。佛陀也是「世間之父」，因為視一切眾生如子，就是要度他們同樣成為大富長者。而 佛陀這樣說的時候，不會有人說：「佛陀好傲慢呵！竟然自稱是眾聖中尊。」如果有人自稱「我是世間最厲害的人」，或者自說「我是佛教界最行的人」，大家一定罵翻了。可是菩薩不會這樣講，為什麼呢？因為菩薩不管證量多麼高，都有一個心理準備：「什麼時候可能突然會出現一位證量比我高的菩薩，我就拜他為師。」證量高的菩薩們都有這樣的心理準備，所以沒有一位菩薩是高傲的，只有凡夫才會高傲。菩薩尚且如此，何況是佛陀呢？二障斷盡，具足人、法無我，怎麼可能有慢心？所以，佛陀自稱「眾聖中尊世間之父」，不是因為慢心而說的，只是為了彰顯佛法的可尊可貴。

世尊又說：「一切眾生皆是吾子，深著世樂無有慧心。」在諸佛心中，永遠都是把所有眾生當作是自己的兒子一樣看待。在人間，至親無過於父子，父子的關係就等於母女的關係；這是無可改變的，這是世間最親的關係。既然佛陀把一切眾生看作是兒子，也真心把眾生當作是兒子，當然要給兒子最好的。可是兒子不願意接受，深深執著於世間的五欲之樂，或者執著於世間的禪定之樂、神通之樂，這就是具足凡夫性的眾生，因為這一些都是世間樂，不能了生死。學神通以後得了神通，好不好？你們為什麼不說「好」？應該說好啊！因為菩薩滿三地心之前，也得要修學五神通，為什麼不說「好」？應該說「不好」是因為在不應當學的時節因緣去學，所以就不好。譬如在證悟之前去學，或者悟後還沒有到三地即將滿心，就先開始學，那就不好。

我們早期在中山北路六段租一個地下室共修，後來實在擠不下了，因爲那裡只有五十坪，扣掉佛龕、儲藏室、廁所、走道，再扣掉辦公桌，就沒有多少空間了。那時擠下一百多個人，比你們現在坐的更擠，所以大家受不了；我們那時決定要買個講堂，最後才終於買到這裡來。剛買的時候，人家有神通的人來到這裡一看，就說：「不要買這一邊，要買馬路對面那一棟的房子，買在那一邊才會興盛啦！財運才會旺啦！」剛好對面也有一戶要賣，我進去一看；你看我個子這麼矮，才一百六十公分出頭而已，我踮著腳尖往上一摸就能摸到天花板，而且裡面中央正好有好大一根圓柱，幾乎就在房子正中央。我想：「我買了這個房子，要怎麼建講堂？」沒辦法當講堂用。

然後我接著又想：「我又沒有作宣傳，就有這麼多人要學，保不定以後人數暴增，那時要再買第二間講堂，該怎麼辦？」我看看上面全都是住家，未來沒有發展的空間，我就說：「不行！不能買這一戶。」馬路對面這棟大樓卻是一直都有空房子要出租或是要賣，而且樓上樓下都是辦公室，沒有住家，將來有機會擴增講堂，於是決定還是要買馬路這一邊的房子，所以才買下這戶九樓。九樓也是談了八、九個月，談好了條件，說要簽約了，賣方突然又拉高價錢。他拉高價錢，我就把談好的價錢往反方向故意再降四百萬元，不行就拉倒。那時當然就得拉倒，結果最後還是找我們去買，我就說：「講好了要簽約，你就不要再反悔；你若是再變價錢，我還是會再降價錢；你往上拉，我就往下降。」結果第二回就眞的簽約了，就這樣買下來了。我們買了以後，有沒有說財運不旺？沒有欸！雖然不是大富，可是弘法需要用錢時，從來沒有缺過錢。

　　這在說明什麼？說明佛菩提是非常勝妙的法，是非常富有的法，不受世間法所限制。依世間法而言，可能對面是財運比較旺，然而我們是世出世間法，我們以世出世間法函蓋了出世間法及世間法，所以我們是函蓋一切的，那風水對我們還會有什麼影響？財運不旺，這棟大樓財運不旺，我們搬進來了就開始旺；這棟大樓如果不是我們來，還是會像以前那樣一間又一間空掉，這一棟大樓本來就是這樣子。我們來了以後開始興旺起來，因爲人氣多了，開始興旺。可是興旺了，對我們不好，只好讓你們大家這樣擠啊！因爲我們興旺了，人家不是虎視眈眈，而是錢視眈眈。所以搞不好，哪一天我們不得不搬家，如果別的大樓有七個樓層要一筆賣出，我們就買了，我們就搬離這棟大樓。我這個人就是這樣，很討厭人家刁難。我用合理的價錢跟你談，你要刁難，我沒辦法接受，因爲我要負因果；三寶的錢拿來浪費是要負因果的，而且這因果是天下最大的因果。

所以，菩薩們很清楚知道應該要作什麼，可是眾生們不知道啊！總是貪著世樂，聽到人家有神通：「哇！神通好啊！我去跟他學啊！」於是離開同修會去學。學了十年，到現在，他還是只有一通，叫作吃飯通——有吃就有通。他離開不久，有一次見了我，說他在修神通，我說：「你修什麼神通？」「我依照這本書練啊！」我說：「誰寫的？」「某某法師寫的。」我說：「拿來我看看。」我一翻閱就說：「錯了！你依這個方法修一百輩子，也不會有神通；因爲它講的跟神通的原理相背，相背怎麼可能修成？」但是神通如果先修成了，想要見道就很困難了！爲什麼呢？因爲神通可以炫耀、可以拿來謀財利，道心就被神通消磨掉了。有的人喜歡禪定：「哇！一入定就是三天欸！這個境界很好。」問題是，去找了教禪定的老師或師父，學了以後結果如何？根本就定不住。以前他們那些人退轉了，還嫌說：「我們正覺都修慧不修定，所以我們要去某某寺學定。」我就說：「他們很愚癡！普天下的佛教道場，除了正覺，現在有誰證得禪定？」

以前佛教界有人宣稱得初禪、二禪，前些時候，五、六年前，南部有位法師宣稱他得初禪。那麼問題來了，你要有智慧檢驗眞假，不應該人家說了就算；就像人家說他成佛了，你也信啊？你當然得要檢驗他啊！檢驗的結果，沒有一個人是得初禪的。那些人說他們去某某寺學禪定，我就說他們愚癡啊！所以有一次講經時，我就舉出這個例子來說：「那邊堂頭和尚有沒有證得禪定？沒有！莫說初禪，連未到地定都沒有，那你們去那邊學什麼定？」他們數了一輩子還在數呼吸，數了一輩子都還無法完整把一到十數完；因爲如果數到五就生出妄想，就得要從頭來數一，結果一輩子數不到十。那初禪就更甭提了，因爲那位大法師連看話頭都不會，能有什麼禪定？有禪定的人一定能看話頭，不會看話頭的人一定沒有禪定證量。

可是他們追逐禪定，目的是作什麼？求世間樂啊：「我一上座，一個下午都不動。」哇！大家都崇拜說：「哇！這某某師兄，定力好好呵！」可是他坐在那裡有禪定嗎？沒有！所以那一次，我就說啦：「那是我走過的路，後來我把它丟掉了，開始參禪，爲什麼他們還要去學那個東西呢？」如果要說禪定，現在佛教界數得出來的道場，就只有我們正覺有禪定；只是因爲教定的時間還沒有到，所以我沒有教。其實我以前教過禪定，不是沒教過；而且我們還有一套錄音帶，叫作《小止觀》，共有六十幾卷，是六十三還是六十六卷？我都忘了，但我都還保存著。我們還裝了個精美的盒子，是一整套，藍色的皮。我們還有很多老師手裡都還有這一套錄音帶呢，怎麼說我沒教過？只是他們來得不湊巧，沒福報修學我教的禪定，才要去外面跟那些沒有禪定證量，甚至是連未到地定都沒有的道場大法師們說要學禪定。

但是，世間人只看表相，以前我剛學佛，在某寺的禪坐會裡面一上座，很快就入定去了，三個鐘頭一晃就過去了；人家是每半個鐘頭敲一下引磬放香時，就趕快下座去喝水，其實並不渴啦！只是爲了放腿動一動。可是我一上座就進入未到地定去，三個鐘頭一會兒就過去了。他們都說：「哇！你修行很好啊！很有智慧。」我說：「我沒智慧。」因爲那時候還沒破參，有什麼智慧？哇！大家都崇拜。但那有什麼好崇拜的，我根本不當一回事，因爲那不是我要的，然而眾生都只看到這種表相。後來，他們邀請我去爲他們主持共修，其實不是因爲知道我有智慧，因爲他們那時還不知道我已破參了，他們只是因爲聽說：「這蕭某某以前在禪坐會裡，一上座就是三個鐘頭。喔！好厲害！」是因爲這樣才請我去主持共修的。沒想到，我去了，直接講禪，大家都聽不懂，那時就是這樣啊！所以，眾生都是執著三界境界世間樂，因爲禪定可以拿來眩惑人。

那麼世間樂，最執著的人莫過於密宗；他們所謂的無上瑜伽，就是要玩盡天下所有的女人，只怕玩不遍；女上師則是要玩盡天下所有男人，就是這樣啊！所以美國，我是親耳聽那位大法師講的——誤導我的那位大法師，十幾年前聽他說的；他說的又是「十幾年前」，所以距離現在應該已是三十年前，說美國有位很有名的密宗女上師，她教密宗的無上瑜伽所以玩過很多男人，因爲她常常要爲男弟子作密灌，當然要與男徒弟玩樂空雙運。你們知道美國是性氾濫的國度，她就這樣對美國男徒弟廣教無上瑜伽所以不斷地樂空雙運，不久她就得了愛滋病。那時候不叫作愛滋病，叫作愛死病；命名很正確：濫愛所以會死掉，叫作愛死病。結果她在美國各處的所有道場，總共十幾個，就全部關門了。不關門也不行啊！因爲人家把消息傳出去，說她有愛滋病了，誰還跟她上床玩樂空雙運？但是無上瑜伽樂空雙運是密宗的根本教義，喇嘛們必須每天奉行，這樣看來，密宗喇嘛不是執著最強的人嗎？他們執著世間樂的心是最強烈的啊！到現在，密宗也還是捨不掉這種邪教教義。

不過咱們也原諒他們啦！因爲他們如果把雙身法捨了，就得要改名，不能再叫作密宗了；因爲他們一旦捨了雙身法，就沒有不可告人的祕密可說，就不再是密教、密宗了，這就是眾生。然而，即使是這樣的眾生，佛陀也把他們看作兒子，只要有因緣——當他們捨棄外道法而且把次法修好了，佛陀還是會把正法給他們。可是這一些眾生，「**深著世樂無有慧心**」；由於沒有智慧心，眞正的正法聽不進去；單單是聲聞菩提正法，密宗人士就聽不進去了。從表面上看來，他們聽得進去的聲聞菩提卻是錯誤的聲聞菩提，也就是大法師們同樣以意識爲中心的相似聲聞菩提，他們才聽得進去。宗喀巴那個《菩提道次第廣論》所講的下士道，不就是這樣嗎？永遠不肯斷除意識、色陰的我見，那麼，「**深著世樂**」的人沒有智慧之心，這就是事實。

然而，這一些沒有智慧之心、深著世樂的眾生，他們不知道「**三界無安猶如火宅**」。最近這幾年電視報導很發達，讓我們知道地球上的天災巨變不火災，又是旱災，又是水災，又是地震的。」不知道有這麼嚴重天災地變的古時候，卻是人類無知而互相殺來殺去；古時醫藥不發達時，黑死病一死就是一、二千萬人。中古時代的歐洲人口才多少人？死一、二千萬人是不得了的大事，所以人間眞的「眾苦充滿甚可怖畏」。人間就是「常有生老病死憂患，如是等火熾然不息」，可是眾生只貪眼前的世間快樂不求出離。然而，如來已經離開了「三界火宅」不在火宅之中，而在那個已經遍處起火的大宅院外面的「林野」之中，「寂然閑居」安住了下來，所以可憐那火宅中的兒子們。

「今此三界皆是我有」，佛陀看三界就是自己的三界。也許有人想說：「這話未免太過，因爲三界豈有可能都是佛陀你所有？且不說別的，單說我買的這間房子就是我的，就不是佛陀你的。」說得也有道理啦！只是眼光如豆，他的眼光所看見的距離就像一顆豆那麼遠而已。佛爲什麼說「今此三界皆是我有」？因爲祂度化整個娑婆世界，而娑婆世界是三個千的大千世界，三個千的大千世界就是一個大世界；我們若以現在的天文學來講，就叫作一個銀河系的世界。我們這個銀河系世界，據十年前的天文學家說有二千億顆恒星，不是二千顆，是二千億顆哦！那是多少太陽系？應該至少有十億個太陽系吧？那又有多少地球？想一想，這些都是 佛陀所度化的世間，那你如果說這個地球歸 佛陀所有，講起來都還很客氣。

就好比一個大富長者，他買了一大片山林；這一大片山林四周是山，中間是廣大的幾萬公頃的平疇原野，茂草豐美；他買了許多的牛羊馬養在那裡，然後這些牛羊馬就自己各劃地盤說，這是我所有，那是牠所有，各自把一定範圍的土地認爲就是自己所有的。有一天大富長者進來說：「你們都是我所有，這整個山谷都是我所有，幾萬公頃的地物都是我所有。」牠們還出來爭執說：「你亂講，這個是我的，我已經佔有幾百年了。」是這樣嘛！眾生就像那一些牛羊一樣，所以不曾如實瞭解整個狀況的人就以篇概全，都只知道一個小部分，用這個小部分來抵抗 佛陀所說。如果眞的瞭解 佛陀化度的世間，就不會這麼說，所以 佛陀說：「今此三界皆是我有，其中眾生悉是吾子。」一點都不誑語，說的全都是實話，但 如來對這些都沒有愛著。

不單娑婆世界如此，我們且劃限一個最小的範圍來說好了，譬如以前玄奘菩薩去西天取經，後來他依願決定要回到中土來，也因爲 文殊菩薩指點他說，再經過幾年以後就應該要回中土，因爲天竺的法數已盡，所以他準備要回中土。那些國王們捨不得他走，所以要求他說：「你來這裡受我供養，爲我說法。」於是這裡住半年，那邊住半年，另外那邊也住半年，就這樣時間一直拖下去，後來眼看時限快要到了，他知道這樣繼續拖延是不行的，決定日子就要走了。有一個國王就說：「你不要走，你來當我的師父，我把這個國家劃一半給你。你當我的師父，我當你的徒弟，我跟你學法，國家就我們共住，我就劃一半給你，你就成爲國王，就這樣好了。」但玄奘沒興趣。菩薩本來就是這樣，世間法，說你劃出半個國家給我；縱使你給我整整一國，我也不要；你再加上十倍，我也不要，因爲這裡的法數已盡，不能再使正法常住了，那我留下來幹什麼？所以就離開了。想想看，古印度的國王們尚且如此，爲了求法可以把半個國家割讓出來。你想，那個國王心量當然夠大，玄奘菩薩當然要幫他開悟，怎麼可能不幫他開悟？但終究是要離開天竺，把究竟了義的大乘正法帶回華夏來。

所以，你依這個道理推究到佛地來看，娑婆世界的三界難道不是祂的嗎？整個三界都是。既然已經看到三界都是祂自己所有的，這個娑婆世界中的三界眾生，難道不是祂自己的兒子嗎？然後看到兒子們在這個世界中你爭我奪：「這是我的國土，那是你的國土，不可以侵犯我。」佛陀會不會來向大家說「這都是我的國土，你們都別爭了」？不會啊！佛陀一定是想：你們爭到什麼就算什麼。都不計較。可是 佛陀在意的不是這些，因為 佛陀已經看見這三界裡面很多的患難，而這一些三界中的患難沒有人能救護，只有 佛陀能夠救護，所以 佛陀就降生人間來教導眾生，因此說：「而今此處多諸患難，唯我一人能為救護。」

然而 佛對眾生「雖復教詔而不信受」，也不計較。眾生沒有辦法信受，這是事實啊！佛陀來人間，人天至尊竟然這麼辛苦，都是走路來度眾生，可是眾生有很多人還是不信受，所以 佛陀在世時，都還有許多外道持續毀謗佛陀與正法。佛陀聽到哪個外道毀謗，第二天托缽之前就提前下山，去對外道說法。外道如果信了，就成為 佛陀的弟子，當年的大阿羅漢們就是這樣度來的。不信受的人，至少也加以降伏，讓那個外道以後不敢再毀謗。佛陀就這樣，一個又一個去找那些外道們摧邪顯正。所以我們如果學 佛陀的榜樣學得徹底，有一天就要一個道場又一個道場去找他們；等那些佛教道場都找完了，接著再來找外道。可是如果這樣的話，我大概要活一百五十歲才夠。但不可能活這麼久，而且我們更重要的是，要把正法藏留下來；這才是最重要的事，因爲這個可以傳之久遠，單靠度人也不是很可靠，因爲外在環境隨時會變。想想看大慧宗杲的師兄，那一隻瞌睡虎——虎丘紹隆，他智慧眞的也不錯，就像猛虎一樣，問題是他一天到晚瞌睡著——什麼事都不作，只求安逸，所以他不肯廣度有緣人，結果他的法脈只傳了六十年，就變成外道法而落到離念靈知去了。然後大慧宗杲度很多人，又留下一些法藏，所以他的法脈就一世又一世流傳下來。這意思就是說，應該作的事還是法藏，並且同時多度一些人；但不應該不留下法藏，不留下一些典籍內涵而只單單度人。

佛陀就是這樣度化眾生，可是也沒有使所有的人都得到　佛陀的法；乃至度了那麼多阿羅漢，也沒有使所有阿羅漢都證得佛菩提。如果是一般的眾生，那就更平常了，因爲一般眾生「於諸欲染貪著深故」，眾生都是貪著那些五欲染汙的法，你要教他捨棄那一些五欲的染汙是很困難的。既然是這樣的一個年代，這樣的五濁眾生，當然不能一開始就講佛菩提，所以要先教導眾生說：「三界中的生死流轉有種種痛苦，但只要努力修行，眞的可以遠離三界中的生死，你們要不要啊？」修行的人就願意要，因為生死中確實有種種大苦，所以他們才會出家去修行，因此才成為外道。那麼，佛陀就施設這個方便：一世修行就可以出離生死。這就是羅漢道，就是聲聞解脫道，稱之為羊車，也就是聲聞菩提，這就是方便施設。

這聲聞菩提，只是從大白牛車——就是從佛菩提道中——取出一個小部分來，讓大家一世就可以親證。當大眾證得解脫道，檢視自我：「將來死的時候，是不是眞的可以入涅槃、離三界生死？」結果證明是眞的，於是對佛就具足信心了，佛當然可以再對他們講因緣法。學了因緣法以後說：「喔！原來辟支佛的智慧是這樣的，如今我也得了。」於是更有信心了。這時佛陀就可以開始宣說般若，就是第二轉法輪。

等到第二轉法輪開始宣說時，配合許多的機鋒——教外別傳，幫助這些大阿羅漢們證悟了；大阿羅漢們剛開始說：「我開悟了，哎呀！太好了。」可是佛陀在為菩薩們說法的時候，大阿羅漢們在旁邊聽著：「怎麼這個法我也不懂，那個法我也不懂？」越來越覺得佛陀智慧不可測知。而且大阿羅漢們剛剛證悟了，也都很怕見到大菩薩們；因為見了大菩薩時，明明知道自己懂的就只有這麼一些，而菩薩說了很多妙法，自己根本不懂。因爲菩薩們在議論一切種智的時候，大阿羅漢們才剛悟不久，在旁邊聽得迷迷糊糊，回過頭來卻又看到菩薩們對 佛陀是那樣的恭敬，那眞是畢恭畢敬，可想而知佛陀的智慧境界不可思議。

有時候，聽到菩薩們說 佛陀智慧難可測量，那大阿羅漢們想一想：「菩薩們的智慧，我都不知道了，何況是佛陀的智慧？」所以，阿羅漢們都不敢請問說：「佛陀！您什麼時候要爲我們授記？」一直到 佛陀講了《法華經》，主動爲舍利弗作了授記以後，其他迴小向大的大阿羅漢們，才終於敢想：「我們也會被授記了。」可是在此之前沒有人敢主動請問。那你們想：佛陀威德是如何之大？修證越深的人，就越能感受 佛陀的威德廣大。可是那些附佛外道的密宗人士，動不動就說：「釋迦牟尼佛不過是化身佛，我跟著我們喇嘛才學沒多久，就成爲報身佛了。」他們把那個床上的貪淫果報當作報身佛的果報。哎呀！眞是要命，眞的要命欸！

所以，眾生就像密宗人士一樣，根本無法理解大白牛車的妙法，必須要施設方便來爲他們宣說。例如密宗法王、喇嘛及所有信徒們，他們對佛法是完全誤會的，想要他們眞的認識佛法，還得先爲他們解說次法：施論、戒論、生天之論。因爲他們連世俗三界的境界都還不懂，硬說欲界的境界就是出三界的涅槃境界；所以如果有人想要爲他們直接宣講聲聞菩提，都是不恰當；必須先從次法來爲他們說法，其中最重要的就是生天之論，要先讓他們瞭解三界的境界以及生在三界不同的六道中的原因；等他們聽懂也信受了，才能爲他們演說聲聞菩提；否則他們連聲聞菩提都聽不進去，又如何修學緣覺及佛菩提？正因爲 佛陀看見五濁眾生就像密宗人士這個樣子，因此只好方便施設來演說次法以後再演說三乘妙法，就是先讓眾生知道三界中的種種苦，然後從聲聞菩提首先開示，演說了羊車出世間道。那聲聞菩提演說之後，接著就是演說緣覺菩提；然後大阿羅漢們對大乘法的實證因緣成熟了，再來演說大乘菩提——大白牛車，所以說：「以是方便爲說三乘，令諸眾生知三界苦，開示演說出世間道。」

「是諸子等若心決定，具足三明及六神通，有得緣覺不退菩薩。」那麼這一些眾生如果心得決定，次第進修就能夠具足三明，就是天眼明、天耳明、宿命明，也能夠獲得世俗法中的五神通，以及出世間法聲聞菩提中的漏盡通。這些眾生親近 佛陀，其中也有人因此而成為緣覺，或者成為不退位的菩薩。在佛世不可能有人是獨覺辟支佛，只會是緣覺辟支佛；雖然他們的智慧、證量跟獨覺辟支佛是一樣的，但不稱為獨覺的辟支佛，而是緣覺辟支佛；因為他們是從緣而覺悟，又因為是聽聞 佛陀的說法，所以從緣覺悟而成為辟支佛，所以只能叫作緣覺，不能說是獨覺的辟支佛。當然，大部分的緣覺阿羅漢們後來都已成為菩薩，因為 佛陀來人間的目的就是要給大家大白牛車，當然要度化大眾成為菩薩，而且是不退位的菩薩。

這意思其實是說，所謂的三乘菩提，只是方便說，眞正要推究到最後，就是唯一佛乘；因為 佛來人間就是要給大家佛菩提，而五濁惡世的眾生不能理解最深妙的佛菩提，因此要施設方便宣說三乘菩提，就把唯一佛乘分析成為三乘來說，讓大家由淺入深，從沒有信心到心得決定，終於能夠實證佛菩提，這就是 世尊的苦心孤詣。在末法時代的佛門中，有許多人不能瞭解 世尊的苦心孤詣，但是我們正覺同修會裡面已經有很多人瞭解了。為什麼我敢這麼說？諸位想想看，阿羅漢已經可以出離三界了，不必再來三界中受苦，可是他們為什麼要迴心成為菩薩而繼續來人間受生？那就是悲心。他們都可以出離三界，何須再來？那麼 佛陀呢？是阿羅漢之師，而且是佛而不是阿羅漢，當然更不必再來人間受苦。佛陀來人間受生示現，跟阿羅漢們一樣是三衣一缽，從來不騎馬，都是用走路的，這樣辛苦來利樂眾生。那麼 佛陀這個利益眾生而願意來人間受苦的行爲，這對祂而言根本沒有必要；因爲祂利益眾生以後全無所得，來這裡只有付出而且是受苦。

我們有些同修體會到了，有一次有個同修跟我說：「啊！實在佩服，老師您根本不用來人間，卻願意來人間陪著我們這樣辛苦；不爲錢財、不爲名聲，卻願意來人間一世又一世這樣辛苦。且不說菩提的證悟，單說您禪定的證量，就可以在色界天享福了，何必來人間受苦？」我就跟他說：「哎呀！你也不必這麼講啦！因爲我有義務。我只是來盡義務，我不認爲是來布施什麼給眾生。我只是盡義務，我只求不愧對世尊，只求這一樣，所以我沒有覺得有什麼偉大啦！要說有什麼大悲心，也沒有啦！我只是來盡承先啓後的義務啦！」我是這樣的看法，爲什麼呢？因爲是感念 佛陀的恩德，我只有這樣而已！因爲 佛把法給我，難道我要忘恩負義嗎？不能忘恩負義欸！作人就不能忘恩負義了，何況是作菩薩？對不對？

雖然我有禪定可以生在色界天中享受定福，但是往昔在　佛陀座下得了法，我當然不能忘恩負義，以前也對　佛陀作過承諾，總不能自己食言而肥吧？因爲以前在　佛陀面前承諾過，當然要繼續作下去，所以現在是在盡義務，談不上什麼悲心、什麼偉大啦！就只是在盡義務。我來人間就只怕犯錯，因爲上一輩子有些鄉愿而作錯了事情，被　佛陀責備；這一輩子我想，我只要捨報的時候　佛陀來接引時說：「你這輩子作得不錯。」這就夠了，什麼辛苦都值得了。只要這麼一句話：「你這一輩子沒有犯錯，作得很好！」這樣就夠了。然後下輩子要去哪裡奮鬥呢？就看　佛怎麼說。如果　佛說：「下輩子不用你啦！你打下這個基礎，正法可以維持一千年了。」那我當然就是大樂了，因爲我沒有什麼企圖心，也因爲有願而不能夠想入涅槃，或者去天界享福。但是，如果繼續來人間可以翹著二郎腿，住在山林裡面有天籟、鳥叫、蛙鳴，那就享受享受也無妨，有需要時我再出來弘法，所以菩薩並沒有一定要在人間去得什麼利益。菩薩已經如此，何況諸佛。

由此你們可以推知，佛陀的某一部分心境。佛來人間要得什麼？三界中尊，還會想要得什麼？沒有什麼可以得的。祂已經全都捨了，所修的福德也具足圓滿了，爲什麼還會想要來人間得什麼？所以我說外道們很笨啊！在那邊誹謗說：「佛來跟我們爭名聞利養，都因爲佛陀，我們現在眾生的供養少了，連吃的都要跟我們爭。」他們就這樣毀謗，那叫作沒智慧，所以才會成爲外道。還有世俗人也很沒智慧，說什麼「佛爭一爐香」？佛陀廣有三千大千世界，何須來爭小小的一爐香？所以說外道與世俗人眞的很沒智慧。那麼，這一段經文講完了，就是要讓大家瞭解，佛陀就是大富長者，對一切眾生「無有偏黨」，只要你的根性夠、你的福德夠，你該得什麼，就會給你得什麼。可是你如果不肯出三界、不肯離開火宅，一直要執著世間樂，心不得決定；禪定的定力根本也都沒有，那 佛陀縱使給了，眾生自己就是得不到。並不是 佛陀沒有給，佛陀已經給了，也在經中演說了那麼多，這就是給了，但眾生爲什麼得不到？這是眾生的問題，不是 佛陀的問題。

經文：【汝舍利弗我爲眾生，以此譬喻說一佛乘。

汝等若能信受是語，一切皆當成得佛道。

是乘微妙清淨第一，於諸世間爲無有上；

佛所悅可一切眾生，所應稱讚供養禮拜。
無量億千諸力解脫，禪定智慧及佛餘法，
得如是乘令諸子等，日夜劫數常得遊戲，
與諸菩薩及聲聞眾，乘此寶乘直至道場。
以是因緣十方諦求，更無餘乘除佛方便。

語譯：【世尊又說：「你舍利弗得要聽好啊！我釋迦牟尼佛為了眾生，以這樣的譬喻來演說唯一佛乘。

你們大眾如果能夠信受我所說的這些話，願意實修的一切人未來都將會成就佛道。

這個唯一佛乘非常地微妙，其中的清淨是天上天下最為第一，所以不論天上天下，沒有哪一種法是可以比這個唯一佛乘更高的。

我釋迦牟尼佛所慶讚、悅樂、認可的一切眾生，都應該稱讚供養禮拜，因為這個唯一佛乘是我所悅可的。

我有無量億千威神之力和解脫的證境，無量億千禪定智慧以及佛位所有的其餘諸法，只要有人能夠得到這個唯一佛乘，就可以使我所有的這一些孩子們，不論白天或是晚上，不論經過多少的劫數，都可以時時刻刻以這個唯一佛乘的無上妙法而遊戲於其間；

這一些得到唯一佛菩提的佛子們，可以和諸大菩薩以及一切聲聞乘眾，同樣搭乘這個最寶貴的車乘，直接進入於佛菩提道場之中。

以這樣的因緣把十方世界都詳審地尋求，而尋求的結果不可能再有第四乘、第五乘了，除非佛陀有方便施設。」】

講義：這意思在告訴我們什麼？就是除了佛陀的所說，實相解脫更無餘法。所以如果三乘菩提之外，還有別的菩提，那就是魔說。請問清涼菩提是不是佛菩提，是不是三乘菩提？環保菩提、清涼菩提、醫療菩提……等，六識論的人間佛教擁護者提出很多種的菩提，那裡面有沒有菩提——覺悟？都沒有啊！都沒有任何菩提可說啦！佛法中只有聲聞菩提、緣覺菩提、佛菩提等三乘菩提，以外無別菩提。所以說，除了唯一佛乘方便分析為三乘菩提之外，「更無餘乘除佛方便」。什麼方便呢？另外再施設與三乘菩提無緣的人可以先修的次法，叫作人天乘，也就是施論、戒論、生天之論，都不能叫作菩提，所以佛法中總共只有三乘菩提。今天講到這裡。

這一回禪三破參者，參加禪三的次數還是沒有破記錄。我們同修們禪三破參，參加禪三次數最多的記錄是七次，這一回有一位差一點要追上了，也還不能平記錄，他是第六次打禪三，另外一位是第四次禪三被印證。所以，如果去一次、二次禪三，照道理講，應該是不能破參才對。如果二次就可以破參，那就叫作異類，異類是什麼意思？是說他不是人，因爲他叫作菩薩。

回到《妙法蓮華經》來，上一週最後，我們把第四十五頁最後一段語譯過了，那麼接下來還是要解釋它。這一段　世尊這麼說：

「汝舍利弗我爲衆生，以此譬喻說一佛乘。」這是說明：「你舍利弗啊！我是爲了衆生，以這個三界火宅及三車的譬喻，來宣說唯一佛乘的道理。」

那麼，這個唯一佛乘是成佛之道，釋印順在書中也認同唯一佛乘，不過他的唯一佛乘定義與　佛陀的不同，跟《法華經》不一樣。他的唯一佛乘是把聲聞的解脫道，並且是把錯誤的聲聞解脫道用來取代成佛之道，說他所傳揚錯誤的聲聞解脫道就是成佛之道，所有佛法就只有這個唯一佛乘；因此他認爲唯一佛乘就是阿羅漢所證的解脫道，所以　佛陀沒什麼特別，認爲　佛陀跟阿羅漢是一樣的，認爲　佛陀一樣入無餘涅槃了，所以和已入滅的阿羅漢們一樣灰飛煙滅了。

他認爲菩薩和阿羅漢的所證是一樣的，只不過菩薩們永遠不入涅槃，一世又一世不斷救護眾生，直到成佛以後才入無餘涅槃；菩薩與聲聞的差別只有這樣而已，這就是釋印順對唯一佛乘的解釋；所以他認爲阿羅漢就是佛，佛就是阿羅漢，二者平等，相差的只是福德。這樣如果講得通的話，釋印順的思想就講得通，因爲以印順的思想而言，不必證如來藏，他也認爲如來藏是不存在的，是不可實證的，那麼這樣一來就符合了釋印順自己創立的佛法思想。然而，其中有個問題：他因爲不能證得第七、第八識，所以就說人類總共只有六個識，阿羅漢們是不必證第八識的，所以不必否定意識、意根——不必斷我見，就可以成阿羅漢了。

表面看來釋印順說的似乎言之成理，然而他沒有注意到他自己的一個大漏洞，就是他所認知的阿羅漢入無餘涅槃時，依聖教量及涅槃正理，前六識與意根都要全部滅盡，那麼六識全部滅盡時，他所說的無餘涅槃豈不是成爲斷滅空了嗎？他很聰明，有考慮到這一點，所以他就從意識裡面細分一分出來，說意識的直覺是不壞的，說那就是細意識；所以他的主張正是意識細心常住說。他認爲細意識直覺是常住不壞的，所以阿羅漢入滅了以後，在無餘涅槃中還有意識——還有意識細心常存，認爲這樣的意識常住就是涅槃，不是斷滅空。

那麼，爲了避免別人提出這個問題一直追究下去，不免會露出馬腳，所以他就主張凡夫行的菩薩道可以成佛；因爲如果滅盡了意識、否定了意識，那麼他的成佛之道就不能成立。他之所以要這樣作，是因爲他不證第八識、否定大乘法，而且他也不能主張說意識不生滅，只好另立新的意識叫作細意識。只有台灣後山那個比丘尼在主張意識不生滅，公開主張而且寫在書中對外流通。但是，有智慧的佛教界人士，從來沒有人敢公開主張說意識不生滅，連她的師父釋印順也不敢這樣公開主張，所以釋印順很聰明，他另立了一個意識細心常住說。問題是，他這樣的聰明，二千五百多年前 佛陀早就料到了，所以 佛早就說過了：「諸所有意識，彼一切皆意、法因緣生。」「諸所有意識」五字就函蓋一切粗細意識、遠近意識了。

這就是說，意識是生滅法、是有生之法，所有意識不論多麼粗、多麼細，全都是意識所攝。佛陀已經說過：所有意識都是藉意根、法塵爲因緣才能由本識中出生。所以釋印順預防人家來質問他這一點，就提出凡夫的人菩薩行，說佛弟子們以凡夫身行菩薩道，不必斷我見、不必斷我執，以凡夫之身不斷地行菩薩道，在三大阿僧祇劫以後就可以成佛了。換句話說，成佛的時候還沒有斷我見、斷我執，一樣是凡夫的本質而可以成佛；所以叫作凡夫行的菩薩道，但他卻沒有想到法義上的這個漏洞：意識不論粗細，全都是生滅不住的。

我記得好像以前現代禪有質疑過他這一點，雙方好像也鬧了一陣子。現代禪質疑他說的「凡夫的人菩薩行」是錯誤的，釋印順面對這一點，不敢作回應。他很聰明，只要你找到他的弱點、要害，他就默不吭聲，跟你來個不相應；他不回應你，讓你討論的時候熱絡不起來，然後就漸漸地淡化，時間久了大家便漸漸忘了他的錯誤。所以其實不必等到我們正覺弘法以後才開始辨正他的邪說，比我們早的現代禪弘法時，釋印順其實已經知道自己錯了；可是他的嘴很硬，怎麼煮也煮不爛，就像台灣人說的死鴨子嘴硬，他就堅持到底啊！

因此，一佛乘不該像釋印順那樣用聲聞菩提的解脫道來解釋，一佛乘是必須用佛菩提道來解釋才行。依一切種智而實修的佛菩提道才是唯一佛乘，一切種智所講的是第八識如來藏所含藏一切種子的智慧。然後以佛菩提的勝妙法中方便分析出來的一小部分，讓大眾可以快速實證解脫，斷除分段生死，就成爲二乘菩提。所以二乘菩提本來就是大乘菩提中的一部分，既然三乘菩提本來就只是一個大乘，當然大乘菩提就是唯一佛乘。釋印順主張唯一佛乘，其實他的唯一佛乘應該改名爲唯一羅漢乘，因爲他是以羅漢法來取代佛菩提，是以聲聞道來取代成佛之道。而他的那一本《成佛之道》，只是從宗喀巴那本《菩提道次第廣論》抄襲過來的，所以書中也沒有他自己的創見。

釋印順抄襲時又抄不完全，人家宗喀巴《菩提道次第廣論》至少還有講到止觀，釋印順的《成佛之道》裡卻沒有止觀；沒有止觀之道，就沒有實修之法，如何能夠說是可以教人成佛的「成佛之道」？他的《成佛之道》爲什麼沒有講止觀？因爲他不敢抄過來講解，是由於《菩提道次第廣論》後半部的止觀，都是以隱語來解說雙身法；最後還說，即使沒有修學傳統佛教的三乘菩提，也是可以直接修學密宗雙身法的止觀。意思是說，你們學了顯教以後才能學密教，如果沒有時間或因緣修學顯教的三乘菩提，也可以直接修學密教。密教之法就是雙身法，所以釋印順不敢把宗喀巴在《廣論》中說的止觀抄出來寫在他的《成佛之道》裡。

好了，到現在爲止，密宗的喇嘛們依舊是這樣主張，但都故意忽略宗喀巴《廣論》最末後說的，可以不必先學顯教就能直接修學密教雙身法的言論；明裡都是特地強調密教遠遠勝過顯教，公開說要先學完顯教才能學密（雖然私底下不是如此），那我們就向密宗提出要求：「請你們先把顯教的教義弄清楚了，再來弘揚密宗，所以你們應該要先斷我見。請問你們密宗所有人：我見斷了沒？」結果沒一個喇嘛敢吭聲。他們只敢答非所問說：「蕭平實不懂密宗。」都只敢這麼說。我那《狂密與眞密》五十六萬字擺在那邊，把密宗的底細全都揭了，但他們卻都不敢從法義上寫文字出書回應。如果有人質問，他們就說：「他不懂密宗啦！我們不必理他。」

以後如果再有人邀請你們去學密宗，或者遇到有喇嘛對你談法，你就說：「你們密宗最高是不是？」他們一定跟你說「是」。「比顯教更高哦？」他們一定說「是」。你要先對他們套上圈套，先用圈套把他套牢，讓他心甘情願讓你套牢。套牢了，然後因爲他們不能說剛才沒有回答；他們也喜歡這樣回答，因爲他們籠罩別人慣了，他們想：你不懂，可以籠罩你。你就藉著他們這個心態，先把他們的話套牢。等套牢了，他們剛剛說過的話不能否定了，然後就告訴他們：「請問你們斷了我見沒有？顯教裡面第一步實證就是斷我見，第二個部分就是大乘的開悟般若；大乘的實證部分是要證悟明心，請問你找到第八識如來藏了沒有？顯教是這樣的實證法義。」他們一聽，就知道死定了，回不了嘴了；因爲前面已經被你把話套牢了，他們又不能否定說「我們密宗跟顯教無關」，否則就不是佛教了，還有哪個佛教徒會供養他們？所以我們書上寫了這個道理以後，這二、三年，他們比較少主張說要學完顯教才能學密宗了。

這就是說，唯一佛乘是必須以大乘菩提來主張的，不能用二乘菩提來主張唯一佛乘；因爲大乘菩提中函蓋了二乘菩提，可是二乘菩提中完全沒有大乘菩提，並且遠劣於大乘菩提，根本不能相提並論。所以，佛陀在世時是度人成阿羅漢以後，讓這些大阿羅漢再來明心開悟，所以是先成爲大阿羅漢，然後才迴向大乘法中來明心，這顯然是不同的層次，而且顯然法道不同。這本來是釋印順所應該理解的，但他因爲無法證悟大乘法，乾脆否定就算了：

「不論經中如何說，凡是我無法實證的就是假的。」這樣最簡單。

可是最簡單的往往會出問題，只要遇到了承平之世，實證的菩薩就會出來弘法。戰亂紛冗，菩薩當然不會出來弘法，因爲勉強出來弘法，好不容易打下大乘佛法宗門弘揚的基礎，不必幾年又垮了，戰亂一來又前功盡棄了。可是一旦有承平之世，菩薩會出來弘法，那時他可就不妙了。所以，我們出來弘法以來沒有誰能跟我們對話，他們都不敢和我們對話，卻說反話：「**正覺的老師們無法與佛教界對話。**」因爲我們知己知彼，他們不知己也不知彼，那要如何對話？所以，當你通達了唯一佛乘的時候，你就具足三乘菩提。而他們主張只有二乘菩提的人，不但不懂大乘菩提，甚至於連自己的二乘菩提也不懂，還得要我們幫他們指正，才需要我來寫出《阿含正義》，告訴他們說，什麼才是眞正的二乘菩提。所以，唯一佛乘必須是大乘法，不可以是二乘法。那麼，佛這裡就是這麼說：「**你舍利弗啊！我爲衆生，就以這個作爲譬喻，以火宅和三車的譬喻來解說唯一佛乘。**」

接著，佛陀講的話眞的是在鼓舞大衆，說：「**汝等若能信受是語，一切皆當成得佛道。**」所以，如果能夠信受這個三車之喻中的大白牛車唯一佛乘，最後一定會成佛道、得佛道，因爲絕對不會入無餘涅槃。那麼，一世一世最會懈怠、最會推拖的菩薩，三大阿僧祇劫之後他也還是得要成佛；他不像人家努力精進修行，他總是晃悠晃悠地過日子，可是讓他晃悠三大阿僧祇劫以後，他還是得要成佛；因爲他都不離開大乘佛法，遲早一定會證悟，也會見性乃至證得種智，就這樣，最後一樣是成佛。自從 威音王佛以後，難道還有人能夠超過三大阿僧祇劫嗎？我想沒有。那就假設說有啦，給他增加一倍時程，就說六大阿僧祇劫以後好了，他也得成佛。所以說「一切皆當成得佛道」，只要能夠信受唯一大乘。

如果不信唯一佛乘是大乘，一天到晚心裡想著、口裡說著「大乘非佛說」，這個人實際上也是「皆當成得佛道」，但不是三大阿僧祇劫，因爲他必須要去三惡道歷練以後回來人間，再下三惡道、再回來人間，再三地重複，再五再六、再八再九地重複，等到後來想通了：「我還是不要假裝鐵齒好了，現在起願意接受大乘眞是佛說。」從那個時候開始，三大阿僧祇劫以後他還是可以成就佛道。爲什麼我說他即使主張「大乘非佛說」也能成佛道？因爲他未來的輪轉生死是無量的，下三惡道再回來，再下三惡道再回來，也是可以無量重複的。當他無量生死之後，也許幾百千萬阿僧祇劫之後，突然一念想通了說：「我很努力學佛，爲什麼不斷地受苦？」那他最後不就還要信受大乘是佛說嗎？總有一個時候會相信。相信了，他就進入大乘法中，只是那個時間眞的很難計算，他得要等很久、很久。

所以說，如果能夠信受唯一佛乘，信受大乘菩提就是唯一佛乘，那麼依佛陀的所見而言，那是可以預見的未來一定會成就各層次的佛道。那麼，如果以見道作爲成就佛道、證得佛道來說，那也只是一大阿僧祇劫的三十分之七。那這樣子，是不是可以推論說：他明心了，是在一大阿僧祇劫的三十分之七之前，才開始「信受是語」？對啊！是可以這樣推論。如果到現在還不相信大乘佛法，還繼續主張「大乘非佛說」，那麼他們將不是一大阿僧祇劫的三十分之七時可以開悟實證般若，因爲死後的謗法果報要先去受完。而這種邪說主張是無根毀謗最勝妙的佛法，他們不曉得造那個業有多重。如果他們誹謗說「二乘菩提非佛說」，那罪還遠比這個輕。想想看，二乘菩提最精進利根的人，一世成就阿羅漢就完成了；然而很精進、很精進的人，縱使超劫精進，一樣不可能一世成佛；大多數人卻是三大阿僧祇劫才能成佛，這樣看來，謗哪個法的罪比較重呢？顯而易見嘛！

所以這一些謗大乘法，主張大乘非佛說的人，他們從現在開始計算，一大阿僧祇劫的三十分之七過完了，他們還不可能見道；因爲他們死後要下墮三惡道，次第經歷地獄、餓鬼、畜生道，再回來人間；回來人間以後由於惡見種子沒有滅除，可能又謗大乘法，死後又下墮三惡道，再回來人間到底要幾世？不知道！因爲種子種下去以後很難轉變的，除非有遇到跟他很熟識，過去世常常是親屬的人成爲善知識來攝受他，否則是很困難的。因爲這一類種子若沒有懺除的話，那就是受報後回來人間重新再謗，又繼續下去三惡道中；所以不要以爲他們回來人間時，立刻就可以從初住位開始，不行的。如果他們想通了，還得從初信位開始；修學十信得要多久？經論中說要一劫乃至一萬大劫。所以想想看，很恐怖呵！因爲我們如果明心以後，繼續修行一劫都不知道能夠上修到哪裡去了，他們卻還是渺渺茫茫，還在漫漫長夜中。

這樣想起來，諸位有沒有覺得自己好幸福？（大眾回答：有！）有呵！好窩心啊！是我的知音吶！這表示我沒有度錯人，所以我們就是要度菩薩。因此這兩梯次禪三，向 佛告假回家的時候，特別是第一梯次：哎呀！佛陀好高興。第一梯次，我才剛上山報到，先上香的時候就看見說：佛為什麼這麼高興？我還弄不明白什麼原因，到第四天才知道。第二梯次解三時，世尊也是一樣很高興。這意思就是說：我們要度菩薩，不度聲聞。如果我們要度聲聞人，我們只給他聲聞法。所以哪一天，如果有一群聲聞人組團要來學法，就為他們開個聲聞班，不叫作禪淨班。為他們講什麼呢？講《阿含正義》就夠了，其他妙法都不跟他們講。因為他們是聲聞，菩薩的根本大法豈能白白送給聲聞人？想想佛世那些定性聲聞，已經成為阿羅漢、人天應供了，佛都還不給他們這個大乘妙法；因為他們是聲聞種姓，聲聞人就該只得聲聞法。

如果你是菩薩，你當然該得菩薩法。所以，如果我們確定誰是真正菩薩了，就一定要幫他開悟，再怎麼辛苦也要幫他。目前最高記錄是七次，七次禪三才開悟，至今還沒有人能打破；因為他真的是菩薩，雖然年紀很大，不怎麼識字，我們就是要幫他，因為他是菩薩。那如果聰明伶俐、博學多聞，可是我們不幫他，幫了他也沒有用，因為他不是菩薩、不想荷擔如來家業。他想的是：我現在趕快明心，明心後，下個梯次我要見性。甚至還有人報名表上，寫著「明心、見性」四字，想要兩關一起過；他大概想蕭平實是這樣

佛陀接著說：「是乘微妙清淨第一，於諸世間為無有上；佛所悅可一切眾生，所應稱讚供養禮拜。」說這個唯一佛乘，眞正是微妙法。微細而勝妙，是說它不容易了知，所以叫作微；妙，是說由這個法的實證，就可以函蓋一切法，不論是世間法或出世間法、有為法或無為法，全都函蓋在這裡面；乃至函蓋十方三世一切世界，所以說它妙。這個唯一佛乘，不但微妙而且清淨。二乘法中即使成為阿羅漢了，依菩薩所證的本來自性清淨涅槃來看，都仍然是不淨。這個不淨，不是在貶抑阿羅漢，而是說如實語。阿羅漢，當大家還不懂他們的證境之前，都以為阿羅漢只能想像，永不能及，以前佛教界都是這麼想的。可是來到正覺同修會裡斷了我見又明心之後，繼續修學般若時，已經知道阿羅漢的證境原來如此。因為你所證悟的第八識本來自性清淨涅槃，阿羅漢並不懂；可是阿羅漢所證的，而且是他們將來捨報要入的無餘涅槃，那是什麼境界，你們卻已經知道：就是把阿羅漢的五陰十八界排除了，剩下那個如來藏自己的境界，那就是無餘涅槃了。你們卻知道啊！但你們知道的，阿羅漢們並不知道。

而且，如何看得出阿羅漢還不夠清淨？譬如從龍類受生來人間的那位須菩提—不是解空第一的須菩提—他的脾氣很大。大迦葉平常道貌岸然，有一天，大菩薩可能是爲了供養 佛，彈起琴來，大迦葉在旁邊聽著聽著，不知不覺就跳起舞來了。他是不是舞神來下降？我就不知道，總之他聽著大菩薩奏樂以後就跳起舞來，聞歌起舞。還有難陀，他是 佛的表弟，有三十種大人相，只是不分明而已。他常常提前下山到村莊裡去，托鉢時間還早得很，他就提前下山。他想要作什麼呢？只是去人家後院外面看女生剛起床衣衫不整有些裸露的樣子。還有一件事，我就不談它，公開講起來就不太好意思了。然後他說法時不會先看男眾，上了法座以後，對女眾先瞧一瞧，然後就開始說法，說了法以後才會看男眾，你說他有沒有清淨？但他是大阿羅漢。又譬如，畢陵看見了恆河神就叫「小婢」，恆河神去跟 佛陀告狀，佛說：「你來向恆河神道歉。」他說：「好。」然後對恆河神開口說：「小婢！過來！我跟你道歉。」他有沒有清淨？沒有！習氣種子還在。可是回過頭來觀察你所證悟的如來藏，祂有沒有這些現象？完全沒有，如來藏從來不會這樣。所有大阿羅漢們的過失，如來藏全都沒有，所以這才眞正清淨。菩薩依著如來藏這樣的特性，轉依祂，繼續進修，將來斷盡這些三界愛的習氣種子，是大阿羅漢所不能斷，這才能夠說是眞正的「清淨」。

而且，這個法稱爲「第一」，是因爲祂是一切法的根本。假使有人主張說他們講的某一個法是世界的起源，所以他主張有個造物主創造了世界及有情，他很快就會被菩薩們推翻，菩薩們會問：「請問：你的造物主有沒有五陰？有沒有五陰啊？」追問啊！對方聽了，如果有稍微研究佛法，聽了不敢回話；因爲造物主既然有五陰，他的五陰就一定有生滅，就不可能是出生萬物者；如果沒有五陰，那麼造物主究竟是什麼？得要講出個名堂來才行，不許打混。如果是一般的神父、牧師，你問他說：「你的造物主有沒有五陰？」他們會問：「什麼叫作五陰？」他們根本就不懂。如果有五陰，一定是生滅法，所以他們的造物主上帝的本質，才要再三改革演變，不得不把他們的教義持續加以演變。在他們的《舊約》裡面，上帝還吃肉，而且是吃生鮮的血食欸！奉事上帝時是要宰殺雞鴨來供養的，他還貪著亞伯供奉的羊肉、羊脂，不喜歡另一個信徒供養的農作物，請問他的層次在哪裡？但欲界中不但有人類、動物、餓鬼，還有天界；那麼愛血食、愛羊脂味道的上帝，他的境界到底在哪裡呢？在人間啊！是屬於鬼神嘛！可是《新約聖經》好像就刪減

《舊約》這一段文字了。

上帝也很殘忍，你們讀了《舊約聖經》就知道了。他對於異教徒都要怎麼樣呢？要剪除！他說的是「剪除」喔！也說要「除滅、毀滅、剿滅」；如果那個人是異教徒，就要把他剪了除掉。凶狠吶！那是什麼？那根本就是鬼神嘛！本來就是一個家族奉事的鬼神嘛！後來兩個兄弟分裂，各人奉事各人的，也還是同樣一個鬼神。分家了以後雙方都各自堅持神在自己這一邊，就說對方供奉的是假神，自己家裡供的才是眞神；於是變成兩個神，雙方都主張說：「**我家的才是眞神，你家的是假神。**」好了，然後奉事同一個神的兩個家族一直打打殺殺，後來傳教廣了以後，雙方的勢力也都大了，但雙方愚癡的信教者便跟著前世的敵對雙方繼續打打殺殺，宗教戰爭就是這樣來的啊！所以，基督教、回教間的戰爭，就是兄弟鬩牆一千年。這不是我講的話，這是《國家地理雜誌》說的，他們兩個宗教的本質是兄弟鬩牆。鬩牆知道嗎？就這樣鬪了一千年，死掉多少人？他們要打打殺殺，讓他們兩個家族自己去打殺就好，爲什麼全世界的愚癡人要跟進去打打殺殺而變成信教者的原罪了？但近代的神父、牧師們似乎不知道其中的內情，把別的宗教神祇也全面否定，一律指稱是假神，早都忘了眞神假神只是他們兩家兄弟之間，對同一尊神祇的爭執而已；因此我說其他供奉神祇的宗教眞是池魚之災，好在我們佛教供的是佛菩薩。

由於一神教的教義本身是有問題的，所以他們必須要改革演變，於是後來不是有什麼聖靈、聖父、聖子三位一體的主張嗎？但那已經是基督教傳福音後期的事了；當你去看《新約》時就已經有改變了，跟《舊約》就相差很多。爲什麼同一部《聖經》要分《舊約》、《新約》？是因爲讓人家不能接受，覺得說：「**喔！這上帝這麼凶，萬一哪一天，他把我打入地獄永不超生，我該怎麼辦？**」因爲被上帝打入地獄是永不超生的。佛教說的卻不是，如果造惡事下了地獄，還有出離的時候，只要業報盡了還是可以出離。但他們不是，被上帝打入地獄以後就是永遠待在那裡面受苦，如果被上帝寵愛而生天堂的人就永遠住在天堂，其實只是人間或四王天的夜叉等鬼神境界。問題是，上帝他自己也不能永遠住在天堂，因爲他也是五陰身；凡是五陰身的有情，遲早都必須面對死亡，當然跟一般眾生一樣在輪迴之數中。

所以，上帝絕對不是第一，造物主絕對不是第一，因爲他是五陰，而五陰是有生有滅的。所以你們看，我說法講了這麼久，快二十年了，從來沒有遇見上帝。我說出他的很多錯誤，但卻從來沒有遇見上帝；他如果不服氣，應該也來夢中跟我會一會。我現在雖然沒時間打坐，而他也沒有定力可以來我的定境中，但至少我每天也會有夢，他進來夢中跟我會一會也行嘛！問題是，他連我見都沒有斷，更別說明心，能跟我談什麼宇宙萬有的實相或解脫？如果要論世間法，我就跟他談：「**好啊！我們來談世間法，請問你，如何往生色界天？**」他又瞠目結舌了，我就問他：「**你能不能生色界天？**」他一定問我說：「**什麼叫作色界天？**」因爲他們連這個也不懂。我說的是眞實語，不信的話，你們去讀《舊約》、《新約》，至於其他什麼《標竿人生》、《荒漠甘泉》，那些可就無足道哉！因爲事實眞的是這樣啊！所以眞正的「第一」，只有佛菩提道中才有。在外道中，連我見都不可能斷，就別說是二果、三果了。不論是哪一個宗教，全球所有的宗教，沒有人能斷我見。可是斷我見才只是聲聞初果，如果要成爲阿羅漢，他們更是非分之想。可是即使成爲阿羅漢了，你們明心的內涵，他們也不知道，那你說：**他們外道哪能成爲「第一」**？

所以在一神教中，凡是有深入研究佛學的人（他們沒有辦法研究佛法，只能研究佛學，就是研讀佛法而得到的學問），他們都不敢評論佛教的法義有什麼不對，因此他們就利用一些爪牙打手，藉著學術的名義來批判佛教。但是，日本人創立了「批判佛教」的學風，近代那三個人比較有名的，這幾年還有一些名氣的叫作松本史朗，不是有個洋人出版了一本《修剪菩提樹》的論文集嗎？就是收錄了松本史朗等人的論文編成的，那就是個笑話！菩提樹長什麼模樣，他們見都沒見過，還能修、還能剪？但是大家所不知道的內情是，日本人寫這類書籍來批判佛教，目的是日本人想要脫亞入歐來提升他們在國際上的地位，就開始打擊中國佛教。

後來好像是去年，大陸官方有一個部，想要再幫松本印書出版，結果他自己拒絕了；為什麼會拒絕呢？因為知道自己錯了。他的書如果再三再四出版，我們就得針對他的書籍寫出專書，加以全面性的評論。菩提樹長什麼模樣，他們見都沒見過，還能修、還能剪？那眞是奇怪！眞是聞所未聞。一定是你有見過眞正的菩提樹，才能修、才能剪，不然他們怎麼能修剪菩提樹呢！他不接受人家再度幫他出版，表示他還有一點點學術良心或者知羞。因為學術追求的是眞善美，一定要先求眞；人家已經概略證明他的說法錯了，他既然是搞學術求眞，被人家證明見解錯了，如果還要繼續瞎掰下去，還要繼續狡辯下去，那還有學術風格嗎？一點點的格都沒有了，我們可就必須評論他。

所以，外教那些所謂的「第一」全都談不上，若要論「第一」，在三界中，二乘菩提還不足以擔當，何況外教完全不懂二乘菩提。只有佛菩提唯一佛乘才能夠說是「第一」，因爲沒有任何法，能夠在佛菩提所說的這個第八識之前存在，這才是「第一」之法；因爲萬法沒有一法可以超越於祂，沒有一法不是從祂而生。不管誰都不能推翻這一點，即使是在同修會中證悟了這個第八識以後，也無法推翻這一點。七年前（編案：這是二〇一〇年所說）有人想要推翻，主張說：「**你們正覺證得第八阿賴耶識，那是生滅法，因爲第八識是由眞如所生。**」結果他們能推翻嗎？推翻不了。我們在在處處證明他們講錯了，所以沒有任何人能推翻這個法界中的眞相。因爲這是法界中的眞相，即使證悟明心了，一樣沒辦法推翻，所以說這唯一佛乘，眞是「第一」。

接著 佛說「**於諸世間爲無有上**」，確實呵！不管什麼法，不論是三界中哪一界的世間，沒有任何一種法，可以超越這個唯一佛乘所證的內涵。世間的聰明人太多了，可是他們有誰敢說「我跟禪師一樣有智慧」？沒有！爲什麼沒有呢？因爲禪宗的公案請了出來，《五燈會元》、《景德傳燈錄》、《指月錄》，全都讀不懂；不然把我師父講的《碧巖錄》請出來，他講得最老婆了，也還是讀不懂。世間那麼有智慧的人，竟然讀不懂；所以得到文學博士或理工類的博士學位，得要來正覺同修會悟了以後才是眞博士。博士的意思是什麼？是博學之士；但博學之士爲什麼讀不懂禪宗公案？那你博學在哪裡呢？其實也不能怪他們，原因是博士所學是世間法，而禪宗所悟的內容是世出世間法，是第一義諦。所以我們有一位老師就說：「**當年讀博士學位都沒有這麼難，這個明心竟然難過好幾倍。**」就有感慨嘛！確實眞難，因爲這個是世出世間無上之法。三界世間，即使去到了非想非非想天，到三界頂了，一樣不能了知這個無分別法；莫說了知這個法，連斷我見都不可能，所以阿羅漢才會成爲人天應供。可是，阿羅漢來到證悟的菩薩面前，一樣開不了口；因爲菩薩所證悟的，是這個唯一佛乘的法。而這個法，三界世間沒有一法能超越祂，所以是無上之法。這樣的法，才是 佛所悅可的。

「**佛所悅可一切眾生**」就是講諸位，如果是否定正法，或是主張意識不生滅，就不是「佛所悅可」的眾生。身為法師，竟然主張意識不生滅而且寫在書中公開流通，那不是公然跟 佛陀唱反調嗎？你說證嚴這樣的人，佛會悅可她嗎？悅，就是見了他，會覺得喜歡；可，就是認為他眞的是佛弟子。可是，如果有人一天到晚都跟 佛陀唱反調，佛見了他會喜歡嗎？佛陀不會生氣，可是不會喜歡他；不會喜歡就是無悅，或者叫作不悅。他所說的與 佛所說的都是相違，佛當然不會認可他；所以說法若是違背 佛說的正理而指稱那就是佛法，其實是在誣賴 佛陀。因為 佛陀沒有這麼講，他卻指稱是 佛陀所講的，那就是誣賴。誣賴，依世間法要判什麼？這要問法官，法官最清楚，這是犯罪的。

那麼在出世間法中，依戒律而言，這當然也是犯罪，叫作犯戒。這是毀謗三寶，因為他既謗佛、也謗法：明明 佛沒有這樣說，他誣賴說是 佛有這樣說。因為當他說那就是佛法時，就是在指稱那是 佛說的，那就是謗佛。《阿含經》中就是這麼解釋的：說法不如實而指稱是 佛所說的，就是謗佛。謗佛，無論從聲聞戒或菩薩戒來看，都是犯了重戒。當他謗佛之後，半月、半月誦戒（因為出家人得要半月、半月誦戒），在每半月誦戒的時間他都沒有懺悔，就是再犯輕垢罪，就是在謗佛的重罪上面再加上一個輕罪；每經過半月以後他就持續增加一個輕戒之罪。累積到年老死亡時，恐怕就是兩個重罪了；謗佛的事情本是波羅夷罪，波羅夷罪就是斷頭罪，那麼請問：他的比丘戒體、比丘尼戒體或者菩薩戒體，還存在嗎？早就不在了。所以這樣的人就是空披僧衣、受人供養，本質上是以在家之身而受世人供養，未來世該怎麼還呢？我的腳底開始為他們冷起來了，但他們腳底卻是熱的。人將死時腳底熱，是什麼意思，懂嗎？（有人答話，聽不清楚）我沒有講，是你講的。

所以某一些事情的嚴重性，他們是完全不知道的；但是我們要救他們、要警覺他們，要讓他們醒覺過來，在往生前及早補救；這才是最重要的事，這就是我們要作的事。所以，我們在法界衛星電視台有一個說法的節目，由會裡的親教師們輪著上去說法。電視台說，我們跟人家都不一樣。為什麼不一樣呢？不單是所說的法不一樣，人家說法的時候中途都會插入劃撥帳號，節目最後也會播出劃撥帳號，時間長得足夠讓人家抄下帳號，在事後匯款護持他們。但我們沒有，因為我們目的不是在人家劃撥錢來護持。聽說那個劃撥的錢也很可觀，雖然都是一百塊、二百塊錢劃撥來護持的，但數量很多，不但夠他們買電視的時段，還有一倍以上的盈餘。但我們不要那些錢，我們只想要大家把佛法的知見提升上來，當他們的佛法水平提升了，他們就不會下墮。我們的目的只是在這裡，我們不是想要藉那個節目去獲得財源，所以我們節目最後反而是貼上電視台的劃撥帳號。

這意思就是說，說法時必須如實。如果有違背 佛所說的內容，就應該宣稱那是自己的看法，不該誣賴給 佛，說 佛有這麼說；因爲 佛從來沒像他那樣說過，佛永遠都說意識是生滅法，如來藏才是常住法。那麼「**佛所悅可一切眾生**」，就是信受三乘菩提正法的人。如果主張大乘非佛說，或者主張意識不生滅，那絕對不是 佛所悅可的眾生；那麼他們對於《法華經》，對於三車之喻的唯一佛乘，當然不需要「**稱讚供養禮拜**」，因爲他們都不是「**佛所悅可**」的眾生。因此他們從來不讚歎《法華經》，假使有機會講《法華經》時，他們還故意要把它扭曲，把唯一佛乘扭曲爲聲聞解脫道，釋印順便是現成的例子。但是我們是實證三乘菩提的人，聲聞乘、緣覺乘、佛乘我們都有實證，我們當然是「**佛所悅可眾生**」；依照 佛的開示，我們對這個唯一佛乘，也就是《法華經》的所說，應當「**稱讚供養禮拜**」，所以我們當然要來宣講《法華經》。

我們宣講《法華經》以後，就有人仿效，也上電視在開講《法華經》了。好極了！我就希望有越多的人能跟隨，咱們不怕仿冒，也不怕人家跟進；因為跟進的人越多，表示眾生遠離那些錯誤知見的日子就越早到來。所以，我們大家一起來引領風潮。你看，《楞嚴經》沒有人要講，我們出版了《楞嚴經講記》以後，現在也有人在宗教電視台上講《楞嚴經》了。我們講了《法華經》，現在也有人開講啊！所以，現在大乘法開始有人講，這是很好的事，我們都隨喜讚歎，咱們不要去輕嫌說：「他講得不夠好。」不要這樣講，他們願意講就很好了，我們就隨喜讚歎。那麼「佛所悅可一切眾生」，對於這樣的三車之喻所說的法，對這個唯一佛乘是應當稱讚、應當供養、應當禮拜的。

「無量億千諸力解脫，禪定智慧及佛餘法，得如是乘令諸子等，日夜劫數常得遊戲，與諸菩薩及聲聞眾，乘此寶乘直至道場。」這就是說，能夠信受《法華經》所說唯一佛乘的人，才能夠瞭解 佛陀是大富長者；佛陀以唯一佛乘送給信受的人，說這個唯一佛乘的內涵，具有無量億千的威神之力，無量億千的解脫妙道，也有無量億千的禪定智慧，以及其他所沒有提到的法。佛陀就是這樣的大富長者，要把這樣豐富的、勝妙的、究竟清淨、究竟微妙，絕對是第一世間無上的唯一佛乘妙法，分析施設在三乘菩提之中，令一切眾生—諸子就是一切眾生—以這樣的三乘菩提（以唯一佛乘來分析成三乘菩提），來讓所有的兒子們可以在每一個白天與夜晚，可以在這一劫、下一劫、未來無數劫之中，在三乘菩提妙法之中「常得遊戲」。

在世間弘法雖然辛苦，可是並不覺得辛苦，因為在法海中游泳是非常舒服的事，這樣才叫作遊心法海。如果都只落在意識境界裡面，那其實要叫作遊心於三界，哪裡有法海可遊？意識自己的所有境界根本看不到一件佛法，何況是海？所以說，辦禪三眞的很累，可是依舊要辦啊！我從來沒有悔意，永不後悔，因為遊於禪海、法喜無量。辦禪三眞的很累，特別是到了第四天，老實說，第四天在上下樓梯時，就感覺上樓梯時大腿很瘦。也許你說：「有電梯，你為什麼不搭？」是啊！是有電梯，但那是給老人、弱人、婦孺、動不了的人搭，我還能動，我就不搭（編案：二〇一五年電梯保養公司要求常住菩薩們應該經常使用它，以免鏽壞）。因為我若是搭了它，就是用了 佛陀的錢，我要盡量少用，要惜福啊！我的福報不要用在搭電梯上面。但是雖然累，我還是要繼續辦；因爲每辦一次，就可以有幾個人進入內門之中修菩薩道，這是 佛陀最喜歡看見的事。

在娑婆世界，要成爲眞實義的菩薩而不是假名菩薩，是很困難的；而我們有能力作到，並且我們能要求高品質；所以不管怎麼累，告假回家的時候上香禮拜 佛陀，看見 佛陀很歡喜，就感覺說：「啊！再怎麼辛苦都值得。」全都值得啦！然而我們爲什麼能這樣作呢？原因就是 世尊有送給我們這一些車子。要羊車，有羊車；要鹿車，有鹿車；即使要大白牛車，我們也有；反正 佛陀送給我的太多了，我放在倉庫裡也沒用啊！所以要不斷地送給你們。而且，這些車子送不完，送出一輛以後又變一輛出來，送不完，那又何妨多送呢？只是說，如果想要送給你的車是不清淨的，或者有缺損的，我就不要送給你。什麼叫作不清淨有缺損呢？就是說，如果我幫你印證開悟了，結果你還有我見在，那就是不清淨；這時如果我幫你印證了，結果你的智慧還是沒有辦法生起來，仍然是矇矇朧朧的，那就是有缺損。見道應該有的智慧沒有生起來，就是有缺損，那我不該送給你，就等你慢慢修，我就慢慢增補擦拭到莊嚴清淨了再送給你。這就是說，我們這樣子作，你就可以眞的在三乘菩提中，常常歡喜地遊戲於諸法中，這才是眞的遊心於法海，所以說「日夜劫數常得遊戲」。

那麼，大富長者的孩子們譬喻　佛陀的孩子們，得到了唯一佛乘這樣的妙法，就能跟諸大菩薩、諸聲聞眾，乘著這樣珍貴的無價諸寶所製造而成的車乘，直接到達了道場之中。聲聞眾，這裡講的聲聞眾，不單是指迴心大乘的大阿羅漢們。我記得有一部《不退轉法輪經》，說菩薩們也是聲聞。爲什麼這部經中說菩薩們也是聲聞？因爲菩薩們所證妙法也是因聲而聞，都是藉著　佛陀說法的音聲聽聞而實證了，所以成爲菩薩；因此證得菩薩法的所有菩薩們也被稱爲聲聞，便叫作菩薩聲聞。因此「聲聞」兩個字，要看它前後的經文來作不同的定義，不該永遠都把它定義說：那就是專修解脫道的聲聞眾。

不過這裡說：「得如是乘令諸子等，日夜劫數常得遊戲。」就是講剛剛迴心大乘法中的大阿羅漢們還沒有證悟，但是　佛陀已經先給了羊車，然後又給了鹿車，現在說其實是要給他們大白牛車，就是先度大家能夠脫離火宅出離三界生死以後，接著就是要讓大阿羅漢們都能證悟大乘。證悟之後，就可以與諸大菩薩以及那一些已經迴心大乘而先證悟的大阿羅漢們，「乘此實乘直至道場」。這眞的是直接到了「道場」啊！可是「道場」在哪裡？道場在你家，也在我家，你們從你家的道場來到正覺這個道場，其實是揹著道場來道場；可是還沒有悟入的佛弟子們，全都不懂這個道理。所以只要你證悟了，也就是你得到了 佛的唯一佛乘大白牛車了，你就能夠「乘此實乘直至道場」，從此以後無處不道場。

那麼，佛陀這樣解釋完了就說：「以是因緣十方諦求，更無餘乘除佛方便。」總而言之，十方世界諸佛的妙法就是唯一佛乘。諸佛來人間演說的，就是能使人成佛的妙法，從來不是爲了來教導眾生只能成爲阿羅漢、成爲辟支佛的二乘菩提，因爲十方三世的三界之中，從來都沒有吝嗇的佛。佛陀來到人間一定罄其所有，只要你能得到多少，就願意給你多少。從來沒有吝嗇之佛，所以永遠不會有只教二乘菩提而不給大眾大白牛車的佛——當大眾已經有能力出離三界生死的時候。那麼，大阿羅漢們迴心大乘而證悟實相以後，成爲實義菩薩了，由 佛所說唯一佛乘的道理，藉著《法華經》三車之喻唯一佛乘道理的因緣，把十方諸佛世界詳細去探求的結果，就是只有唯一佛乘，只有佛菩提，再也沒有其他諸乘了：除了 世尊方便施設才說有三乘菩提，否則就是唯一佛乘。

佛陀宣演《法華經》時既然公開宣說「更無餘乘」，那麼 佛陀入滅後千年，有人主張有個密教乘；然而 佛陀有沒有講過密教乘？沒有啊！密宗的教義其實就只是雙身法，是從一開始到最後的所有教義，全都以雙身法來貫串起來的；即使持咒、修寶瓶氣、拙火、盤腿跳躍，目的也是為了要實踐雙身法。如果要說密教的法也是佛法的話，就違背 佛陀「更無餘乘」的預記了；若說密教的法也是佛法，就應該是不違背二轉法輪、三轉法輪的所有經典，也應該不違背四大部阿含諸經；因為大乘佛法、大乘諸經所說的法義，跟四阿含諸經都沒有絲毫的衝突或矛盾，只是大乘法諸經所說的更深、更妙、更廣，卻是沒有絲毫的違背。如果密宗的法也是佛教的法，真的諸佛所說的法，就應該跟大乘經典、也應該跟四阿含完全沒有矛盾才對，而且也應該比大乘法更勝妙。問題是，密宗的法連二乘法都比不上，因為他們的修行者以及所有教義，全部都是使人連我見都斷不了。請問：寶瓶氣、拙火、中脈的觀想以及雙身法，是什麼識的境界？意識。不但是意識境界，還要加上身識，其實不離識蘊六識具足的境界，是標準的凡夫貪欲境界。連阿含所說的斷我見，他們都作不到，那還能說是佛法嗎？在正確的佛法實證之中，會有不能使人斷我見的道理嗎？

而且，密宗宣稱是比聲聞乘更高、比大乘更高，也宣稱必須修完顯教的法才能修學密教，那應該是更早斷我見了，因為聲聞法中最基本的見道功德就是斷我見；然而密宗除了覺囊巴一派的祖師以外，從天竺到西藏的所有古今祖師，從來沒有人斷除了我見。這等於是什麼？是把最低的、人家見了就走避不及的狗屎，拿來放在那一條金龍的頭頂上，說我這狗屎是比你金龍更高貴，事實就是這樣啊！二乘菩提中的聲聞菩提就好比原形的金塊，緣覺菩提就是把那個金塊用模子鑄壓出一些花樣來，大乘菩提則好比金子先做成很細的金絲編成金線，然後把金線編織成很大、很壯觀、很精緻又金碧輝煌的一條金龍。但他們密宗就只是拿了狗屎上來說：「我這個東西比你的金龍更棒、更香、更莊嚴。」天下哪能發生這種事？可是明明密宗就是如此啊！但是眾生都不知道，也就被騙了！而且都被騙得團團轉，還有些名嘴在電視上講：「密宗是最高的，正統佛教都比不上他們。」那叫什麼名嘴？那叫作賤嘴！因爲嘴巴賤。他們其實是在盲目追隨密宗戕害眾生，是爲虎作倀。像他們那樣當然不能叫作名嘴，因爲名嘴是要名符其實的，但他們沒有名符其實，都是在幫助喇嘛教戕害眾生的法身慧命嘛！

世尊在《法華經》中說，除了三乘菩提之外「更無餘乘」；因此 佛陀所說的菩提正道總共就只有三乘菩提，「更無餘乘」；十方世界諸佛不管怎麼方便說，就是全都只有三乘菩提。而 佛陀的本意是唯一佛乘，本意不在演說三乘菩提；但是因爲眾生無法一開始就實證唯一佛乘，而且心想：「我就算跟你修學開悟了，整個成佛之道要三大阿僧祇劫才能完成，我怎麼能夠信得及？」因爲信不及啊！所以必須要先取信於眾生，因此要先讓眾生可以出離三界生死，實證的結果能夠證實：「我眞的所作已辦，可以永盡後有，我眞的可以不再受生，確定已經離開三界生死苦了。」然後他這一想到說：「所有外道們都辦不到，而佛陀教我這樣修行才不過一天功夫，我就可以不受後有；根器差一些的人，修學也不過是幾年功夫，一樣可以實證阿羅漢果，永離生死。顯然佛陀沒有騙人，那麼佛陀說的三大阿僧祇劫成佛的事，自然也就可信了。」所以三車之喻的三乘菩提確實是方便說，其實只有唯一佛乘而函蓋了二乘菩提。

大乘菩提函蓋了二乘菩提，所以三乘菩提是方便說，世尊並且明白昭告說，除此以外「更無餘乘」。也就是說，除了唯一佛乘以外，就沒有別的諸乘可說，除非是爲了接引眾生而方便施設，才會有三乘菩提之法，其實本來就是大乘這個唯一佛乘，因此 世尊宣示說：「以是因緣十方諦求，更無餘乘除佛方便。」人天乘就是人天乘等次法——施論、戒論、生天之論等，所以密乘根本就不是佛教。而且從密乘的所有教義來比對三乘菩提之法，不但沒有相符之處，反而是全部背棄三乘菩提而向欲界中最粗重的方向沈墜下去。因此，很多學術研究者都說：「密宗是入篡佛教正統。」就像古時王莽入篡漢朝一樣。也像司馬懿入篡了魏國的正統，而他的孫子司馬炎還是比密宗光明磊落，因爲後來終究改名爲晉朝，不再僭稱爲魏國，算來司馬懿他們祖孫還是比密宗有良心。

密宗眞的沒有良心，因爲他完全使用外道的世俗法，竊佔了佛法的名相而冠在外道法上，卻繼續冒稱是佛法，欺騙世人說他們是佛教。不管你佛教的法義中有什麼名相，他們密宗也都有；你說如來藏，他們也有如來藏，但他們的如來藏只是觀想出來的中脈裡的明點，不是第八阿賴耶識、異熟識。你佛法中有說般若，他們也有般若；你說中觀，他們也有中觀，全部都有。又如你說我見，他們也說有我見，宗喀巴說，凡是講我見的那一些名詞就叫作我見，而不是認定五陰爲我這個我見；所以密宗信徒只要把對於我見名詞的貪著斷除時，就是斷我見了，但是卻依舊認定五陰的我眞實不壞，才能繼續貪著雙身法的識陰淫樂境界，才能振振有辭繼續推廣雙身法而可以永遠淫人妻女。反正你有什麼法，他們密宗也就有什麼法，但他們都用別的世俗法來取代佛教所說的佛法。你說你有黃金，密宗說：「我也有黃金啊！」他就拿黃銅來說：「這就是黃金。」就是這樣子，所以不知內情的眾生全都被騙了，包括現代的所有大法師們。

但是，佛已經明說「十方諦求」以後，「更無餘乘除佛方便」。除了諸佛方便施設而把唯一佛乘，分析爲三乘菩提來爲眾生宣說，再也不會有別的法可以使人成佛。講的就是只有三乘菩提「更無餘乘」，就是說：佛法除了唯一佛乘以外，再也沒有別的成佛之道。「除佛方便」，指的就是因爲眾生無法了知，所以講了人天乘之後，還用羊車、鹿車以及大白牛車的方便施設來接引，所以「除佛方便」講的就是人天乘和三乘菩提的方便施設；由此確定：菩提之道，除了三乘菩提以外，沒有別的宗乘可說了，所以密宗根本就不是佛法。那麼，這一段 世尊的開示聽完了，依 世尊這一段經文中的預記，諸位應該可以對「唯一佛乘」正理有更正確的認知：不是釋印順講的以聲聞解脫道來取代佛菩提道而稱爲唯一佛乘。而且他所用來取代唯一佛乘的聲聞解脫道還是錯誤的，他所知道的聲聞解脫道是誤會解脫道的凡夫知見，因爲他所說的解脫道是不能成立的，是落在五陰我、十八界我裡面而無法使人斷我見的，想要證得阿羅漢的解脫果更不可能。接著，下一段經文：

經文：【告舍利弗汝諸人等，皆是吾子我則是父，

汝等累劫眾苦所燒，我皆濟拔令出三界；

我雖先說汝等滅度，但盡生死而實不滅。

今所應作唯佛智慧，若有菩薩於是眾中，

能一心聽諸佛實法：諸佛世尊雖以方便，

所化眾生皆是菩薩；若人小智深著愛欲，
爲此等故說於苦諦，眾生心喜得未曾有。
佛說苦諦眞實無異，若有眾生不知苦本，
深著苦因不能暫捨，爲是等故方便說道：
諸苦所因貪欲爲本，若滅貪欲無所依止，
滅盡諸苦名第三諦。爲滅諦故修行於道，
離諸苦縛名得解脫。】

語譯：【世尊接著又說：

我如今告訴舍利弗：你們諸人都是我的兒子，我則是你們的父親，而你們很多很多劫以來，被種種苦所燒惱，我都救濟而牽著你們，把你們拔出於三界之外；

我雖然在先前說你們已經得到滅度了，但那只是滅盡了分段生死，而實際上也不是斷滅的空無。

如今你們所應當要作的就只有一件事情，要去實證諸佛的智慧；如果有菩薩在你們大眾之中，能夠一心不亂聽聞諸佛的眞實法：

這就是說諸佛世尊雖然以種種的方便來化度眾生，然而所化度的眾生全部都是菩薩種姓；

但如果有人是以小小的智慧而深厚愛著三界中的種種貪愛欲望，我是爲這一些人的緣故才演說苦聖諦，眾生聽聞了之後終於如實瞭解，使心中大大地歡喜，認爲已經得到了未曾聽聞的妙法。

諸佛如來所說的苦聖諦是眞實而沒有差異的，如果有眾生不能了知眾苦的根本，深深地執著於產生後有無量諸苦的因緣而不能夠暫時捨離，爲了這一些不知苦本的眾生，才方便爲他們演說這樣的道理：

說明諸苦所造成的原因是以貪欲爲根本，如果滅除了對三界境界的貪欲之後，就沒有其他的法可以作爲依止，這樣滅盡了三界諸苦就稱爲第三的滅諦。

爲了想要實證這個滅諦的緣故而修行於道諦，因此而離開了諸苦的繫縛，就稱爲獲得解脫了。】

講義：這一段開示的意思主要是說明，滅除生死苦的道理，其實不在於滅除五陰十八界，而是在滅除導致眾生流轉生死的煩惱，所以沒有必要取涅槃，可以在世世的生死流轉之中廣行菩薩道。這個說法，跟阿含部的《央掘魔羅經》所說完全一樣，我們可以再加以演繹。佛陀說：「我告訴舍利弗你們諸人啊！你們應當知道，你們都是我的兒子，我就是你們的父親。」如果是外道或世俗人聽了就會說：「我爲什麼要當你的兒子？那你不是來佔我便宜嗎？」外道或世俗人往往會這樣想。可是，阿羅漢們想要當 佛陀的兒子，都還不容易呵！佛不一定收他們當兒子。譬如那些定性聲聞阿羅漢，不想當菩薩，一世終了就一定要入無餘涅槃的聖人，他們想要當 佛的兒子，佛是不接受的。

想想看，人家是阿羅漢，佛還不願認他們作兒子；那些外道們連我見都沒斷，竟然還嫌 佛陀收他爲兒子是辱沒了他。所以，能當 佛陀的兒子，那是要具有很大福報才行的，不是等閒人能作得到。你們可以看《華嚴經》怎麼說：「菩薩輾轉修行到了初地，這時候才能說是生在如來家中，是佛的眞正兒子。」《楞嚴經》中說，悟後進入初地了，才算是「成佛子住」；並不是剛剛開悟實相般若了，就承認你是 如來的眞正兒子，得要入了初地才算數。那你想，佛願意收你當兒子，竟然有人還不想要。菩薩們都是求之不得啦！他們還不要。只有不懂的人才不想要，才會說「佛陀佔我的便宜」。老實說，如果他的祖父的祖父、的祖父、的祖父、的祖父，想要當 佛陀的兒子，佛都還不肯收呢！佛有什麼地方跟他佔便宜？因爲連定性聲聞的阿羅漢，佛都不肯收作兒子了，而他那個不曉得幾代前的曾曾曾曾祖父，都還只是凡夫，佛陀當然不肯收；現在說他是 佛的兒子，有什麼地方辱沒了他？所以很多人讀經的時候，往往看起來說：「這些經文我都是懂的，都沒有問題啦！」其實往往大有問題，因爲他沒有眞的懂。沒有眞懂，是因爲他只會依文解義，不曉得其中眞正的道理。

那麼，這些阿羅漢們迴小向大以後，佛陀願意接納他們，是因爲他們有菩薩根性，菩薩性眞的發起了，成爲菩薩種姓了，所以 佛陀願意利樂他們，願意收他們作兒子。打個比喻，假使有人告訴你說：「明天有一個大富長者，他擁有全地球上的財富，而他非常的慈悲，對你都無所求，只是想要把所有的財富給你，讓你認他作父親，你要不要？」當然要啊！怎麼不要？你買了九萬噸的上好沉香來燒作供養，至心祈求也求不到啊！爲什麼還不要？他對你無所求，只是要給你全世界的財富；當你有困難時他就會來幫你，那你爲什麼不要？別說他們外道求不到這個機會，他們祖父的曾曾曾祖父、曾曾曾祖父、曾曾曾曾曾曾祖父也都求不到。如果他們的無數代前祖先，聽到有這樣的好事，也要趕快來認 佛陀作父親，何況是現在的外道他們？可見 佛陀絕對不肯收外道作兒子的，哪有佔他們什麼便宜？而這樣的大富長者對眾生完全無所求，佛陀正是這樣，所以「**汝等累劫眾苦所燒**」，永遠都在漫漫的無明長夜之中，佛陀來了，也就濟拔大眾可以出離三界生死。

諸位來到正覺證悟明心後，就覺得說「**出離三界生死也沒什麼**」，這是因爲你們智慧高了，心量就變大了，所以覺得沒什麼。可是諸位想想看，回頭重新再想一下：你們來正覺之前，如果有人說可以幫助你實證初果，你心裡面還是懷疑說：「**我有可能嗎？**」對不對？對嘛！有沒有人想要搖頭？沒有。因爲確實如此啊！從來不曾想過能證初果啊！何況是開悟明心呢！可是來到這裡，不單是證初果，而且有人可以證二果，乃至將來也許誰又證三果了，也不能逆料；目前雖然還沒有看到，但我相信以後一定會看到的，在我走人之前。但是在正覺法會之中不只如此，還可以證得定性阿羅漢所不知道的無餘涅槃中的本際。不但如此，還可以看見佛性，在山河大地上放眼望去都是自己的佛性。唉呀！太棒了！那你說，這好不好？好啊！可是，這樣還不足以成爲生如來家、入如來家、住如來家的人。那麼你說，佛如果願意收他們外道作兒子，他們還能嫌什麼？那眞的要叫作愚癡！

佛陀來了，馬上讓大家先可以出離三界，但是這個離開火宅出離三界，從來都說是「滅度」，沒有說過是「生度」的。所以「我雖先說汝等滅度」，也就是說定性聲聞出離三界生死取無餘涅槃，是滅掉五陰十八界的自己，才成爲度過生死的彼岸，那當然是滅度；然而，菩薩卻是要生度，不要滅度。菩薩活生生地住在世間利樂眾生，卻已經同時住在無生無死的彼岸，因爲世世的生死都是在無生無死的彼岸中生死。聽起來好奇怪呵？生死是在沒有生死的彼岸中生死，爲什麼呢？因爲從來都沒有生死的涅槃彼岸，其實就是如來藏自身的境界。定性聲聞阿羅漢入了涅槃以後，還是他們各自如來藏獨存的境界，也就是他們的第八識獨存的境界。然而，菩薩現見有生死的五陰自己從來都在如來藏中，而如來藏沒有生死，那不就是在沒有生死的彼岸中現有五蘊的生死嗎？所以沒有生死的涅槃彼岸，菩薩是現前清楚分明地看見了，這是第七住位菩薩在善知識說明了以後就可以看見的。

因此，佛陀既然演說了大乘經，度化舍利弗等大阿羅漢們證悟佛菩提，這時候該圓滿一代時教了，當然要爲大家說明清楚：「我雖然先前所說你們已經滅度，但其實只是了盡生死而已，只是生死永盡而已，可是本質上其實不是斷滅的空無。」因爲所應滅的是我見、我執而不是滅除五蘊的存在，譬如說，假使有人在這個三界監獄中——我把它譬喻成監獄，比如在這個三界監獄中，你已經有能力出離監獄，不必被獄卒所虐待或掌控，可是出了監獄以後，你卻是一無所有。你住在監獄時，還有房子住，有熱水洗澡，有食物吃，當你出了監獄以後就完全沒有了；雖然住在監獄很苦，那些獄卒百般虐待，可是當你隨時可以出離監獄，而獄卒們都辦不到；那時獄卒們都得恭敬你、供養你，都不敢來管你，那時你是不是還要出離於監獄外呢？都不必了嘛！

所以這時你有能力出監獄就行了，然後繼續住在監獄裡，幫助監獄裡面所有的無明眾生——也就是罪犯，都能修成可以出離三界監獄的功夫，幫這些罪犯每一個人都修行清淨、滅除所有罪業，讓獄卒恭恭敬敬的，這樣好不好？好啊！這樣才有意義嘛！這個譬喻說完了，諸位就聽懂了，所以用監獄來譬喻三界最好。阿羅漢們出離三界監獄就是滅度，所有定性聲聞四果人都是這樣，都是把自己滅盡而一無所有，再也無法利樂眾生了；而他們住在無餘涅槃中有沒有意義？沒有！只是離開三界生死苦而不再有苦，但對眾生沒有任何利益，自己也無法因此成佛。就像那個能出離監獄的人，出離了監獄以後死掉，因為出離監獄就是捨棄五陰。他想：「我如果住在監獄裡面，但我隨時都可以出去，獄卒管不到我；因為獄卒自己也出不去，而我隨時可以出去，連獄卒都得要恭敬供養我；那我何不來幫助三界監獄中的其他人，連那個獄卒都可以一起幫助，這有什麼不好？」這就是 佛說的「但盡生死而實不滅」，道理就在這裡。

接著 佛陀吩咐說「今所應作唯佛智慧」，也就是說，如今你們已經能出離三界火宅、三界監獄了，如今所應該作的就是要尋求諸佛的智慧。既然能夠出離三界監獄了，當然應該再弄清楚說：「這監獄是怎麼建造成的？為什麼會有這麼多犯人關在這裡面？要怎麼樣解決三界監獄中所有眾生解脫的問題？」能出離三界監獄就只是你一個人，那你要回來三界監獄中幫助眾生。你把它弄清楚，也幫助眾生能夠一起弄清楚，那時三界監獄就不存在了；

這就是迴心向大乘爲菩薩摩訶薩之後，所應該作的事，所以 佛說這些阿羅漢們「今所應作唯佛智慧」。

「若有菩薩於是眾中，能一心聽諸佛實法」，如果有菩薩在這一些大眾之中，能夠一心聽聞諸佛所說的眞實法，這就是告訴我們說，諸佛的法都是眞實法，不是性空法。性空是什麼意思？就是其性本空，最後無常、歸於空無。如果佛法所說的就是一切法無常而歸於空無，那麼到底是實法還是虛法？（大眾回答：虛法。）是虛法，諸位有智慧。可是，沒智慧的人卻很多，他們竟然會接受虛法：「啊！我知道了，一切法緣起性空啦！沒有唯心、唯識的道理。也沒有什麼三界唯心、萬法唯識，佛法就只是緣起性空，一切都空啦！」那你聽了就說得他們：「你們頭腦都壞掉了。」他們眞的是腦袋壞掉了。所以能夠一心聽聞諸佛的實法，這才是菩薩。如果不能夠一心聽聞實法，聽了以後都誤會是無常空、斷滅空，那就不是菩薩，那只能叫作聲聞凡夫。

今天九樓全部讓給遠道來的同修們，所以我們台北的同修們就被趕到十樓、五樓、二樓去了。是不是請二樓、五樓、十樓的台北的同修們，大家歡迎大陸來的同修們呢？（大眾鼓掌…）謝謝！但是我們二樓剛租來，來不及裝修完成，工程還沒有作完一半，就遇到今天這個狀況，所以我也向台北的同修們說句「抱歉」。因爲還沒有裝修完成，所以只能請大家坐坐小凳子，沒有蒲團跟坐墊了。我們目前先把二樓作一個簡單的裝修，就像五樓那樣。本來五樓是打算要作辦公室用的，但現在必須要裝修成像十樓那樣正式的講堂，然後二樓就會裝修成像以前的五樓那樣子。不過也要向諸位大陸來的同修們抱歉，你們連一個坐墊的寬度都沒有，大家都只有一個小蒲團這樣前後靠在一起坐。不過因爲狀況比較特殊，所以雖然把九樓讓給你們，但是你們得到的那個位子也實在太小了，連個坐墊的寬度都沒有，眞的很抱歉！（大眾鼓掌…）

這一回四二五高雄巨蛋的萬人演講，我還沒有向所有的老師們、各位菩薩們道謝，這是我們正法顯示凝聚力量的一個具體展現。各位同修們這回的維安規格拉得很高，我看是總統級的維安規格。但主要是因爲怕被有心人攝影等等，因爲我日常生活沒有侍者幫忙打理（我只有在理上有侍者，在事上沒有侍者），所以事必躬親。因此，就包括進出車站等等，他們都還要特地用雨傘幫我遮著錄影機，怕有心人拿去作什麼使用，所以他們也是非常地小心防範。這一次的演講由於有三百多張票子的發放出現了問題，流去不恰當的地方了，那些人對佛法根本沒興趣，所以那一區階梯式座位該來的人大多沒來，空出那一大片地方沒人坐，而我們在地面的部分，大家卻要肩靠肩擠著坐。但這回高雄的四二五演講法會，使正法的威德顯現出來了。這些正法威德之所以能顯現，並不是單靠我一個人，而是所有的同修們在大陸、在台灣，大家努力散播正法的種子，才產生這樣的威德力。所以我們在事相上可以吃虧一點，不要跟人家計較；但是在法上，我們還是要繼續維持以往的態度，要使了義正法繼續所向無敵，佛教正法的弘揚才可以維持久遠。

今天諸位從大陸來到台灣，也辛苦了一個下午聽戒，昨天也聽了一天的戒法，眞的蠻辛苦；不過得了上品菩薩戒，應該也值得告慰自心：這一趟總算也沒有白來。言歸正傳，我們繼續講《妙法蓮華經》。上回講到四十六頁第二段第五行，上回是說 世尊告訴舍利弗尊者等人：大家都是 世尊的孩子，世尊就是眾生的父親；而且已經來到人間示現，幫助大家能夠脫離三界生死，也就是脫離三界火宅而且成爲阿羅漢了，所以說是「令出三界」。但是爲諸大阿羅漢們所說的法，雖然說是滅度，其實並不是眞的滅度，因爲滅度只是滅了五陰而度到生死的彼岸，可是這個滅度並不是斷滅，是滅度以後其實還是有本際如來藏仍然存在不滅，所以說「但盡生死而實不滅」。那麼能出離三界之後，生死已經可以遠離了，但是遠離生死之後所應作的，已經不是出三界的事了，而是應該在諸佛所證的智慧上面如何去努力實證，這才是最重要的。所以說，在宣講《妙法蓮華經》的這個時候，如果有菩薩在大眾中能夠一心不亂，如理作意聽聞諸佛所證的實相法，那麼這樣的人就是眞正的菩薩。這是上一週最後的所說。

接下來說：「諸佛世尊雖以方便，所化眾生皆是菩薩；」這是說，諸佛世尊下生人間如此辛苦，來跟五濁惡世的眾生同事利行，當然目的不是只要把二乘小法來送給眾生。諸佛都沒有私心，諸佛都是想要把所有妙法教給眾生，不會只把最差的二乘菩提教給眾生。所以來人間示現受生成佛，目的是要化度菩薩們，目的不是爲了要度聲聞人。可是如果有的人智慧狹窄而不廣大，膚淺而不深妙，因此他們深厚地執著欲界中的各種所貪愛法，就會在欲界中不斷地沉淪，乃至下墮三惡道；爲了這一些人的緣故，才要宣說苦諦。

四聖諦中的苦諦，所說無非就是苦；說有八苦、三苦，說人類乃至三惡道眾生，在五陰存在的當下就已經是苦了。可是這樣說的時候，眾生不一定能聽得進去，因爲他們不覺得是苦，得要一一舉例，說有生老病死、愛別離、求不得、怨憎會，總而言之，就是五陰熾盛之苦。那五陰熾盛的當下就是苦，因爲五陰存在的當下沒有不受苦的，即使享樂或者無苦樂時，也還是有「行苦」。而且除了這個苦以外，將來年紀大了，最後終究要老要死，這就是「壞苦」。縱使還沒有老、還沒有死，壞苦還沒有出現之前，而且也沒有苦受的時候，其實本身就已經不離諸行無常的變異之苦了。所以這些苦還得要爲眾生一一舉例，因爲眾生深著愛欲，所以要爲他們宣說苦諦。

苦，如何是眞實的道理？眾生從 佛陀那裡聽聞以後，終於稍微瞭解什麼是苦了，而這是以前不曾聽過的，所以有智慧的眾生聽聞以後「心喜得未曾有」。或許有的人覺得說：「世尊這兩句話有沒有誇大一點啊？因爲外道也在說苦啊！」但是外道說苦，有沒有究竟了知苦呢？外道其實是不知道的。例如外道都以爲只要意識覺知心好好修行，離開五欲的貪愛，可以制心一處而使覺知心都不攀緣時，以爲這樣就是離苦了，說這樣就是涅槃了。這是外道法中很普遍的認知，不但現在如此，古時候　佛陀還沒有出現於人間之時已經是如此了。所以　佛陀就告訴他們：有情的五陰，只要是全部或者局部，或是少數或極少數存在著，那存在時的本身都不離壞苦與行苦。所以這個壞苦與行苦的所有內涵，外道並不知道，他們就落在意識心中，以為意識覺知心一念不生而不攀緣諸法時，就是離苦的涅槃；所以才會有外道的五種現見涅槃邪見，那麼這是外道所不知道的。

所以　世尊當年下來人間受生而示現於人間，那時候很多外道都自稱阿羅漢，也有外道認為他們已經證得眞實如來。問題是，他們的所證全都錯誤，所以有許多自稱阿羅漢的外道後來遇到　佛陀，才知道他們自己不是眞阿羅漢；遇到　佛陀說法以後，他們又變成眞的阿羅漢了。所以當年　佛陀在人間遊化的時候，去度那一些自稱阿羅漢的外道們，數量實在太多了。那些人本來自稱是阿羅漢，比如最有名的迦葉三兄弟，又如最有名的摩訶迦葉，遇到如來以前都曾經自稱是阿羅漢；但是遇到了　佛以後，就知道自己不是阿羅漢，然後　佛陀說法以後，使他們斷了我見我執，又隨即變成眞的阿羅漢了。意思是說，他們遇到　佛陀以前說是阿羅漢，遇到　佛陀也說是阿羅漢，但是兩種阿羅漢的實質並不一樣，因爲前面自稱的是誤會的假阿羅漢，後面成爲佛的聖弟子以後才是眞正的阿羅漢。

眾生眞的「小智」而且「深著愛欲」，諸位如果讀過四大部的《阿含經》，在《阿含經》裡面的記載，佛陀爲了度迦葉三兄弟，必須先度大迦葉，然後再度二弟，最後才度三弟。那個大哥大迦葉，佛陀度他的時候眞是花了好多心血，搬出了許多武藝來，而且還把石窟裡的那一條噴火毒龍降伏；總之花了很多心血，才讓大迦葉降服，他才終於承認自己不是阿羅漢，然後才願意聽 佛說法，聽了佛法以後才終於變成眞的阿羅漢。所以 佛陀來人間之前，那些外道自稱阿羅漢的人實在太多了，但都是落在外道五現涅槃或者落在四空定裡面，自以爲已證涅槃。所以，苦聖諦不是他們所眞實瞭解的，他們知道的只是在這個色陰上面有苦，然後瞭解色陰、受想行陰也是不眞實，可是對於識陰的我見，他們是斷不了的，因此說他們對苦聖諦是沒有眞實瞭解的。爲了這一些眾生，佛陀得要細說苦諦；當 佛陀把苦聖諦具足宣演了以後，那些外道「阿羅漢」們才知道說，原來自己不是眞的阿羅漢，是誤會了，然後才願意禮敬 佛陀爲師，這就是大迦葉得度的狀況。

所以，大迦葉得度以後把奉事火神的器具都丟到河裡去，流到了中游，他的二弟看見了就說：「我哥哥是不是被殺害了？」順著河流找到大迦葉的處所來，看見有一個年輕人在爲大迦葉等五百人說法。說 佛陀是年輕人，是因爲大迦葉年歲大，都是將近百歲的人了，而 佛陀那時候才不過三十六歲。二弟那提迦葉來到，看見兄長無恙，於是就跟著兄長聞法，所以他也成爲阿羅漢。然後他回去原來的住處以後，也把奉事火神的器具全都丟到河裡去，又流到下游去，三弟伽耶迦葉看見了說：「兩位哥哥是不是都被殺害了，爲何他們修行的器具全部都被丟進河裡了？」他隨後也循著河流找了來，然後也聞法而成爲阿羅漢。就這樣子，大迦葉徒弟五百人，二迦葉有二百五十人，三迦葉也有二百五十人，這些人就都成爲 佛陀的聖弟子。爲什麼他們以前都是錯悟聲聞菩提的假阿羅漢？因爲他們對於苦沒有具足了知，特別是對壞苦與行苦；因爲他們都落在意識裡面，而意識終究會壞。並且當意識還存在的當下，在還沒有中斷的過程中，已經不離行苦，可是他們並不知道，還自稱爲阿羅漢。所以說，爲了這些智慧狹小的人，或者爲了一般不肯修行而「深著愛欲」的凡夫眾生，都必須要先演說苦聖諦。那麼，這些眾生聽聞了如實而且具足的苦聖諦以後，當然那都是他們從來不曾聽聞過的法。

「佛說苦諦眞實無異，若有眾生不知苦本，深著苦因不能暫捨，爲是等故方便說道：」這就是說，佛說自己所說的苦聖諦，是眞實而不虛妄的，也是如實說而不虛妄的；表示所說內涵與三界中的實際情況，是眞實而沒有差異的。如果有眾生不知道苦的根本——不曉得輪迴之苦所以會出生的原因，就會很深厚地執著造成世世流轉生死之苦的根本原因；而眾生對這個苦因是無法暫時捨棄的，如來就是爲了這些眾生，才必須以各種方便來演說各種佛法的聖道。而這種事情，一般世人不知，或如一般大法師們名氣雖然很大，可是他們讀了經中的正理也不相信，因爲他們並沒有如實知。例如「眾生不知苦本，深著苦因不能暫捨」，這不但 佛陀降生人間之前已經如此，乃至 佛陀降生人間宣說了究竟了義正法，或者宣說了二乘菩提之後，一直到現在，眾生也都還是如此。

不但一般眾生，連佛門中的大法師也都還是如此；所以在我們弘法的過程中，特別是早期——十年以前的那十年歲月中（這十年來是比較好一些），正覺同修會的正法是廣受各大山頭排斥的。被廣爲排斥的原因是什麼呢？是因爲我們主張意識是生滅法，可是那些大山頭都不肯接受，沒有一個大山頭接受 世尊這個聖教。乃至到了今天，我們從聖教量以及從現量、比量，三量具足來證明意識的生滅性，可是那些大山頭的大法師們，如今有哪一個出來承認說意識是生滅的呢？到現在爲止還是沒有。這就可見說，他們完全不知道苦本、苦因。只要認定意識是常住的，那就是苦的根本，因爲那就是我見，我見正是輪迴生死的苦因。而這個我見，正是他們所無法斷除的。

甚至像慈濟功德會的堂頭和尚尼（你們內地人也許背地把她叫作領導），那位證嚴比丘尼，她還公然在書上說「意識卻是不滅的」。這是公然跟 佛陀唱反調啊！到現在，我們寫了那麼多書證明意識是生滅的，不論從聖教、從理證，或者從比量上，我們都證明了，可是她們從來都不承認意識是生滅的。那問題在哪裡呢？問題在她們沒辦法斷我見，很執著意識覺知心自我。然而我們寫了那麼多書，包括《阿含正義》都寫出來了，她們理當已斷我見才是，爲什麼還不能斷呢？正是因爲不知苦本，正是因爲落在貪瞋癡等我所中。人生在世最難捨的，不是利養，而是名聞與恭敬；因爲本來是一方大師，又在書上寫出初地到十地的實證，自認爲她全都懂了；表示她是宣示自己已經超過十地的境界了，然而如今竟然被人家證明說：那都是意識境界。但認定意識不斷、不能否定意識、不曉得意識生滅的人，就是凡夫。那麼這樣子，她們怎麼能接受呢？人家說虎死留皮、人死留名，這名還想要留到未來世去呢。但我都不懂爲什麼要留？因爲未來世已經不是她自己了，而是另一個全新的五陰，跟她這一世的五陰已經沒有直接關聯了，爲什麼想要人死留名？縱使眞能留到未來世去，未來世的另一個她也不能使用啊！對不對？

例如我如果把九百多年前在禪宗、或者把四百多年前在密宗的那些名號拿出來用，能用嗎？不能用欸！只要正式用了，就一定會被佛門四眾罵翻了。如果再把以前在天竺、或者以前在長安的那些名號拿出來用，更是會被罵翻的。所以過去那些名聲全都跟我無關，我這一世就是安分守己叫作蕭平實。既然如此，我縱使把這一世蕭平實這個名號弄得很廣大，到未來世時，也跟未來世我的五蘊無關；因爲我未來世是另一個全新的五蘊，已經不是這一世的意識了。只有靠很不會了別的意根，以及完全不了別的如來藏來聯結這三世。所以人死留名是沒有意義的，重要的是你怎樣去實證，去一世又一世提升；重要的是怎麼樣讓正法久住，可以利益更多的人，這些才是最重要的。

可是他們貪著於利養以外，最貪著的是名聞與恭敬，因此他們就落入這種貪愛之中，而這種貪愛的根本是什麼？是愚癡！都不知道這名氣留下來，無法給未來世的他們自己受用。他們不懂，不懂的緣故就繼續執著；爲了繼續執著，也就是爲了維持他們眼前的名聞或者利養、恭敬，不得不繼續跟 佛陀的聖教打對台，便繼續主張說意識是不生滅的。像這樣便會造成未來世的苦因，未來世的苦因既然已經種下去了，當然未來世的他或者他們，就得要自己去承受了。所以咱們怎麼樣從三量面面俱到，來爲他們證明意識是生滅的，他們都不會接受；我們就說，像這樣的人是「深著苦因不能暫捨」。

所以，佛陀在《法華經》中說的每一句話都是如實語，完全沒有背離三界中有情法界的現象。因此，爲了這樣的眾生，才得要方便演說種種道。說什麼道？說滅苦之道。苦諦說過了，那就要演說苦因是怎麼集起的，然後就得演說滅苦之道。滅苦之道的宣說，當然就要先告訴大家，苦是如何收集到自己的心中來。無量的苦，未來世的那一些苦種，是如何收集到自己的心中來的？這些苦的種子收集到如來藏心中的時候，未來世當然就會不斷地受生，於是就不斷地有八苦，三苦也就無法遠離了。所以要告訴眾生：「諸苦所因貪欲爲本，」特別是眾生都因爲貪欲，才會有諸苦產生。「若滅貪欲無所依止。」如果不是貪欲，不會受生在欲界中；除非是爲了正法而世世留在人間，否則都是因爲不離貪欲，欲界眾生就是因爲五欲而留在人間。

但是，你是不是要想說：「那我就是最差的修行人，所以我才會留在欲界的人間？」也不盡然！菩薩也是一世又一世留在欲界裡，可以歷緣對境修行，才能修得快速。菩薩不太可能生去色界天，除非三地滿心以後想要親近報身佛。菩薩更不可能生去無色界天，因爲如果要實證佛法，在人間是最具足的。譬如以自身的十八界而言，在人間十八界具足，可是如果生到了色界天中，十八界只剩下十二界，就少了六界，那就少掉很多法可以現前驗證。如果生到無色界去呢？那又更少了，十八界只剩下三個界，就是意根、定境法塵以及意識。你如果住在無色界中，例如以非想非非想天而言，壽命最長而不中夭時，可以活過八萬大劫；但是八萬大劫裡面無所事事，都住在定中一念不生。就這樣子一念不生過完八萬大劫，然後又下來人間墮入三惡道中，這到底好不好？

所以如果人家一入定就三個月，定力好得很，你可別羨慕哦！他如果有非想非非想定而能夠一入定三個月，你們千萬別羨慕，因爲他生了無色界天以後，八萬大劫過完了，他是福報都享盡了；可是他修得非非想定之前，在人間偶然也曾經造過一些小惡業，假使他沒有別的善業，或者說善業就隨著他生天而全部享用完了，只剩下那一些小惡業，那他壽盡下來人間時就不能再當人了。那諸位想，他那時要去當什麼？當牛、當狗，還有對他很適合的一種就是當毛毛蟲，毛毛蟲也是長時間都一念不生的。毛毛蟲一出生就一直吃、一直吃，一念不生地一直吃個不停。他八萬大劫都一念不生，跟毛毛蟲的境界有沒有很相應？有！

所以，不管人家現在修定修得多麼好，都不要羨慕，有三乘菩提的智慧才是最重要的。你縱使完全沒有定，連初禪都還沒有發生，但你只要有未到地定而且能夠斷我見，你就超過證得非非想定，一入定就三年的人；你已經遠超過他，因爲他還在輪迴中。但你斷除我見之後，看來好像也沒什麼，既沒多個眼睛，也沒多出一個胳膊，可是你就算是懈怠最懶惰地繼續修行，最多不過是七次人天往返，你就能出離三界生死了。如果性障輕微又很精進的話，一世就可以證得阿羅漢果。所以，不要去羨慕那一些三界有等境界法，智慧才是最重要的。雖然智慧不能炫耀，有境界法可以炫耀獲得名聞利養，你如果請個記者來，就像楚門世界那樣二十四小時鏡頭跟著你，結果你一入定，三個月後才出定；那我告訴你，大家都會對你崇拜死了：「哇！這一定是個大聖人，不但是聖人，還是大聖人。」殊不知那只是一個凡夫修定的境界！所以，斷我見雖然沒有什麼可以炫惑人的，但那是眞實法，這就是二乘菩提的見道。

可是要斷我見也是很困難的，下手時還是要從我所的斷離來作。要先瞭解什麼是苦，瞭解苦以後，要知道苦是如何搜集來的。那麼苦的搜集，最重要的一個就是「貪欲爲本」；由於貪著人間的五欲，或者貪著欲界中的五欲，以這個最爲根本，因此就產生了因欲而有的瞋，以及因欲而有的無明，全都在這裡面。那麼這些如果能夠瞭解了，也瞭解了五陰的虛妄，就懂得五陰以及所有我所的貪愛都應該滅盡。如果這些都滅盡了，那就是無餘涅槃，這樣子便叫作滅盡諸苦。五陰滅盡了，就是把我執與我所煩惱都滅盡了，那就是滅盡諸苦，就是第三諦——苦滅諦。然而說起來容易，可是要能夠接受，可就不容易了；從我個人弘法到今天（編案：這是二〇一〇年四月所說）已經前後二十年了，那麼正覺同修會成立已經有幾年？也有十幾年了，一九九七年成立至今，有十幾年了，可是我個人弘法已是前後二十年了，我們也已經說了很多佛法。但是對那些大法師們而言，說要把五陰滅掉才能成就無餘涅槃，他們都覺得：「**是可忍，孰不可忍？**」說入涅槃、證無餘涅槃就是要滅掉五陰，他們是完全無法接受的。他們認爲的解脫，就是要具足五陰而且全部恆常存在。特別是密宗，因爲他們如果沒有具足五陰，如何能搞雙身法呢？他們根本沒辦法修持樂空雙運的無上瑜伽；那他們所謂的輪涅不二，根本就不可能成立，所以他們得要具足五陰才行，怎能否定五陰？那你說，五陰滅除而成爲滅盡諸苦的涅槃境界，這樣如實的無餘涅槃，他們如何能接受呢？所以他們都無法接受。

然而，如果想要出離三界生死，就必須要滅盡諸苦。而滅盡諸苦，當然要知道苦的來源，那就是以五陰的存在爲根本。如果不是貪愛五陰，苦是不會存在的；正因爲五陰的存在，才會有種種苦的存在。滅除了五陰就不會有輪迴苦了，但是要瞭解這個滅諦，還眞的不容易。所以眞正能理解滅諦的人，實在太少了。我們把它寫了出來、講了出來，莫說大陸佛教界，台灣的佛教界能接受的人，也眞的不多啦！他們是很想推翻我所說的法，問題是：不論從理證或者教證上面都無法推翻，乃至以比量來說也是一樣，所以他們很苦惱。很苦惱，又不能不接受，因爲正覺所說的法就是三乘菩提，都符合前後三轉法輪的全部經典；所以他們所能作的、唯一能作的，就是效法 維摩詰菩薩的默然，但卻不能與菩薩的默然絲毫合轍。除了默然以外，無所能爲；不是不願爲，而是無所能爲。所以說「**滅盡諸苦名第三諦**」，對一般的眾生而言，也是很難接受的。

那麼，接受了這個滅諦以後，才能夠進入道諦來討論，所以一定要先說滅。苦的止息就是滅，既然苦的止息是滅，那應該要如何滅呢？這些五陰的執著以及我所的執著，要用什麼方法來滅除？那就是要依靠能滅的「道」了，所以才要說「道」。因此 世尊才說：「**爲滅諦故修行於道，離諸苦縛名得解脫。**」這就是說，爲了貪愛欲界法的眾生，必須要這樣方便說道；如果不施設四個聖諦，依著前後順序來說明，眾生就無法理解，也就無法出離三界生死，就是不能出離苦海；猶如大富長者的那一些不懂事的孩子們一樣，住在火宅中不懂得要如何出離火宅，意思就是這樣。

因此說，爲了欲界貪愛的眾生，諸佛來到五濁惡世的欲界人間，一定要先演說四聖諦，並且四聖諦的次序還不能顚倒。因爲眾生在生死中輪迴痛苦時，你說他們很痛苦，他們自己卻不覺得痛苦；例如人們如果兒子夭折時，他們痛哭流涕，但其實是很喜歡痛哭流涕的苦，爲什麼呢？譬如你如果問他說：「如果這個孩子重新再來你這裡出生，還是會夭折，你要不要？」他也還是要，因爲他覺得總比沒有好嘛！所以你說眾生是不是喜歡苦？喜歡啊！

就像大家喜歡吃苦瓜一樣，不苦的還不要吃，對不對？同理，眾生在三界中受苦，都是歡歡喜喜受苦，但是他們不知道那是苦。爲什麼是苦？原因是什麼？都不知道，所以 世尊必須要從八苦、三苦一一來作說明。談到三苦時，就函蓋修行人所不知道的苦，這就是爲了欲界中的貪愛眾生，不得不這樣方便來解說聲聞解脫之道。解脫之道能夠實證了，才有辦法接著度他們親證佛菩提果；佛陀來人間度了那一千二百五十位大阿羅漢，就是這樣度得的。那些大阿羅漢們座下，也有許多弟子再得阿羅漢，當然佛世的阿羅漢其數很多，但後來大部分是迴小向大的。可是單單這個二乘菩提，就很難爲眾生宣說了，因爲眾生智慧狹劣不夠深廣，心量也很小，又很貪愛欲界法，你無法一開始便幫他們實證很深妙的佛菩提；而且他們一開始時也都信不過，所以必須要這樣「方便說道」。然而這樣方便而說解脫之道，說明他們「離諸苦縛名得解脫」。這樣二乘聖者所獲得的解脫，究竟是爲何而稱爲解脫？當然一定要有原因，而他們那個解脫是不是眞實的解脫？在佛菩提中看來其實不是眞解脫，但原因何在，當然要繼續探討。

經文：【是人於何而得解脫？但離虛妄名爲解脫；
其實未得一切解脫，佛說是人未實滅度；
斯人未得無上道故，我意不欲令至滅度。
我爲法王於法自在，安隱眾生故現於世。
汝舍利弗我此法印，爲欲利益世間故說，
在所遊方勿妄宣傳。
若有聞者隨喜頂受，當知是人阿鞞跋致。
若有信受此經法者，是人已曾見過去佛，

恭敬供養亦聞是法。

若人有能信汝所說，則爲見我亦見於汝，

及比丘僧并諸菩薩。】

語譯：這一段先來依文解義語譯一遍，世尊接著說：

【這樣子證得四聖諦的人，是在什麼樣的情況或者境界中而說他得到解脫呢？只是離開了虛妄而說他得到了解脫；

可是這樣的人其實並沒有眞的得到一切解脫，只是局部解脫而已，並沒有得到一切解脫，如來就說這樣的人還沒有眞實的滅度；

由於這樣的人還沒有得到無上道的緣故，所以我釋迦牟尼佛的本意，不想讓這一些人去到滅度的境界中。

我釋迦牟尼是法王，於一切法中皆得自在，是爲了安隱眾生的緣故才示現於世間。

你舍利弗等人啊！我這個法印是爲了想要利益世間的緣故而說的，所以將來你們遊方去到任何一個所在，可別虛妄地宣揚傳播出去。

如果你們在有簡擇的狀況下宣揚傳播了，有人聽聞你們的所說而心中隨喜，所以歡喜頂受了，你應當知道這個人是不退轉的人。

如果有人信受了這部《妙法蓮華經》所說的法義，這個人在過去世其實已曾經見過佛了，也已曾經恭敬供養過去佛了，也同時聽聞過這個《妙法蓮華經》了。

如果有人能夠信受你所說的《法華經》中這個說法，那麼這個人也就等於是親自看見了我一樣，也就等於親見了你，並且也等於親見了比丘僧和諸菩薩。】

講義：這樣子依文解義，當然不是諸位所要聽的；但是我也不能不隨俗，還是要先作一次依文解義；但在依文解義跟實際義理之間，其實是有差異的，可是很多人並不知道。所以我們宣講《法華經》以來，一般的狀況下，大部分人剛開始聽的時候會以爲說：「這《法華經》講的，我好像都懂，有需要你蕭老師來講解嗎？」等到講解以後才知道說：「原來那裡面有許多法，是我們所不知道的。」後來才終於知道說，這《法華經》還眞的妙啊！不然它怎麼叫作「妙法蓮華」呢？因爲它眞的很妙，它也具足宣示了 佛陀的所知所見，同時也具足宣示 佛陀在世時的佛教現象。而這些都是眞實的，不是後人編造的，因為後人編造不出這麼勝妙的法義與事實出來。

那麼，我們接下來再說明下面的經文，佛陀說：「是人於何而得解脱？但離虛妄名為解脱；」這二句聖教的眞義，以前往往被人家誤會了。佛陀說的是什麼意思呢？是說：所謂的解脱三界生死，是因為離開了虛妄法而稱為得解脱。可是我為什麼說往往被誤會？是因為大師們都會這樣解說：「我們只要把對眷屬的貪愛、對名聲的貪愛、對利養的貪愛，把它們都遠離了，那就是解脱了；那時我一心不亂都不攀緣，可是我了了分明而不昏沈，這就是解脱，就是涅槃。」就變成這樣解釋了。如果這樣也可以叫作解脱，那麼佛陀下來人間之前，那些外道們或者已得未到地定，或者得初禪、二禪，或者證得四空定，他們不全都是如此嗎？他們得初禪時早就超越了欲界，表示不貪名聞利養，也更不貪男女欲了，那不是得解脱了嗎？可是 佛陀為什麼說他們依舊是不得解脱呢？

原來那些大師們都誤會了，佛陀說的解脱是說「遠離了虛妄法」：「但離虛妄。」而這個虛妄法的定義，並不是那些凡夫大師們之所能知。換句話說，這個虛妄不但是指我所的虛妄，而且還包括五陰的虛妄。這意思是說，除了對於五陰的我所虛妄有如理作意的認知以外，並且還要對五陰的具足內涵與虛妄性，都具足如理作意的現觀，這樣才叫作「離虛妄」。而這個「離虛妄」，如果把它講清楚一點，就是遠離我見和遠離我執、我所執。我見，就是錯認五陰爲眞實我，這就是我見的根本。我執呢？就包括了欲界中的貪愛，也就是對欲界中的自己有所執著，再對於未來色界中的自己、無色界中的自己也產生了執著，因此他具足了五個下分結、五個上分結，所以就不能得解脫。我所執則是對五陰或無色界四陰等我的所有境界或心所法產生執著，不能捨棄就無法獲得解脫。

解脫三界生死不一定要滅盡自己，只要把我見、我執斷了，就可以出離三界生死。然而出離三界生死不一定要滅盡自己而離開三界，因爲解脫的意思並不是斷滅，解脫是可以在生死中得自在，能自在於生死而讓生死不能自在於自己，這就是解脫。所以教導二乘聖人實證了四聖諦而得解脫，只是教導他們「離虛妄」法，也就是先離開對我所的執著，也離開了我見與我執，只是離開這些虛妄而名爲解脫，也就是斷除三界愛的煩惱，可以出離三界生死而不必一定滅除五蘊，常住於三界中廣行菩薩道。

然後　佛說這些大阿羅漢們：「其實未得一切解脫，佛說是人未實滅度。」爲什麼說他們其實還沒有獲得一切解脫呢？因爲他還有許多繫縛。阿羅漢其實還有許多的繫縛，例如大阿羅漢們能出離三界生死，只是得部分解脫，可是阿羅漢的習氣種子都具足存在，還沒有解脫於三界愛的習氣種子隨眠；所以你們會看見《大藏經》中律典裡面的記載：菩薩爲了供養　佛陀，所以彈琴奏樂，那大迦葉不是俱解脫大阿羅漢嗎？結果聽到那個琴聲，竟然不自覺就婆娑起舞了。大阿羅漢跳舞時感覺會像什麼？很難瞧吧？不像樣呀！可是他畢竟已經跳舞了。

又例如難陀尊者，他也是大阿羅漢，他有三十種大人相，但他很喜歡像佛陀那樣，穿起僧服就像　佛的僧服一樣長。當他遠遠地走來，大阿羅漢們一開始都以爲是　佛陀來了，大家趕快站起來合掌等候，等到走近時一看才知道是難陀。當然阿羅漢們會去請求　佛陀禁止他再穿那麼長的衣服，他不得不改。可是難陀除了喜歡這樣，他還有一種習氣改不掉；人家托缽是接近午時才走入村莊市鎮去托缽，他老兄卻不是，一大早就到市鎮裡面去，那時市鎮裡面女人才剛剛起床，在後院裡刷刷洗洗、衣衫不整，他就是喜歡看，所以就去後街看。他是大阿羅漢欸！貨眞價實的阿羅漢，那你說，他有沒有「得一切解脫」？他還是被這個習氣種子所繫縛。他絕對不會動手動腳，也不會想要去沾染女人，可是他喜歡瞧啊！卻是禁不了他。那當然也是習氣種子，被習氣種子隨眠所繫縛，不得解脫。但他捨報的時候，一定有能力入無餘涅槃，可以不受後有；當然啦！後來他也迴小向大成爲菩薩。那你們由此可想而知，這個難陀迴心後的菩薩，還是會繼續喜歡瞧著女眾，那他有沒有「得一切解脫」？沒有，他對這個習氣種子隨眠還沒有解脫。

又例如畢陵好了，畢陵尊者神通自在，眞的很厲害，能用神通把被壞蛋抓走的孩童救回給母親，但是他有個習氣隨眠就是微細慢。他的習氣怎麼難改呢？佛陀不是禁止說「你不許用神通」嗎？好啊！有一天過河，一看那恆河神是誰？「喔！是他。」於是就說：「小婢！小婢！把河水降了，讓我過河。」那恆河神不能不聽話，因爲那是有神通的大阿羅漢，只好先把河水降了讓他過去。過去以後，馬上去跟 佛告狀說：「畢陵尊者罵我。」佛陀就說：「某某人！你去告訴畢陵說我找他。」畢陵尊者來了，佛陀說：「你有沒有罵這個恆河神叫小婢呀？」他一想：「我沒有罵他。」可是想起剛才是怎麼跟他講的，於是說：「喔！我說他小婢，那是有罵他。」佛說：「你跟他道歉。」畢陵就說：「好，我向他道歉。」立即開口說：「小婢！過來！我跟你道歉。」他還是開口叫小婢。只因爲那恆河神過去五百世都是他家的婢女，他就這樣叫慣了，所以那個習氣是一直隨眠在他心中而長時間跟著他的。譬如說，如果大阿羅漢迴小向大成爲菩薩，他一向多情，這一世成爲地上菩薩了，一樣還是會多情，願意容忍往世的所有親屬；他那個習氣是還在的，那你說這樣的大阿羅漢有沒有得一切解脫？結果是沒有。

可是，你如果去看那些八地菩薩、九地菩薩，他們完全沒有這些習氣種子。如果阿羅漢迴向大乘證得無生法忍來當初地、二地菩薩，我告訴你，他的習氣種子隨眠還是在的；所以大阿羅漢迴向大乘成爲地上菩薩以後，都還沒有「得一切解脫」，何況是定性聲聞的阿羅漢？他們既然沒有證得第八識如來藏，也沒有眼見佛性，更沒有無生法忍而不能入地，他們當然更沒有「得一切解脫」，所以佛陀就說：「我說這樣的人其實沒有眞正的滅度。」因爲他們在這個習氣種子煩惱上面還沒有得解脫，至於不迴心的一般阿羅漢們，他們無始無明——也就是所知障——還未打破，更沒有得大乘解脫，所以 世尊就說：「斯人未得無上道故，我意不欲令至滅度。」所以佛陀的意思很清楚地表示說：「這一些我所度的大阿羅漢們還沒有得一切解脫，因爲他們還沒有證得無上道。」至高無上的法道，阿羅漢們還沒有得到，所以說：「我釋迦牟尼佛心中的想法，我的意願是不想要讓他們入無餘涅槃的。」

諸位！你們今天下午受了菩薩戒，正覺的戒師們有沒有告訴你們「將來不許入涅槃」？有喔！你們既得了上品戒，可別忘了！可別這一世努力以後，斷了五個上分結以後竟然說：「我才不管蕭老師說什麼，我依舊想要入無餘涅槃。」不許這樣，要記得了。爲什麼我要這樣說？也許諸位現在想：「哎呀！入無餘涅槃，那層次離我還遠著呢！」你們大約會這樣想。以你們現在的想法，確實也不會想要入涅槃；因爲我執都還在，怎麼會想入涅槃？可是我告訴你們：當你們將來把五個上分結斷除的時候，厭惡三界世間，眞的會想要入無餘涅槃。那是滅盡自己、不受後有，那時你們眞的會想入涅槃，那個誘惑將會很強。

你們不是從那個地步迴向過來，不會知道，實際上那個誘惑很強。因爲以前從來沒有想到眞的可以不受後有，現在竟然有這個能力，就會很想要入涅槃，這也就是 佛陀要爲大阿羅漢們講大乘法幫他們開悟，最後還要爲大阿羅漢們講《法華經》的原因。這是眞實的，但是現在先告訴諸位，諸位應該把這個種子種在心中。因爲阿羅漢果是一世可證的，除非你沒有遇到眞正的勝妙法；可是如果有人能把《阿含正義》詳細讀清楚、思惟清楚，而且如實觀行，有下定決心要證涅槃的話，是一世便可以成就的。這不像南傳佛法，他們唯一尊崇的是一千五百年前那個覺音論師的《清淨道論》，那論中的法義是連我見都斷不了的，因爲覺音自己都沒有斷我見了。但是《阿含正義》所寫的內涵，確實可以使人斷我見。如果利根，只要精進努力學、如理作意觀行，還是可以證阿羅漢果，所以我必須要先說這個道理：不許大家入涅槃。

入了涅槃，就是 世尊所說的焦芽敗種，請大家先把這四個字植入你們的腦海中。焦芽敗種，就是說佛菩提種子已經腐敗了，或者佛菩提種子所出生的嫩芽已被燒焦了，所以叫作焦芽敗種。一千二百五十位大阿羅漢的座下，各各都還有阿羅漢弟子；這一千二百五十位大阿羅漢之中有五十位就是焦芽敗種，那就是結集四阿含的那四十位阿羅漢；其他十位，有的在天上聽到說 佛入涅槃了，他根本都不想來參加法藏的結集，當下就入涅槃去了，你說那不是焦芽敗種嗎？所以結集四阿含時是有四十位大阿羅漢，加上一些三果人、二果人、初果人，以及一大群的凡夫，才會那樣結集嘛！四阿含中有許多是大乘經典，竟然都被他們結集成那個樣子，全都變成二乘法了。菩薩見了說：「你們這樣結集，不行啊！你這樣的內容不可以稱作『阿含』經。」阿含亦名阿笈摩，意思就是成佛之道；可是，四阿含裡面有講到如何成佛嗎？完全沒有！因爲成佛之道是那些聲聞大阿羅漢們所不懂的，所以菩薩們才會向他們抗議，要求他們修改。但他們不肯改，因爲沒有能力修改回原來的大乘經內容；於是菩薩們當場抗議說：「吾等亦欲結集。」說我們也要結集，因爲他們那個不是眞正的阿含。

阿含的意思就是成佛之道，那四十位大阿羅漢率領總共五百個人結集成的四大部阿含總共二千餘部經典，其中說的沒有辦法使人成佛；但他們竟然說那叫作成佛之道的經典，菩薩們當然要抗議。抗議不成，只好在半年後大家於七葉窟外另外結集，那就是傳說下來而沒有結集事相記錄的千人大結集，這就是二轉法輪跟三轉法輪經典的由來。那是在四阿含結集成功以後半年所作的事，但是聲聞人不會承認、不會記載大乘經典的結集，可也不敢否定。那你說他們的心量夠不夠大？太小了！所以他們習氣種子都還在。從一件事情也可以證明確實如此，當菩薩們把般若系列、方廣系列的經典全部結集出來以後，他們沒有一句讚歎的話。你想，那些定性聲聞的大阿羅漢們心量大不大？太小了！所以他們的聲聞律從來也不肯記載說菩薩甚麼時候結集了大乘經典，根本連提都不提；其實是因爲大乘經典的內容使他們覺得自己很沒面子，這就是聲聞阿羅漢。

所以，我們就說他們叫作焦芽敗種，因爲他們的佛菩提種子腐敗了，佛菩提種的嫩芽也燒焦了。那些人不可救度，佛也沒有辦法讓他們迴心大乘。但是 佛來人間的本意，不是要給他們羊車與鹿車，而是同樣要給他們大白牛車，但他們不想要。所以 佛說「**我意不欲令至滅度**」，不想讓一千二百五十位大阿羅漢和座下的阿羅漢弟子們趣入滅度，當然要爲他們宣說般若，再演說唯識方廣諸經，最後要爲他們演說這一部《妙法蓮華經》。可是這個道理，有誰演講或註解《法華經》的時候把它講出來呢？沒有！因爲他們連二乘菩提都不懂了，怎麼會知道 佛的本意呢？

接著 佛陀說：「**我爲法王於法自在，安隱眾生故現於世。**」佛陀的意思是說：「我是法王於法得自在，我來人間示現之目的是為了要安隱眾生。」好了，現在「法王」這個名詞已被廣為濫用了，「安隱眾生」這個本質也被濫用了。現在佛教界中有沒有人自稱法王？沒有。因為只有外道才有如此自稱。（大眾笑：…）只有覺囊巴才是眞正的藏傳佛教，密宗四大教派都不是佛教，他們都是外道哦！他們的法從一開始就是外道法，一直到最後全部修完時所謂的成佛了，也都還是外道法，從來沒有一個法是佛教的法。

也許諸位不信，我們舉一點例子來說一說吧！例如佛教裡說要斷我見，宗喀巴在《菩提道次第廣論》裡面也跟著說要斷我見，可是他指的我見不是佛所講的認定五陰的全部或局部為眞實我的錯誤見解，他是指 佛陀所說的那一些斷我見的所有文字，說那些文字層面的思想叫作我見，他這樣子加以曲解。為什麼他不認同 佛陀所說的我見內涵？因為他如果認同了，就等於承認自己是落入我見中的凡夫了；所以他說的斷我見，是對 佛所說的敘述我見內容的文字都不執著，便叫作斷我見了，而不是對五陰加以否定叫作斷我見。所以佛法中所有的名相，密宗裡全部都有，但他們的內容都不是我們佛教所說的內容。

他們就好像山寨版的高級洋酒一樣，人家把眞酒喝完了，比如把整瓶Johnnie Walker喝完了，他們去把那個瓶子拿來裝了一些甲醇等會害死人的東西，加了清水再加以染色，也說那叫作Johnnie Walker，就這樣賣給你。他們從來不送，而且是賣很貴，讓你覺得應該不是假的。佛陀是把眞的送給大家，他們密宗是把假的賣得很貴；因爲你如果供養不多或者沒有供養，他們就不給你。他們不給你，其實是好，因爲你就不會被毒死。甲醇會害死人吶！甲醇就是工業酒精，裡面有加了毒素。但他們就是用甲醇加了水而且染色，就用那一瓶賣給你。那個瓶子就譬喻佛法的名相。例如我們大乘佛法中，有說證得如來藏、證得阿賴耶識，就是證悟般若；他們密宗也有啊！他們觀想頭頂到會陰之間有一個中脈，中脈裡面有一顆小小而亮亮的明點，說那就叫作阿賴耶識，叫作如來藏。不論你佛教裡有什麼，他們密宗也就有什麼；但是他們的東西都不是佛法中的東西，而且從一開始就不對了。所以，那些自稱法王的人全都是外道，都不是佛教徒。

所以佛教中沒有人敢自稱法王，只有外道才會自稱法王。所謂的法王，究竟是什麼意思呢？就是「於法自在」。現在要請問：密宗四大派號稱有四大法王，他們那些法王有沒有「**於法自在**」？一個也沒有啊！那個烏金聽列多傑——那個黑帽子假法王，眼前都還是個小孩子，我們就不說他。我們就說那個老狐狸達賴喇嘛好了，他說蕭平實不懂密法；問題來了，當蕭平實把密法的內涵全部寫出來之後，他爲什麼不敢在文字上提出辨正？他家祖宗傳下來的密法全部被我推翻了，他既是法王，爲什麼不敢在文字上提出辨正說密宗的法義是眞正的佛法？這表示他於法不得自在。於法不得自在，憑什麼稱爲法王呢？所以，他藉著八八風災來台灣，說是祈福消災，其實是想大收佛教徒的供養，咱們就去跟他抗議，給他知道說：「**從此以後，台灣不是你該來的地方。**」（大眾鼓掌…）

你們可能不瞭解，達蘭薩拉的財源，據他們自己內部說出來的話，說有百分之六十是從台灣得到的。達蘭薩拉就是達賴的流亡政府所在地，在印度，他們有百分之六十的財源是從台灣捐過去的。好啊！我們就告訴他說：「**以後台灣不是你能來的地方。**」如果他還敢再來，我們就會再去抗議。他來十次，我們就抗議十次。我們不牽涉政治，我們對政治沒有意願，因爲四百多年前我們在覺囊巴就是這樣子：成也政治、敗也政治。所以我們現在就決定跟政治劃清界線，因此台灣不管哪一號大人物要跟我們拉關係都拉不上，我們就是不要與政治人物有所往來，我們永遠客客氣氣、敬謝不敏。如果達賴再來台灣，我們還是會從法義上去對他提出抗議，我們會繼續抗議到底。

前些時候，有一個報紙報導說他元月三號還要再來。我就說：他來了，我們再去抗議。如果他想要自討沒趣，就來啊！那我們抗議多了，人家總會質問：「你達賴不是法王而於法得自在嗎？爲什麼不在法上提出辨正呢？」那就正中要害。所以，法王這個名稱不可以隨便自稱的，「於法自在」才能稱爲法中之王。密宗那些四大法王有誰於法得自在呢？且不說佛菩提，單單說二乘菩提的斷我見等法，他們就作不到了。他們都私下裡在讀我的書，達賴讀過我的書，有人幫他翻譯，所以他才會知道說蕭平實講了他什麼，就回應在他的書中。但問題是，有沒有辦法在法義上面回應？都無法回應！無法回應就是於法不得自在，我就要沒收他這個法王的名號，我不承認他了。（大眾熱烈鼓掌…）

既然於法得自在而成爲法王，那就是佛世尊了。成爲佛世尊來人間，目的是要安隱眾生。然而，眾生要怎麼安隱？不容易啊！他們密宗不是號稱是「安隱眾生」嗎？他們講得很好聽：「哪個眾生被我吃了，就是被我度了。」問題來了，先說說他們自己得度了沒有？全都沒有！自己都沒有辦法超度生死，還能度別人嗎？當然，有的人不服氣就說：「經上不是說『自未得度、先度人者，菩薩發心』嗎？」但佛說的那個「度」是什麼意思？是以成佛為度，是說自己還沒有度到究竟的地步、還沒有成佛，而繼續來三界中—特別是人間—度眾生，這個稱為菩薩發心，這就是發大心。經中說的這個度，不是他們所謂的度，是還沒有成佛說為未度，所以《維摩詰經》才會說：「若自有縛，能解彼縛，無有是處。若自無縛，能解彼縛，斯有是處。」是說自己都沒有能力解開生死的繫縛，而說他能度人脫離生死的繫縛，沒有這個道理啊！所以安隱眾生有它一定的定義，不能夠隨意曲解。

你如果說：「密宗他們也說能夠安隱眾生。」我說：「其實他們都被內火、外火所燒，連自己都不安隱，如何能安隱眾生呢？」例如密宗所有法王喇嘛們永遠都會在欲界中輪迴生死，他們自己都永遠脫離不了欲界，因為他們每天心心念念想著就是追求男女欲，又因為宗喀巴規定：必須要每天十六個小時，也就是八個時辰中都要樂空雙運，乃至連睡覺都不許睡。要問他們說：有哪個喇嘛作到了？他們自己連一個也作不到，因爲不必三天，他們也就垮了，如何能夠每天呢？縱使他們眞作得到，那是不是在欲界中生死沈淪？是啊！那就是被欲界大火所燒，捨報後一定會下三惡道，因爲他們是窮盡淫欲者。窮盡淫欲，就是《楞嚴經》說的九情一想，即使魔力所持不墮地獄，下輩子也不能再當人了。但人類不是這樣的，人類是有時節因緣的；沒有人是每天十六小時都要住於淫欲境界中。喇嘛們一生窮盡淫欲的結果，就是死後去當狐狸一類的眾生。因爲他們就是喜歡窮盡淫欲，死後就得去當狗一類的有情，果報就是讓牠們的淫欲不得不被限制啊！所以如果他們繼續這樣子每天淫人妻女的話，那他們顯然永遠不能脫離欲界，一定永遠被三界火宅的大火所燒。可是，這只是外火；而他們依照宗喀巴的《廣論》所教導，心心念念想著的就是淫欲，因爲宗喀巴規定每天都要不斷地樂空雙運，就是被內火所燒。

所以，那些喇嘛們最喜歡看女人，特別是如果妳們長得漂亮，又是跟著他學密，那他們最喜歡看，然後就在計畫著、就在觀察：妳有沒有可能跟他合修雙身法。他們看見有姿色的女性就會如此觀察，然後當他看上了，就會想辦法來達成目標。如果妳抗拒的話，他趁著無人之時也就強暴了，這是在台灣密宗常常出現的事，因爲他們認爲那是強行幫助對方成佛。那麼，浮上報紙的、電視報導的，永遠只是冰山之一角，私下了斷的其實多到不計其數；這是因爲他們認爲這樣強暴對方，本質上是在幫助對方證菩提成佛，他們認爲樂空雙運就是證菩提，而且誤會爲最高層次的報身佛境界。

所以，佛法有菩提，他們密宗也有菩提，他們的佛菩提就是樂空雙運，得到覺知心空與樂觸空的了知境界，說是報身佛的境界。他們其實是落入妄知妄覺之中，不離色陰與識陰；但他們心心念念都這樣子，就是被內火所燒。三界外火燒了還不夠，他們心中再有內火焚燒，那叫作慾火。所以，你們如果有天眼通，當你們看見喇嘛的時候，都會看見他們色身周邊的光芒都是褐紅色的，那紅色的光其實就是慾火之光。他們這樣子也叫作「安隱眾生」，根本就是自欺欺人之談；因爲他們連自己都欺騙了，才會相信那樣叫作「安隱眾生」。達賴這六、七年來，在全球到處跑；不論跑到哪裡，他都大聲主張博愛、博愛、博愛。但他博愛的意思，不是孫中山先生講的博愛；他講的博愛，是要普遍愛盡天下有姿色的女人。所以我們去高雄抗議完了，記載那些事實而印成一本口袋書，命名時就把它叫作《博愛》，副書名叫作〈愛盡天下女人〉，這是我們同修大家命名結果，我挑選出這個名稱來印行。

由此來看，達賴這樣子能「安隱眾生」嗎？顯然他連自己的慾火都安隱不了，因爲他不但有三界外火所燒，內心還充滿了慾火，這就是內火、外火交攻，燒得一塌糊塗。但是，如來的法是清涼的、是寂靜的、是眞實而且常住不變；而他們密宗所謂的樂空雙運，宗喀巴自稱那個樂觸境界與覺知心都是常。問題是，其實依舊是無常，不是他自認爲常就可以眞的常；因爲連宗喀巴自己都無法連續一世每天八個時辰樂空雙運，當然是無常，他自己作不到，還要求別人，沒道理。縱使他能夠作得到，請問：不要說離開欲界，他如果有機會生到了兜率陀天，他還能樂空雙運嗎？已經不行了！因爲到兜率陀天時，頂多就是抱一抱或者拉拉手，他就會滿足了，不再兩根相入樂空雙運了。

顯然宗喀巴這個法不是常，因爲只能在人間，最多就是到忉利天而已，到了夜摩天就不再這樣了。如果是到色界天呢？那他更不行了，因爲色界天連男女根都沒有、都是中性身，已經不分男女性了。所以到了色界天，如果我們在那裡有講堂的話，諸位到了那邊就不必分爲東單、西單了，因爲都是中性之身。至於無色界呢？連身體都沒有了，請問：他還能怎麼樂空雙運？所以，那個假名爲無上瑜伽的樂空雙運是無常之法。明明是在人間就能證明爲無常的法，何況是去天界呢？因爲他只要生到夜摩天就沒辦法樂空雙運了，更何況是色界與無色界？所以密宗那樣的根本法當然不可能是安隱自己，更不可能「安隱眾生」。可是 如來是爲了「安隱眾生」而示現在世間，當然 如來那個法就是能讓人家離開三界火宅，然後要求大家要在有能力不被三界大火所燒的時候，再繼續住於三界中利樂有情、安隱眾生，這就是 佛陀宣說大乘法的目的。

「汝舍利弗我此法印，爲欲利益世間故說，在所遊方勿妄宣傳。」接著佛陀說：「你舍利弗要聽好，我這個法印是爲了想要利益世間人的緣故而說的，你們遊行於人間利益眾生的時候，不要妄自宣揚傳授。」就是說，要觀察眾生的根器眞的適合時，你才可以爲他宣說。你們看，大乘法就是這樣，所以由於舍利弗三請，佛陀不得不說，準備要宣說《法華經》的時候，那些聲聞法中的凡夫走光了，總共五千個人，佛陀都不講一句話挽留。今天咱們台北正覺講堂，加上諸位內地來的同修們，算起來也不過是一千四、五百人，還眞不夠瞧欸！那五千個聲聞凡夫離開，聲勢當然很壯觀，可是佛陀沒有講一句話，依舊默然看著，就讓他們離去，都不阻止。爲什麼呢？他們不適合聽聞。

爲什麼要吩咐說「在所遊方勿妄宣傳」呢？因爲這樣的妙法，只能說給菩薩子聽。一般的人根本就不是菩薩子，乃至已經成爲定性聲聞，或是成爲不迴心的阿羅漢以後，佛陀仍然不認爲他們是兒子，因爲他們眞的不是菩薩子。菩薩子很難生欸！所以諸位要瞭解：你們自己是很珍貴的，於眾生之中眞是很珍貴的人；你能信受菩薩法成爲菩薩子，是菩薩種姓，這個很不簡單呵！因爲要成爲菩薩子，要歷經很長的時間熏習，才能夠發起菩薩性，這不是容易的事。菩薩性已經具足夠了，才有辦法開悟明心的。

諸位想一想，菩薩子是不是容易生？我們就回到第幾頁？請電腦把經文轉回到四十三頁來，在最後一段：「此諸子等生育甚難，愚小無知而入險宅。」這是大富長者說的，是說：「我的這些孩子們，要生他們、養大他們、教育他們，都是非常困難的。」大富長者就是 佛陀，大富長者的諸子就是菩薩子。菩薩子爲什麼生育很難？因爲得要爲大家宣講菩薩的意涵，也要爲大家宣講大乘三寶的意涵，當大家熏習了以後如實瞭解了，然後發大願，願意行菩薩道，永不改變，才能成爲菩薩子。可是要讓大家發這種願是很困難的，因爲要盡未來際辛苦利樂眾生而不休歇，所以要不斷地宣揚、不斷地講解。

至於眾生要什麼時候才能夠眞的身爲菩薩子呢？要經由一劫乃至一萬劫，也就是在十信位中熏習長養，才剛開始發起菩薩性。利根的人一劫就完成十信位的修行，滿足十信位的功德。鈍根的人要一萬大劫才能完成十信位的修行，到此才能說這個菩薩子出生了。可是剛出生時還是沒辦法存活的，例如你家裡小娃兒如果剛出生，你都不理他，看他能不能自己存活？一定不行！所以得要大人來養育他。菩薩子終於出生了，還要怎麼養育呢？要用六度波羅蜜來養育。這就是從初住位開始修行，要以六度來教導他們，時時要照看著他們如何行走這條菩薩道；如果你沒有照顧著他，六波羅蜜之食不肯吃，可就養育不起來。所以要以六度波羅蜜來養育他，讓他在外門不斷地廣行六度波羅蜜；他只要退轉了，就趕快鼓勵他、拉拔他。那麼，他終於可以修到第六住位滿足，也就是般若波羅蜜已經熏習滿足了，這樣才算是養到五、六歲了。這樣才只是五、六歲而已，那你說，菩薩子容易生養嗎？不容易欸！最快也要一劫，慢的話要一萬大劫才能出生；當然有的人可能就是五千大劫、八千大劫不等，最慢的要一萬大劫。

所以，你們看到那一些人，一天到晚在為眾生鋪橋造路，或者一天到晚送食物給眾生，說他們是在學佛、在利樂眾生；但是當你為他談到斷我見時，他就聽不進去了；當你跟他說可以明心開悟時，他更聽不下去了。這表示，他現在才剛剛出生為菩薩子，他剛剛進入初住位，當然要好好去作布施，要不斷地為眾生布施。他在世間法上去作布施，布施過很長的一段時間以後，突然想起來：「**我這樣布施就是在學佛嗎？**」那就表示說，他在布施度修集完成了，他就會想：「**我應該去持戒，我一直沒有受菩薩戒，算是什麼學佛？我還不是菩薩欸！**」喔！想通了，終於願意去受菩薩戒。即使受中品、下品的菩薩戒都好，他總算已經進到了二住位；六度就像這樣子，一步一步去修。但是，你如果跟他談到明心、見性證悟般若，他馬上退縮：「**哎呀！我不行啦！我根器太差了。**」因為他覺得自己的根器差，所以就眞的差了，就是這樣啊！這表示忍辱、精進、靜慮、般若等法，他都還沒有修習，尚未完成六住位的熏習與實修，那就是說他還沒有被養到六、七歲，才只有二歲而已。所以他得要把布施、持戒等五度修完了，心得決定了剛好滿足五歲，他才會想：「聽說有般若，般若到底是什麼？我這部《金剛經》每天都在課誦，可是它到底講什麼，我不是眞的懂。我每一個字都認得，可是為什麼不能眞的懂？每天早課也有《心經》，《心經》每一個字我也都認得，可是為什麼不懂？」既然說是心，描述心的經典叫作《心經》，為什麼看來好像卻是斷滅空？又不懂了。這個時候，他才會想：我應該好好去學一學。那就表示說，他在五住位修學圓滿了，他要進入六住位學般若了。進入六住位學般若，就是像諸位，你們如果不是對正覺所講的眞實般若有信心，也不會來台灣嘛！是不是？（大眾鼓掌…）是呵！你們看！其他講堂的台灣同修們也幫你們鼓掌，所以你們不要小看自己，其實你們就是了義究竟正法在大陸的種子。

如何讓你們這些種子在大陸開始生芽，開始成長乃至茁壯，這就是我們所考慮的事。而我們總是會努力去嘗試、去作，看能不能夠突破大陸現有的很鄉愿的宗教法規條文。大陸的宗教法規很鄉愿，你們可能自己沒覺得。我們在台灣，你們看正覺這個團體，比起四大山頭其實微不足道，但是為什麼他們都恐懼我們呢？是因為法大，法大就是廟大。（大眾鼓掌⋯⋯）

那麼我們在這裡，為什麼能夠這樣子把這個法大的素質顯示出來呢？因為台灣有宗教自由，宗教的弘揚是完全自由的。可是大陸的宗教法規說：各宗教之間要和諧，不許評論教義；每一個宗教內部也要和諧，不許澄清教義。好了，我就舉一個例說，人家打著紅旗說：「我們要支持政府。」可是那個支持政府的旗幟下面所作的都是在破壞政府；終於有一位眞正的愛國人士看見眞相了，出來舉發他們是打著紅旗反紅旗；但是官方卻出面法辦這位愛國者，叫他不許說出眞相，要讓那些人繼續打著紅旗反紅旗，因為恐怕眞相舉發出來時就變得不和諧。目前大陸宗教法規是很久以前訂定的，其中的精神就是這樣子，這也是正法目前還無法在大陸正式開始弘傳的原因。假使我們現在去那邊，幫你們正式承認聲明說你們是正覺在大陸的點，那你們就會有危險，馬上會被取締。我們最考慮的是這一點，我們願意去冒險，但不能害了你們，這是我們所考慮的重點。可是在目前，這一點還無法突破，這也是事實；因為大陸目前的宗教法規是這樣。

言歸正傳，世尊這意思就是說，菩薩子很難養育，要養育到六住滿心位是很不容易的。諸位要瞭解說，你們願意這麼辛苦跑到台灣來，求受這個上品菩薩戒。這表示說，你們都已經在六住位中了，你們已經修證靜慮度中應有的未到地定，也已熏習般若了，這個實證的因緣將會漸漸成熟。但是接下來，還要再看因緣，怎麼樣可以眞的進入第七住位中，成爲位不退的菩薩？這意思就是說，眞正的菩薩子不容易出生，出生以後要養育到六歲滿足，還眞的不容易呵！六住位就叫作六歲。六住位之後，接著悟了進入七住位，七住位可以交付一些事情給他作。若是開悟而不退轉了，就是七歲滿足的孩子，你可以交代一些事情給他作。然後，如果他成長到了二十歲，也就是十行位滿心了，你就可以交付更多的事情給他作，因爲他成人了。但還是不能全部都交給他，爲什麼呢？因爲他的社會歷練還不夠。等到他三十歲了，社會歷練已經足夠了，當他滿足三十歲而進入三十一歲時，你就可以把所有的家業交給他，那就是說他已經十迴向位滿心，如夢觀成就了，他邁入初地心，成爲初地菩薩了，你就可以把所有的如來家業都交給他，在他三十歲滿足以後。

諸位要想一想，在佛法中要長大到三十歲滿足，那需要幾年？現在是六歲，要到三十歲還有整整二十四年。但是不必氣餒，如果又成長了一年，至少已經滿足七歲了，就可以作很多事了。如果眼見佛性了，已經滿足十歲了，就可以作更多事，就這樣一步一步向上走。你們看，我們這些親教師們，他們也是這樣一步一步走上來。所以一般而言，菩薩子不容易出生，更不容易養大，確實「生育甚難」，爲什麼呢？因爲「愚小無知而入險宅」，你想救度一歲、二歲的小兒，他根本聽不懂你是要怎麼樣救度他；當他聽不懂時，你告訴他要趕快出離火宅，他還是儘管玩他的。現在你們看內地佛教界，不就是這樣嗎？有些人繼續在貪名聞、貪利養，或者藉著僧衣繼續在世間法上用心；還有更多的人繼續在密宗裡面想要一生都能樂空雙運，說穿了就是玩別人的丈夫不要花錢，玩別人的妻女不用花錢，不知未來世的果報很恐怖，這些人就是「愚小無知而入險宅」。外火焚燒已經夠痛苦了，結果還要加上自己身中的內火一起焚燒，在大陸佛教這種情況下，菩薩法確實不容易弘揚；因此 佛陀交代說：「在所遊方勿妄宣傳。」也就是說，你要遇到適合的根器，才可以爲他們說這個菩薩法。

「阿鞞跋致」就是不退的意思，於大乘法的不退，有的人只是信不退，有的人是位不退，有的人還沒有到位不退之前，叫作住不退，也就是初住到六住位。那麼悟了以後不退失、不否定正法，就是位不退。後面還有行不退，是入地以後的事。如果是念不退呢？那是八地以後的事，到達佛地則是究竟不退，所以「阿鞞跋致」有各種不同的層次差別。信不退的人，也可以廣義說是「阿鞞跋致」，但不屬於這二句經文所說的不退者。信不退的人，盡未來際不會退失於對佛菩提的信受；但在可預見的未來一劫乃至一萬劫之中，他仍然會繼續住在信位。這種信位中的人不會想要實際修行，他就只是信受，逢年過節一定會到寺院裡來供養三寶、禮拜佛菩薩，當作是過年的習俗。他會供養三寶也信三寶，但是他不會努力想要修習布施、持戒等等六度，你就不能在狹義的定義中說他是不退者，因為他終究只停留在信位，還不曾涉及到實修。後來終於相信佛菩提，相信以人類之身修行眞的可以成佛，所以願意努力修行，開始廣修布施行；當他在布施行開始努力之後，就稱為布施行的不退者。當他盡形壽都願意努力布施，開始外門廣修布施波羅蜜多，這就是初住位的菩薩。

這種菩薩，目前台灣很多，只要一通電話，說明天要去哪裡爲某一個老人服務，說要去哪裡照顧什麼弱勢族群。一通電話來，明天一定會去報到；終其一生他都樂此不疲，這就是住於初住位的不退者。但是，有一天他想：學佛難道就只是在作善事嗎？想一想，覺得不對，「人家當菩薩得要受菩薩戒，我爲什麼都沒有受菩薩戒？好像我的菩薩行是不圓滿的。」終於想到了，於是開始尋找什麼地方有在傳授菩薩戒，他就願意去受。至於去受戒，有沒有得戒體？是上品或中、下品戒？他就不懂了，反正有受就是了。那麼，他去受了菩薩戒，開始持戒了，還得要經過很久很久才會再想到：「在爲眾生作事的時候，好像不應該生氣。」是因爲他們有個習慣，在世俗法中事業作得蠻大的，可是星期天要去爲偏僻地方的貧窮老人家服務。有時候老人家脾氣像小孩子一樣，有時候也會耍賴（其實耍賴不是眞的耍賴，只是想要讓人家同情他）；這些董事長、董娘，放下身段來幫忙服務，結果老人家這麼小小的一個耍賴，他們受不了，在心裡面就立即罵起來：「我好歹是個董事長，我是董娘，好心來爲你這個窮老頭服務，你還嘀咕個不停。」但是不許生氣顯現出來，因爲師父有交代不可以生氣。這都是很平常的事情。然後有更多的人不管窮老頭氣不氣，因爲他的心不在這上面，所以今天服務完了，還沒有回到家，歸途路上手機響起來了：「某某師兄有在邀約，明天來我家打四圈、打二圈，到底要打多少底呢？五百底的？那太少了，二千底的好了。」那麼你說，這算不算是不退菩薩？也算，因爲他是在初住位不退。持戒是持不好的，持戒是進進退退的，那也算是初住不退菩薩。

總而言之，就這樣子往上進修，持戒、忍辱、精進、修習定力乃至修學般若。有一天正在學著，覺得師父講的般若太淺了，聽了很沒意思，都是在講世間法，他不想聽了。所以打聽到人家說有個正覺講堂在講般若，講得很好，於是他來聽，結果全都聽不懂。聽不懂就開始打瞌睡，心想：「沒意思！他講什麼，我都聽不懂。」於是就退轉於般若。退轉於般若度以後，要多久才會再回來？那就不一定了。但是，他終究是在六住位以內進進退退，不會再退回十信位去了，這也算是一種不退，這叫作住於不退——布施的心性成就而不再退轉了。

可是住不退之後，還有眞正的不退者，不是廣義的、方便的說是不退者，就是位不退，那就是說，他終於修得定力，也在很難理解的實相般若之中聽得進去了，不怕難知難解難修難證，努力修學以後終於實證了般若；這裡所講的是指實證的般若，因爲如果聽聞到人間眞的有了義正法（當然不是表相的、依文解義的正法，那其實要叫作表相的了義正法，眞修行者聽了不會「隨喜頂受」的）；後來當他遇到眞正了義的正法，而且能夠聽了就「隨喜頂受」，這種人不必幾年就能成爲位不退者，這是很稀有難得的。一般學人聽到如來藏這個妙法是無法「隨喜頂受」的，可是你們的心性跟人家不一樣，人家聽了如來藏妙法，馬上就罵是外道、自性見。你們則是聽了就歡喜：「我偏要求證這個如來藏。」所以，你們叫作末法時代佛門中的異類，是那些凡夫異生們的異類，卻是我的同類。所以，對一般的佛教徒而言，我們都是異類，我們不是他們的同類。

因此說，聽到《妙法蓮華經》的人，他只要能當場歡喜而且頂戴受持，這個人必然是「阿鞞跋致」，是一個不退者。如果有人無法到達「位不退」，但是他能夠信受《妙法蓮華經》所說的所有內容，表示他過去世曾經聽聞一尊、二尊或者幾十尊佛說法，曾經恭敬供養諸佛，也聽聞過許多次這一部經典了，所以才一聽聞就能夠信受。因爲這部經典所說的深妙內涵，一般的學佛人無法信受；有些人基於迷信，認爲自己不懂，怕擔因果而不會加以評論。可是，稍微學久了以後，他有了一些粗淺的知見，然後被大法師的邪見所誤導了，就會評論説這部經中講的都是神話，就毀謗，會説那是 佛陀入滅之後的佛弟子們編造的。他們無法信受，但是諸位聽我講這一部經，講到這裡已是四十七頁了，我説了許多諸位沒有聽過的佛教歷史中的事相，都是 佛陀的時代就有的許多事情；而我説的這一些文字上沒有記錄的事相，諸位都無法去推翻它，因爲 佛陀弘法時是必然如此的。

「若有信受此經法者，是人已曾見過去佛，恭敬供養亦聞是法。若人有能信汝所説，則爲見我亦見於汝，及比丘僧并諸菩薩。」所以説，這樣「隨喜頂受」的人一定是過去曾見過諸佛，已經供養過諸佛、禮拜恭敬過諸佛，當然也是曾經聽過諸佛宣講這一部經。「如果有人能夠正心聽受你舍利弗轉説這一部經，表示他過去世曾經在諸佛座下修學過了，」當然也在 釋迦佛座下隨學過了，「這樣的人就是曾經見過釋迦牟尼佛的人，而且也是已經親見你舍利弗的人，」因爲修習菩薩之道不是一世、二世的事。一般人看重的是親情，不看重道情，眼光都是落在短短的一世之中。所以學法的過程中，如果自己的父母或者子女、配偶，有不同的見解時，他對正法的看法往往隨即改變；他會隨順於親人而轉變，他才不管親人所講的佛法是不是符合佛意，他會跟隨親人共進退。這就是說，他落在五陰中，所以只看這一世。然而，佛菩提道的修行不是一世、二世的事情，而是許多世、許多劫一直延續下來的，所以道情應該是遠勝於親情的；但是能夠這樣認知的人，至今仍然是少數。

因此我在弘法的過程中，前後總共有二十年的弘法時間，在佛法上面我對親人是不賣人情的，所以我對兄弟姊妹子女，都不跟他們講佛法；他們如果想要修學佛法，還是要來正覺同修會禪淨班中開始學起。我不會賣人情說：「你們不用去學啦！我告訴你，密意就是……。」我不賣這個人情，所以眞正學法的人，已經修學很久的人都不看短短的這一世，而是要看往昔很多劫以來在學法上的互相關係，不只是看親情，因爲親情只有一世。如果親人所說是錯誤的，我們仍然不許和稀泥，要依正知正見來作抉擇。因此，假使親人把佛法演說錯了，我們還是一秉初衷：兄弟歸兄弟，法義歸法義，不賣人情。

這就是說，法的眞實或虛假，不能單從一世的表面來看，學佛是無量世、無量劫的事。因此，你看有的人很虔誠，所以你就努力爲他說法，可是他對你始終信不過。你這邊苦口婆心，他卻是馬耳東風；因爲他學佛以來不過一劫半劫，你說了勝妙法，他如何能信得過呢？所以，當你說到《妙法蓮華經》這種難以信受的法，而他能夠信受時，表示他往世曾經在 釋迦牟尼佛還在菩薩位的時候便遇見過，他在往世也曾經見過你，所以你說了《法華經》這個難信之法時，他會相信。這樣的人在過去世一定曾經在佛教中，所以他也早就見過這些比丘僧以及諸菩薩們，因爲不是只有這一世才開始學佛的。

這樣說也許有人還覺得不太相信，不然我們說說會裡某些同修們的經歷好了。我們會裡有不少同修們以前常常會夢見的是，他們跟著我學法，被我派出去辦事，往往是幾乎被人殺死，然後是僥倖沒死，完成任務回來交差。也有人夢見跟著我被趕出西藏，也有人常常夢見被人家殺、被人家追，老是跑得氣喘吁吁；然後遇到了某一個因緣被 佛放光加持，才不再夢見，一直到進入正覺學法以後，才知道是什麼原因。也有人夢見說，過去世在北宋的年代，如何跟某一些人應對；因爲那一些人老是想要當住持，我是推不掉住持這個位子，他們則是一直想要，所以就有一些事相上的來來往往。那你說，這些事情到底是怎麼回事？他們是來正覺以前就已經夢見這些事情了。

所以，法上的因緣絕對不是只有一生一世的事情，但是有很多親情則是只有一生一世。這一世的至親是父母，其次是配偶子女，但是父母配偶子女是每一世都同一個人嗎？不會這樣子。如果每一世都是同一批人當你的父母配偶子女，那你成佛的時候將會度不到弟子。所以親情大部分是只有一世，很少有七世夫妻、百世父子，這種情況是很少的。可是道情呢？一世又一世這樣子不斷地相見而延續下來。因此，能夠聽聞《妙法蓮華經》隨即信受頂戴的人，都是往世曾經追隨過因位的　釋迦菩薩，當然也跟過舍利弗、比丘僧、諸菩薩們。所以在成佛之道的過程中，師父不會只有一位，往往一世之中就會有很多位師父；但他們不一定被你叫作師父，很可能叫作師兄、叫作師姊；因爲他們實質上也在教導你，在一世又一世不斷延續的過程中，這數目可就不計其數了。

所以，如果起心動念說：「我只恭敬我的老師。別班的老師們，我都不看在眼裡。」那就不是有智慧的人。因爲很可能其他的老師們是過去世你的老師，很可能未來世他還會成爲你的老師；你老是對他們瞧不起，未來世你若跟了他學法，心就不太相應，那時可就倒楣了。這是眞的。我這個人沒什麼長處，但我有一個長處，就是對每一位善知識都尊敬。這就是我的長處，我不會跟所有的善知識爭長短。但是你不要問我說：「你爲什麼要寫書講人家不對？」（大眾笑…）我告訴諸位，我在書中評論的那些人都不是善知識，我對眞正的善知識絕對不會說長道短。所以你們看，像廣老，我沒有講過他什麼長短。只要他是證悟者，不管他證悟的層次高低，我都不會講話。除非他幹了惡事，我就不賣人情了。所以大家都要有正知見，不要只看一世，而是要看法上的抉擇來作爲我們應不應該依止的標準，而不是從親情來考量；親情往往只有一世，不値得太看重。

這一段經文中這個道理其實很重要，如果只看到經文的表面意思，就不能夠跳脫親情的框架，往往就會被親情所耽誤，這也表示這一世和未來世道業的進展都會很緩慢。我可以舉確實的例子給諸位參考：二〇〇三年初他們退轉的人，那些人有許多是夫妻檔；當時他們有不少人知道自己家裡的同修所說不正確，但是終究難以割捨親情，就沒有辦法把親情跟法切割，只好跟著退轉離去，有好多對夫妻檔都是如此。但我們應該怎麼樣呢？應該作切割：你認爲那一邊對，你可以跟去那邊，我不反對你；但我認爲這一邊對，我要留下來在正覺繼續修學，你也不要反對我。夫妻還是夫妻，父子，母女繼續是母女，都沒有關係啊！個人走個人的路子，雙方可以互相提供意見，但是一定要作「法依止」，不要作「人依止」，因爲「人依止」很危險。爲了一世的親情而跟著退轉，這眞沒道理欸！因爲親情大多只有一世，然而依法而有的道情是很多劫不斷延續下來的關係，所以還是應當要依止於法，不應當依止於人；這就是這一段經文中隱含的意義，大家要瞭解人在佛菩提道中的修行，不是一世、二世的事情。

那麼，由這裡可以看得出來，那些人間佛教等六識論者，爲什麼會否定大乘經呢？因爲他們看見說：「**這意識是只有一世，可是大乘經中說的都是好多劫好多劫的事，我怎能信得過？**」他們就這樣想，因爲信不過就乾脆否定，就主張「大乘非佛說」，這樣他們自己的問題便解決了。可是他們如此主張以後，後面跟著來的問題才多呢！因爲這麼一否定，後面的問題就變得很複雜了：不但大乘菩提不能成立，在他們心中其實連二乘菩提都不能成立，才會特地創立細意識常住不壞說。所以六識論的人間佛教等說法，問題多多！如果只有人間才有佛教，那麼請問：證得初果以後，要七次人天往返，那時該怎麼辦？天界沒有佛教，那就是證初果以後，捨壽去天界就得要當凡夫了；如果生去天界以後不是當凡夫，顯然天界還是有佛法中的解脫道存在。而天界只有他一個初果人嗎？絕對不可能！因爲在 佛陀的年代，證初果的人多到不得了。所以，六識論者主張的人間佛教會有很多的過失。但是，六識論者會主張人間佛教，也是順理成章的，因爲他們只信受人間的事情，對於看不見的天界的事情都不相信，對於無法實證的妙法蓮華如來藏心也不相信，因爲他們的眼光只有如此短淺。但是他們依六識論而主張只有人間有佛教以後，問題全部都會出現。所以 世尊說的「是人已曾見過去佛」，這是大家應該信受的，可別說：「這個事情我又不能求證，誰知道？」誰知道？他的如來藏知道；可是他自己不知道，有智慧的人應作如是觀。

經文：【斯《法華經》爲深智說，淺識聞之迷惑不解；一切聲聞及辟支佛，於此經中力所不及。

汝舍利弗尚於此經，以信得入況餘聲聞？
其餘聲聞信佛語故，隨順此經非己智分。
又舍利弗憍慢懈怠、計我見者莫說此經；
凡夫淺識深著五欲，聞不能解亦勿為說。
若人不信毀謗此經，則斷一切世間佛種；
或復顰蹙而懷疑惑，汝當聽說此人罪報。
若佛在世若滅度後，其有誹謗如斯經典，
見有讀誦書持經者，輕賤憎嫉而懷結恨；
此人罪報汝今復聽：其人命終入阿鼻獄，
具足一劫劫盡更生；如是展轉至無數劫，
從地獄出當墮畜生；若狗野干其影枯瘦，
黧黮疥癩人所觸嬈；又復為人之所惡賤，
常困飢渴骨肉枯竭，生受楚毒死被瓦石。
斷佛種故受斯罪報。】

語譯：【佛陀又開示說：

這一部《妙法蓮華經》是爲有深厚智慧的人所說的，見聞不廣所識極少的人聽聞之後，就會迷惑而不能理解經中所說的道理；一切聲聞人以及辟支佛們，對於這一部經中所說的道理，以他們的慧力是無法如實瞭解的。

你舍利弗對於這一部經義，尚且是藉著對佛陀具足的信受力才能夠深入，何況其餘的聲聞凡夫們？

其餘的聲聞法實證者，他們因爲相信佛陀言語開示的緣故，而隨順了這一部《妙法蓮華經》，這已經不是依於他自己的智慧分上所能信受的。

而且舍利弗啊！當你面對憍慢懈怠，以及其他誤計我見的人，就不要爲他們宣說這一部經典；

因爲若是凡夫又加上識見淺薄的人，他們很深厚地執著於人間的五欲，縱使聽聞你爲他詳細說明此經以後，也是無法理解的，所以你也不要爲他們解說這一部經。

如果有人聽聞你解說了這一部經典而毀謗此經，那麼他就會斷滅了世間一切人的佛菩提種姓；

或者有人聽聞之後皺起眉頭撇著嘴，而在心中懷抱著疑惑，你應當聽我說明這個人未來世所受的罪報。

假使佛陀在世或者佛陀滅度之後，有人誹謗像這樣勝妙難懂的經典，當他們看見別人在讀誦、書寫、受持《妙法蓮華經》的時候，心中生起輕賤、憎恨心、嫉妒心，然後在心中懷著解不開的結而記恨著；

這種人的罪報，你如今再重新聽好：這種人命終之後會進入阿鼻地獄中，在阿鼻地獄中整整一劫受各種大苦以後，當這個劫過盡了，他還會重新再經歷到別的世界阿鼻地獄中再度受生；

就像是這樣子，輾轉於十方世界的阿鼻地獄中次第受生，這種長劫地獄的時間將是長到無數劫之久，然後終於從阿鼻地獄中受盡極長劫、極痛苦的果報以後，轉生到苦受比較少的地獄中一一經歷完了，漸次輾轉受生才終於來到人間的時候還不能當人，而會墮入畜生道中；

那時牠們的身形就好像野狗或野狐一樣，身影乾枯而且瘦小，身體都是暗無光彩又長滿了疥瘡或者皮膚病，人人看見了都不喜歡，就會觸嬈牠們；然後又被人類所厭惡以及輕賤，這樣的人離開地獄成爲畜生以後，經常是很困苦飢渴所以骨肉乾枯瘦竭，生在畜生道中活著領受這種很痛苦的毒害，死了以後還要被人家丟棄於瓦礫石堆裡。

這都是因爲他們無量劫前誹謗這一部經典，斷壞了別人佛菩提種的緣故，才會領受到這樣長久而且極痛苦的罪報。

講義：「斯《法華經》爲深智說，淺識聞之迷惑不解；」這就是說，這部《妙法蓮華經》是爲智慧很深厚的人而演說的，假使不是多聞佛法的人，而他們的認知也很淺薄，那麼他們聽聞了《妙法蓮華經》之後，心中一定是迷悶的，充滿著疑惑而解不開，因爲他們無法想像《妙法蓮華經》這樣的境界到底是什麼？所以他們不可能信受。諸位來聽《妙法蓮華經》這麼久了，你們也會發覺到，我講《法華經》跟人家講的不一樣；但是我說的是眞正的情況，不是依著文字表面來說的，而我所說的都是事實。可是，那一些主張「大乘非佛說」的人，他們想：「這部《法華經》的經文不深啊！我都讀懂啊！可是其中講的沒有道理啊！」所以他們心中懷疑說：「這是不是後人編造的？這可能不是佛陀親口所說。」這些人眞的叫作「淺識聞之迷惑不解」；他們不知道這部經典不是爲他們說的，而是「爲深智說」。不但他們不知道，

乃至在 佛陀的年代，五千個聲聞凡夫當場退席不信；即使留下來的聲聞聖人以及證得緣覺果的那一些大阿羅漢們，從初果到四果乃至已證緣覺果，其實也是不能理解這一部經中所說的內涵，直到 佛陀把這部經典的內涵全都演說完了，他們才終於瞭解。所以說，一切聲聞及辟支佛，在這一部經中所說的法義，以他們自己的智慧力是無法自行瞭解的，因此才說：「一切聲聞及辟支佛，於此經中力所不及。」

「汝舍利弗尚於此經，以信得入況餘聲聞？其餘聲聞信佛語故，隨順此經非己智分。」佛接著點名說：「你舍利弗尚且是在這一部經中，因爲對我釋迦牟尼佛的具足信受才能夠得入經中所說的道理，何況是其餘的聲聞人呢？」因爲舍利弗的智慧是聲聞人中最好的，在這些迴向菩薩道的阿羅漢聖眾之中，他的慧力是最好的，都尚且如此。那麼，那一些不迴心於大乘法的定性聲聞聖人，他們是沒有菩薩性的，縱使相信佛語的緣故而願意隨順這部《妙法蓮華經》，不加以否定或毀謗，但是這部經中所說的聖教，已經不是他們依憑自己的智慧力所能夠瞭解的。就是說，想要瞭解這一部經中所說的眞正道理，已不是那一些定性阿羅漢們的本分，因爲這確實令人難以理解。

「又舍利弗憍慢懈怠、計我見者莫說此經；凡夫淺識深著五欲，聞不能解亦勿為說。」佛陀又特別交代舍利弗說：「有憍慢心的人或者誤計證果而仍然有我見存在的人，不要為他們說這部經；」為什麼呢？因為只要為他們講了，他們一定會毀謗。假使佛教中沒有《妙法蓮華經》，那一些應成派中觀的六識論法師、居士們就不會毀謗；可是如今他們都已毀謗了，他們不信《法華經》而說是後人懷念 佛陀所以創造出這部經典來。這就是說，有憍慢心的人，他們會認為：「所有經中說的，我全都懂得，並沒有什麼。如果經中所說的是我所不能理解的，那一定是後人所寫的經典，沒有眞實理。」才會主張「大乘非佛說」。有憍慢心的人就是這樣，他們不會覺得說：「哎呀！可能是我的智慧不夠，所以我讀不懂。」他們會認為自己很聰明、很厲害，所有佛法全都懂了，「但是這部經中說的，我竟然會讀不懂，那一定是後人寫錯了，不是佛說。」這就是有憍慢心的人，不幸的是這種人為數不少。

清末民初最有名的憍慢者就是呂澂，呂澂甚至還寫了〈楞嚴百僞〉的文章：他主張《楞嚴經》是僞經，並且舉出一百個理由來證明它是僞經。他引用什麼作證據呢？引用《大日經》，就是台灣早期一貫道也信奉的雙身法那部經，正是密宗推崇為根本經典的偽經《大日經》。呂澂以偽經來證明眞經是偽經，就好像用黃銅來證明眞金不是黃金，就這樣子引據失當而指鹿為馬，你說他可笑不可笑？《大日經》是否定如來藏的，而且《大日經》所說的根本法就是雙身法，是硬說男女性交修行的邪法是佛法的偽經，本質就是偽經；但他卻用偽經來檢驗《楞嚴經》，說《楞嚴經》講的法義跟《大日經》不符合，所以舉出眞經與偽經不符的一百個地方，來指稱《楞嚴經》是偽經。

他的作法跟台灣俗諺說的「乞丐趕廟公」一樣無理，竟然以黃銅作為檢驗黃金的準繩，就指稱眞金不是黃金，硬說黃銅才是眞金。他始終不肯聽一聽禪宗的說法，就這樣子誤判而指控說《楞嚴經》是偽經，這當然就是憍慢的人。他如果不是對自己的邪見具足信心，也不會這樣講，而且還落實到文字中。那他一生學佛學到最後變成依止邪法而謗正法，謗法的本質就是謗佛；這是因為他把《大日經》認定是 佛所說的，可是 佛從來不講雙身法，並且要求弟子眾要建立梵行才能證得菩提，他卻硬說推廣雙身法淫樂的《大日經》是 佛所講的，那就是謗佛。學法學了一生竟然變成謗佛謗法，這就是被憍慢心所害。所以有憍慢心的人，跟他們說《法華經》中的道理，他們不可能接受的。

如果是懈怠心的人，你也別爲他們說；因爲《法華經》所說的是前佛、後佛、無量佛的事情，要這樣子追隨無量佛繼續修行，最後才能成佛；也顯示阿羅漢的解脫境界很粗淺，想要繼續修行佛菩提道而到達佛地，都還很遙遠呵！那他們心想：「**我想要修成阿羅漢果都不可能了，學佛竟然比阿羅漢的聲聞解脫道還要困難，那我就到此爲止。算了，不學佛了。**」所以你不要對懈怠的人們宣講《法華經》，繼續讓他們愚癡地、呆呆地、笨笨地好好修學就好，千萬別告訴他們說：學佛是要這麼久才能圓滿成功。因爲他們的心很懈怠，所以你跟他講《法華經》，說要追隨前佛、後佛，他們一定會遲疑說：「**那我到底要多久才能成佛？**」他們根本不可能接受，所以對懈怠的人，也不要爲他們演說《法華經》。

如果是誤計開悟，但其實他心中還存有我見的人，一樣不要爲他演說此經。有不少人誤計自己已經覺悟二乘菩提，有的人誤計已經覺悟大乘菩提。可是《法華經》說的，並不是說成爲阿羅漢時就是成佛，而他們都不能接受。他們認爲：「**我已經成爲阿羅漢了，阿羅漢就是佛，所以我就是成佛了。**」

到現在都還有人這樣說，卻又顯示他們的我見都仍然存在，只是凡夫的本質。所以你們看南洋有一些大師，他們往往宣稱是阿羅漢，又認爲阿羅漢就是佛，意思就是在宣示說：我就是佛。問題是，他們來到台灣開示或者辦禪七（他們也有辦過禪十，是十天的內觀禪一類的），可是當你對他們所說的法義加以觀察時，都會發覺他們的我見具足，連我見都沒有斷，疑見與戒禁取見當然具足存在，卻已經自稱爲阿羅漢。

好厲害！不斷我見的人，三縛結具足，也能成爲阿羅漢，只能夠說他們同於　佛陀來人間示現以前的外道阿羅漢。這一些凡夫大妄語人，你對他們講《法華經》，他們不會接受的。因爲他們一看到經中所說：俱解脫阿羅漢、慧解脫阿羅漢、三明六通大解脫阿羅漢，都還要被　佛授記說未來很久以後才能成佛。在他們狂傲的心中全都受不了。他們想：「**我是阿羅漢，現在就是佛了，爲什麼還要你釋迦佛授記將來很久以後才能成佛？**」他們都受不了。爲什麼受不了？因爲他們落在五陰我裡面，同時具足了我與我所，所以他們要跟　佛陀計較說「我也是佛」，而其實他們連跟阿羅漢或初果人計較的資格都沒有，因爲他們都還有我見，連初果的實證都還沒有。所以誤計開悟而認爲他是阿羅漢的人，不會接受《法華經》中這個說法，因爲他們還有我見存在，落入我與我所之中，當然不能忍受 佛陀在《法華經》中的說法。

那麼，二乘菩提中誤計而有我見的人如此，在大乘菩提中亦復如是。例如以前羅東有個自在居士，後來出家名叫法禪法師。他以前不論對誰都要否定，只認同月溪法師。所以中台山惟覺法師曾經說：「悟後還不是佛，還要進修。」他就斥責說：「那惟覺法師錯了，因爲悟了就是成佛了，爲什麼悟後還要進修？所以惟覺法師是沒有開悟的人。」可是他的指責是一半對、一半錯，他判惟覺法師悟錯了，還眞被他判對了；但是他主張說悟了就成佛，卻是判錯了。我們書中也說，悟後不退的人只是個聲聞道初果人，同時只是菩薩道第七住位。他老兄不服氣，嫌我判的果位太低，就派了人來同修會裡面，來說服人、來轉人；當然有一批人就被轉退了，那就是我們正覺門中的第一次法難。

正因爲那一次法難，才會有《護法集》的出版；《護法集》出版以後，我就在扉頁上親筆寫了字，寄給自在居士。自在居士本名叫作林□漳，我就親手寫了寄給他。寄出去以後都沒有下文，然後不久他就出家了，他可能是想：「出家成爲僧寶了，大概蕭平實就不會再指責我了。」問題是：他是身出家，我是心出家，那到底誰才是眞出家？所以爲了救護學佛人，該講的我還是繼續講；不因爲他出家了，我就不講他。當初他認爲自己的證量高不可攀，別人都不對，只有他對；可是如果諸位加以檢查，他還眞的是我見具足，這就是誤計禪宗的開悟；因爲落入我見中，便誤計了。

依他所說：**凡是主張悟後起修的人就是沒有開悟的人**。如果是這樣的話，他認爲「一悟即至佛地」，悟了就成佛了，所以悟後都不必再修行了，因爲悟了就是究竟佛了。那麼問題來了，《法華經》中所說妙義他信不信？當然不信！因爲他所說的悟，也只是證四果而已，就只是聲聞道中的初果到第四果而已。莫說他沒有斷我見，未證初果，即使他證得第四果了也都還不是佛，還得要證悟般若以後，再等待 佛陀授記說：將來幾百劫、幾千萬劫、幾個恆河沙數劫以後才會成佛。那他能接受嗎？也是不會接受，因爲他認爲悟了就是成佛了。所以這三類人：憍慢、懈怠、計我見，遇到這三類人時都不應該爲他們演說《法華經》，因爲他們都不會信受的。

「凡夫淺識深著五欲，聞不能解亦勿爲說。」如果是凡夫之人又加上淺識，那也不必爲他講解；因爲凡夫而且識、見淺薄的人，都會很深厚地執著五欲，他們心心念念想的都是五欲：如何求得更好的房子，如何求得更好吃的飲食，如何求得更多的錢財、更大的名聲、更多的徒弟等等。這些人「深著五欲」，你如果談到眞正的佛法，他們是一問三不知。這種人有一個特性，就是很迷信；你們常常會在電視上看到，他會在電視上談話節目說：「那喇嘛多厲害！喇嘛們如何、如何、如何。」他一直讚歎凡夫位的外道喇嘛，都不曉得喇嘛們個個都在說謊妄稱證量而欺騙他。他被騙了都不知道，這一種人叫作「凡夫淺識」；對這種人，如果你找上門去：「老哥！我每年給你一百萬元台幣，你專門來說正覺同修會有多麼好、多麼好。」他會照辦的，就是這樣啊！所以這種人根本不懂佛菩提、聲聞菩提，連人天善法的「生天之論」都還不懂，那你怎能爲他演說《妙法蓮華經》呢？這一種人，連聲聞道的證果都不相信了，你跟他說《妙法蓮華經》中要三大無量數劫修行成佛的事，又說阿羅漢還不是佛，說阿羅漢還要修行很久以後才會成佛。他怎能接受？所以，這種人聽聞了佛菩提也是不能理解的，你也不要爲他演說《法華經》。

諸位想想看，這是不是事實？是事實欸！且莫說一般的「**凡夫淺識深著五欲**」的人，單單是印順老法師，二十九歲出家，他一直都很深入研究經典，結果竟然在主張大乘非佛說。他的《妙雲集》等等，一直不斷地暗示大家：大乘經典都不是 佛講的。那你想，你要告訴他說：阿羅漢還不是佛。他會接受嗎？假使像《法華經》中說的，悟得般若以後還要三大阿僧祇劫才能成佛，他老兄更不信了，那你怎能爲他解說這麼勝妙而難以理解的《法華經》呢？

「**若人不信毀謗此經，則斷一切世間佛種；或復顰蹙而懷疑惑，汝當聽說此人罪報。**」如果有人像印順老法師一樣，不信受大乘而毀謗此經，那就會斷壞一切世間人的佛菩提種，就沒有人來紹繼佛種了。他在書裡面不斷地暗示大家：大乘非佛說。即使人家只是老老實實持名唸佛求生極樂世界，他也要斷人家的路，所以寫書說：極樂世界只是太陽神崇拜。意思是說那不是眞的佛法。人家老老實實持名唸佛求生極樂世界，干他何事？他何必要趕盡殺絕到這個地步呢！更何況念佛求生極樂世界絕對不是他所說的太陽神崇拜。他對大乘佛法眞的是趕盡殺絕，例如有人說：「**那我求生東方琉璃世界**

好了。」但他又把琉璃世界也否定，說那只是對這個太陽系中的黃道及十二星宿的崇拜……等。那你說，他是什麼心態呢？凡是大乘經，他都要否定；即使是般若系的大乘經，他也說是後人寫的，然後說：「只要符合佛陀的聖教，後人寫的也是佛經。」他在書中說的大意就是如此，這就是他的心態；其實只因爲大乘經是他所不懂的，所以要全面否定。至於聲聞解脫道的《阿含經》，他有一部分懂、大部分不懂；懂的部分他認同，不懂的部分他也是否定的。

所以他否定《阿含經》，只針對粗淺而能懂的部分接受，所以他有一個說法：《阿含經》不是根本佛法，只能叫作原始佛法。因爲你去讀《阿含經》時所能理解的都已不是親聞 佛陀所說的了。他認爲根本佛法是什麼呢？他的定義就是自己親從 佛聞，那樣所得的智慧才是最眞實的佛法。那麼問題來了：「你釋印順今年幾歲？你是二千五百多歲了嗎？對啊！你既然不是二千五百多歲，親從佛聞而一直活到今天，那你怎能夠主張你說的是『根本佛法』呢？由此可見這『根本佛法』你也是無分。」所以這個人眞的是很奇怪，自稱是大乘僧人卻老是在否定大乘經、大乘法；自稱是佛弟子卻始終否定佛法，自稱 釋迦牟尼佛的弟子卻主張說「釋迦佛已經灰飛煙滅而不存在了」。這是什麼心態？我們眞的弄不懂。

這樣的人不信大乘經，連《阿含經》也要隱晦地刻意貶抑，那麼《妙法蓮華經》所說的不可思議法，他當然更不信了，所以他毀謗此經。假使不是我們二十年前開始弘法，假使不是我們十幾年來寫了很多的書，一方面證明他把佛法全面說錯了，另一方面證明大乘法眞是 佛說，也證明大乘法眞實可證，一切世間佛種早已被他斷盡了，密宗將會比今天更猖狂。所以釋印順是明著貶抑密宗，實際上暗地裡在支持；所以你們看他的追隨者，哪一個不是暗地支持密宗或與喇嘛教有所往來？大家可以數數看，追隨他的人，最主要以及次要的追隨者，大約都是如此的。追隨釋印順者最主要的是誰？最主要的，是釋昭慧啊！對不對？釋昭慧！我當然要點她。然後是佛光山，以及從佛光山獨立出來的靈鷲山，然後是慈濟；如今看看這些人都與密宗互相往來，是不是明裡或暗裡支持密宗呢？大家衡量看看。

那麼次要的追隨者呢？例如法鼓山也認同密宗。諸位想想看，這是可見的大山頭，次要的小山頭支持密宗的可就更多了，所以達賴才能來台灣予取予求。但他們都是六識論者，都否定第七、八識；否定的結果，當然對於大乘經中講的第八識如來藏和第七識意根，都不會認同。他們幾十年來努力去推廣《妙雲集》、《華雨集》等等邪見，結果就是把佛門四眾對大乘法的信心摧毀消滅。大家對大乘法的信心都滅失了，大家都接受「大乘非佛說」的邪見，然後才會相信他們推廣的以我見意識爲主的解脫道，主張修學凡夫的解脫道，那麼「人菩薩行的凡夫解脫道」就可以推廣開來，漸漸全面取代大乘佛教。那麼佛教界就會完全膚淺化了，密宗的識陰境界男女雙修也就可以推廣了，這樣不就「**斷一切世間佛種**」嗎？於是將來大家都不修學佛菩提道了。

好在現代台灣這個時機是可以百花齊放的年代，有著言論自由、宗教自由，所以我們現在就努力把大乘法講出來，眞的要百花齊放而使佛菩提一朵又一朵地，把非常美麗優雅的大乘法教等等大花朵，不斷地綻放出來，讓他們瞧一瞧，才會知道佛菩提是如此的富麗莊嚴不可想像。我們的書出了這麼多，沒有二本書的內容是完全重複的，是從不同的面向講出廣泛而且深奧的大乘法，而他們竟然連一本都讀不懂。而他們所寫的東西，我們不但讀懂，而且還能挑出他們的全部毛病；被我們挑了毛病，他們還不敢回應，只能說一些檯面話：「那蕭平實程度太差了，我懶得回應。」永遠就是這一類的檯面話。所以，如果我們沒有出來弘揚佛菩提，讓那些落入六識論破壞佛法的僧人繼續搞下去，眞的會斷盡「一切世間佛種」。他們這樣子「斷一切世間佛種」，罪業是非常大的，死後要承受的罪報很難想像；因爲即使只是皺起眉頭、撇著嘴，心中對《妙法蓮華經》有所懷疑、迷惑不解，這樣的人都已經有罪報了，何況是他們毀謗大乘經教「則斷一切世間佛種」？

「若佛在世若滅度後，其有誹謗如斯經典，」所以 佛陀在世的時候，就已經有人毀謗《法華經》了，就是那當眾退席的五千聲聞人。五千聲聞人當場退席，眞的很壯觀；當他們一起離開的時候，一定是塵土飛揚。佛陀在世的時候就已經有人毀謗了，他們就是不信，所以 佛陀講完《法華經》以後，有人把經中的意思講出去時，他們一定會背地裡不斷地毀謗，何況是 佛陀滅度以後的末法時代，當然更有人會毀謗；這是五濁惡世無可奈何的事，也是無可避免的事。那麼，也許有人問：「在什麼時候佛陀說《法華經》時不會被毀謗？」答案是 彌勒尊佛說《法華經》時就不會被毀謗，因爲那時候的人們可以活到八萬四千歲，人人善根具足、心性淳厚。假使不是善根具足心性淳厚，在一百歲時沒有被人家殺掉，在二百歲前也會被殺掉了；跟人家起爭執，爭執不斷的人，還能活八萬歲嗎？所以如果活到八萬四千歲，一定是善根具足而且心性很淳厚，這樣的人絕對會信受《法華經》。

諸位可以想想自己在二十來歲的時候，跟今天四十幾歲的時候；或者你再把以前四十幾歲時的自己，跟現在六十幾歲的自己來作個比較；你一定會覺得歲數越大，學到的教訓就越多，越不會輕易去否定或認同。那麼，以現在這個世代的人類只有百歲，少出多減，就已經可以看得出來：年長者比年輕人更有智慧加以抉擇。如果人能夠活到八萬四千歲時，一定學習到很多經驗了，而且曾經受過的教訓也夠多了，那時當然有智慧來信受《法華經》。

「見有讀誦書持經者，」但在這個五濁惡世的年代，想要信受《法華經》是不容易的；所以這一種誹謗《妙法蓮華經》一類經典的人，他們如果看見別人在讀誦《法華經》、書寫《法華經》、受持《法華經》的時候，會很輕視，會看不起「受持、讀誦、書寫」《法華經》的人，他們都會厭惡信受《法華經》的人，毀謗爲迷信的人。可是往往信受《法華經》的人是比較有福報的，那些一天到晚在主張「大乘非佛說」的人，看來卻是福報比較少的人。如果福報很多，遲早都有一天會離開六識論邪見的假人間佛教，你們就慢慢去觀察。

「**輕賤憎嫉而懷結恨；**」這一些輕賤《法華經》的人，他們誹謗《法華經》以及受持讀誦的人，所以他們心中眞是心結萬萬千，如今怎麼解都解不開。這些人都是見取見很深重的人，這些人聽到人家認同大乘經，他們會寫文章、寫書來斥責你。釋印順是其中的代表人物，居士之中有位宋某某不也是如此嗎？所以他們到後來乾脆轉向，不學佛菩提道，大家都改學南傳佛法去。可是在他們轉變之前——在這個現象出現之前，也就是十六、七年前，我早就公開斷言過了：「**印順這樣子搞下去，到最後他的徒子徒孫們會轉向去學南傳佛法，不信的話，大家走著瞧。**」如今果然被我料著了，所以他的徒子徒孫們，包括宋某某、釋某慧，他們一樣都轉向南傳佛法。爲什麼要轉向呢？因爲他們認爲「大乘非佛說」。大乘法既是後人編造的，那不是佛所傳授法，表示根本是不可能實證的；他們是連信心都不存在了，當然要轉向南傳佛法了，但不久又對南傳佛法失望了。

他們不知道的是，近代五百多年來的南傳佛法，全部都不離我見，大家推崇的那些阿羅漢們都是我見具足的，這都是他們所不知道的。然後我們八、九年前開始說明：南傳佛法所謂的阿羅漢也只是凡夫。我在《公案拈提》書中就已經開始寫了——在後面的第五、六、七輯之中。這麼一來，他們該怎麼辦？只好再轉向啊！這一轉，轉到密宗去了，他們有好多人就轉去親近攀緣密宗了。所以我說他們那些法師們也是倒楣啦！偏偏遇到了我。他們本來搞禪搞得好好的，後來遇到我開始摧破月溪法師的邪見（我當時是被自在居士搞得受不了，所以開始廣破月溪法師），有一位高雄的法師當時正在大力推崇月溪法師，這一來被我破了，他沒辦法了，就只好把月溪法師的東西放下，開始搞起密宗的咒語等，叫作「安樂妙寶」；沒想到過了三、四年後，我又破斥密宗，說來他也眞的很倒楣，雖然我不是針對他而破密宗。

這就是說，他不知道佛法的眞假正訛，所以無法洞燭機先。佛教的未來該要怎麼走，善知識應該要能洞燭機先，事先就要看清楚，但他沒看清楚。他不曉得我幾年後要破斥月溪，再幾年後要廣破密宗，他都不知道，都是因爲不懂佛法所致。這就是說，他們是完全不懂佛法，才需要不斷地轉向。我們二十年前開始弘法時，到現在二十年來方向都沒有改變，內涵還一樣是明心、見性、如來藏、證眞如，沒有改變過。我們只有擴大範圍而且增加深度而已，從來都沒有改變過，所以我們還是維持著原來的方向繼續前進，以後也絕對不會改變方向。如果誰在我們正覺走的這條路上弄了繩子綁著，想要把正法拉往偏裡去，我就會把那個繩子砍斷。我已經砍了三批人不是嗎？已經砍掉三條那種繩子了；不管他們的繩子有多粗，我都會一刀砍斷。

這就是說，大乘經典的深妙與廣大，不是定性聲聞阿羅漢們所能揣度的，更不是聲聞法中的凡夫所能猜測。那些主張「大乘非佛說」的人，不都是聲聞法中的凡夫嗎？假使他眞的有斷我見，就一定不會否定大乘法；都因爲沒有斷我見才會否定大乘法，所以這些人看見人家受持大乘經，心裡面就「輕賤憎嫉而懷結恨」。那些主張「大乘非佛說」的聲聞解脫道六識論者全都是凡夫，他們二十年來對正覺的作爲不就是這樣嗎？總是私底下不斷地無根毀謗正覺是邪魔外道，他們只是不敢落實到文字上而已。在十年前，他們都是這樣講的。十年前台北有一個是四大道場之一，他們比較聰明，他們不敢這樣講，但他們私底下換個詞來講，說我們正覺「不如法」。那麼究竟是什麼不如法？哪個地方不如法？總得要指出來呀！總不能夠隨便指稱人家殺了人，然後不舉證是誰被殺；也不能夠隨便說人家貪汙，然後都不舉證。所以他們說「正覺不如法」，我們就說他們的法義不如法，希望能救轉他們的廣大信眾。

他們那些人從來沒聽過如來藏、眞如等佛法中極重要的名相，後來聽到正覺講出來了，他們也不相信第八識如來藏可以實證。當他們聽到說正覺竟然可以幫人家證如來藏、證眞如，所以他們心中生起「憎嫉」，本來是清淨心在修行，後來卻是「憎嫉」，然後想：「我的名聞受到蕭平實影響了，我的徒眾開始流失了，我的利養開始變少了。」所以他們對蕭平實是心中千千結、萬萬結，「而懷結恨」就是這樣來的，不然爲什麼要說蕭平實是邪魔外道？對不對？蕭平實弘揚的正是 世尊的八識論正教，如果我是外道，那他們的意思其實是無根毀謗 世尊是外道。隨著我們的書在大陸流通以後，大陸也跟著出現這種現象了；大陸這個現象出現比台灣晚十年到十五年，所以我說大陸的佛法水平比台灣慢十五年，因爲他們連罵我邪魔外道都慢，（大眾笑…）所以我說他們比台灣落後十五年，沒有冤枉他們。但現在大陸佛教界漸漸瞭解正覺眞如妙法的本質了，對我謾罵的人開始少了，眼前只剩下密宗的喇嘛們還繼續罵著。諸位想想看，台灣才二千三百萬人，大陸卻有十幾億人口，但大陸信受正覺妙法的學佛人，還不如我們同修會的會員這麼多。我說他們落後台灣十五年，還眞的沒有冤枉他們，希望他們會很快趕上來。

所以那一些人因爲無法實證大乘法，對大乘經典就不信受；當他們看見人家那麼信受大乘經典，不把他們主張的「大乘非佛說」當作一回事，他們就「輕賤憎嫉而懷結恨」，想方設法抵制正覺弘揚的大乘妙法。這樣的人死後當然有「罪報」，因爲這種人一定是謗法者。不幸的是，他們所毀謗的法偏偏是最勝妙的大乘法；不但是最勝妙的，而且是最了義、最究竟的法；而他們毀謗了，這樣毀謗的結果，當然是三界中的最重罪。三界中最重的罪，無過於毀謗大乘法，而他們輕易地毀謗，命終之後當然會下墮阿鼻地獄。阿鼻地獄的苦報遠超過無間地獄，而那個地獄中的壽命是最長的、時間也是最長的。那諸位想想，他們將來下墮阿鼻地獄，眞的不好玩。

「此人罪報汝今復聽：其人命終入阿鼻獄，具足一劫劫盡更生；如是展轉至無數劫，從地獄出當墮畜生；若狗野干其影枯瘦，黧黮疥癩人所觸嬈；」

入了阿鼻地獄以後，那個苦痛眞的無法想像；可是他們並不是下了地獄以後，在地獄中的一生就可以回來人間；而是要在阿鼻地獄裡面過完無量世，無量世過完以後就是整整過完阿鼻地獄中的一劫；而那個罪報不是地獄中的一劫就能償報完畢，而是要很多劫才能離開地獄。地獄中的一劫是很長的，最淺的地獄一天時間等於人間的一萬八千年，特別是阿鼻地獄的一劫時間更長。有的地獄中的一天是我們人間的一劫，越往下層地獄的時間就越長，那你想想看，阿鼻地獄中的一劫是多久？那個一劫過完了，人間成住壞空已經很多遍了；最後是地獄世界完全壞盡了，他們還要再往生到別的世界阿鼻地獄中。這樣的一回又一回不斷重新再受生於阿鼻地獄中，如是輾轉至無數劫。

無數劫以後終於可以離開地獄了，卻是要輾轉而來當餓鬼，不是離開地獄馬上就可以來人間當畜生；因爲這段經文是以偈頌的形式來講的，所以那個輾轉受生的苦痛過程被省略了。從地獄出，還要先去餓鬼道過很久；在餓鬼道裡過完了，才能墮於畜生道中，這就是輾轉而墮畜生道中。餓鬼道那些痛苦就不談它，即使來到畜生道，比起餓鬼道來算是好太多了；可是當狗或者當狐狸時「其影枯瘦」，說牠的身影讓人看起來，就覺得牠是很乾枯的、是很瘦弱的，而且渾身暗無光彩，被人家所厭惡。有的狗雖然渾身是黑色的，可是牠被主人所疼愛，所以你會看到牠渾身黑得發亮，牠渾身的黑毛是很有光澤的。可是，有的狗同樣是黑毛狗，牠的毛一點點光澤都沒有，枯瘦如柴。如果又加上疥癩而有皮膚病，毛也掉光了，或者掉了局部的毛，當你看見了，都會覺得牠很噁心。所以不管誰見了牠都會討厭，遠遠看著牠走來時就開始吆喝：「走開！走開！」眞的是「人所觸嬈」，這種野狗其實也蠻多的。

談到野狗，我要告訴諸位，不要隨著人家只看見表相就跟著亂講，我們看事情要有比較深入的看法。例如電視上常常報導說，有的狗被人家砍掉一條腿，有沒有？那一種三條腿的狗在郊外很多，爲什麼牠們會被砍掉一條腿呢？一定有原因。如果狗不被主人喜歡，最多只是把牠丟棄，牠還是有四條腿。主人不會在丟棄牠以前先砍掉牠一條腿吧！因爲至少還有一分情在。那爲什麼牠被人家遺棄了，後來還會被砍掉一條腿呢？因爲牠窮凶極惡，而且沒事就想要咬孩子，或者沒事就追著騎車的人張口要咬，當然就會有人來報復。比如說他家小兒子、小女兒被牠咬了，一定會想方設法報復，來砍掉牠一條腿，所以三腿的狗通常都有一些前因。

當然，也有可能牠只是被人虐待，有的人惡作劇把牠砍掉，也許會有，那可眞是惡心到極點了。但是，當我們還沒有理解牠成爲三腿狗的背後因果，只看到表相就加以評論，是不是有失公允？是！所以我在山裡面走路爬山時，常常會看見一個現象：三條腿的狗都很兇，這跟在都市裡不一樣。有時候很兇的狗，過個一、二年就會發覺牠只剩下三條腿，而牠以前本來是四條腿的。這使我警覺到說：我們根據人家的報導就加以評論，也許有失公允，因爲我們只看到後半段牠被傷害的景象，但牠在前半段時間狠咬人家的小兒子、小女兒，我們都沒看到。

因爲我常常在山裡面運動走路，幾乎每天遇見這樣的狗；沒膽子的人遇見這種狗就會趕快跑，但永遠跑不過狗，就被牠咬。我雖然有年歲了，但我可以跟牠們作心理戰；所以當牠們一群很兇一直奔過來時，我就面對著牠們一直堅定不移地走過去，到最後牠們只好退讓。牠們退讓了，我還是繼續向牠們走過去，後來牠們覺得這個人不能惹，乾脆不理我了，那麼互相就相安無事了。可是我如果退縮而逃跑，就得準備被咬了。這就是說，看到狗的時候，其實你可以觀察：狗有許多種不同的心性，有的狗是很忠實的，有的狗是很溫柔、很敦厚的，但有的狗是窮凶極惡的；有的狗很有福報，有的狗就沒有福報。狗有很多種不同，你可以去觀察；當你觀察清楚了，你就知道這條狗的來歷。你就可以判斷：這條狗今天爲何會這樣？你可以推論出來：牠前世是怎麼樣子，造了什麼業，所以今天成爲這一類的狗。

所以有的狗很有福報，比一般人的福報還好。眞的！他的主人出去辦事時，牠可以住狗旅館，一夜一千元或者一千五百元的代價，是這樣住的欸！就會有人服侍欸！可是有的人類，當他的父母有事情出去時，竟把他反鎖在房子裡，甚至還要加上鐵鍊對待；有的人出生成長在非洲戰亂的地區，一天能夠吃到一餐飽飯就很高興了，眞的不如寵物狗啊！但是他有尊嚴，因爲他是人；而那條很有福報的狗卻沒有人類的尊嚴，牠就只是狗。這其間的因果是很錯綜複雜的，我們要從這個深層的部分來看，不要只看表面。

所以你看到狗的時候，牠們有哪個狀況，由於牠們的心性是善良、是惡劣等等，而導致牠們此世的福報有種種不同。你要從這裡面去判斷說，牠過去世究竟造了什麼業。有的人愚癡，可是他很願意去作善事，愚癡而被利用去犯了法，下墮惡道，可是他生前其實很有善心，只是被利用而自以爲都是在作善事，所以他死後成為很有福報的狗。可是有的狗惡心嚴重，看到人就大吠，如果人不留意牠，就被牠咬；我看見這情形時，就會說：「**牠不久以後就會剩下三條腿**。」果然不久之後，也許一年、也許三年後，就看見牠剩下三條腿。那時如果有人出面為牠喊冤，大罵去砍掉狗一條腿的人，就是不懂因果的人，因為他只看果而不看因。如果有人一直以身力在護持正法，可是他很慳吝，下一世就是很有智慧卻貧窮，連托缽時都不容易獲得好的成績。所以大家各有不同的因緣際會，但都是肇因於過去世。所以說，會成為「**黧黮疥癩人所觸嬈**」的狗，而又身形枯瘦，當然有牠的原因，但最重要的原因就是往昔誹謗大乘經，從各種不同層次的地獄中出來，流轉到餓鬼道中很久，然後才來到人間的畜生道中受苦。

《妙法蓮華經》上週講到四十八頁倒數第四行。上週所說經文中的意思是說，不信《法華經》、毀謗《法華經》，未來世會有很多極痛苦的果報，得要先經歷地獄道、餓鬼道很多劫；然後回來人間的時候，牠當了狐狸、野狗一類畜生，身形枯瘦無光，皮膚上也長了疥瘡等等，沒有人喜歡看見牠。今天接著說：

「又復為人之所惡賤，常困飢渴骨肉枯竭，生受楚毒死被瓦石。斷佛種故受斯罪報。」由於惡業感召的緣故，從餓鬼道來到人間就當了野狗一類的畜生，身形枯瘦無光，皮膚上也長了疥瘡等等，沒有人喜歡看見牠們，所以都輕賤、厭惡，不喜歡看到這樣的惡眾生在身邊出現，見了牠們就要趕走牠們，因此牠們很難得有食物可以吃，總是「常困飢渴」，所以導致牠們「骨肉枯竭」。像這樣的狗，孩子們見了都會欺負牠，所以「生受楚毒」，往往被調皮的孩子拿棍子追打、拿石頭丟擲。當牠死了以後，往往骨骸就被人丟棄在瓦礫堆中，不能好好埋葬。從下墮那一世受地獄的長劫無間苦報開始，接著要在餓鬼道中領受種種苦，來到人間還要當很缺少福德的狐狼、野狗一類，在三惡道中的時劫都是時間長到難以想像，所受的痛苦當然也是很難想像；推究原因都是由於牠們往昔否定《法華經》、否定大乘經，斷了別人的佛種，所以才會領受這樣難以承受的苦報，卻又不得不受。

最後這一句「斷佛種故受斯罪報」，是大家都應該要注意的；從這一句聖教，大家都應該要生起憐愍心，憐愍那一些人。他們常常公開說：「大乘非佛說。」這句話的意思是說：「大乘經典所講的，都是佛陀入滅後的佛弟子們，由於對佛陀的永恆懷念而創造出來的，才會把佛陀的證量高推勝過阿羅漢；所以事實上佛陀只講過二乘解脫道，沒有說過所謂的大乘佛菩提道。」當他們這樣講的時候，本來不信的人也被他們影響而信受了，所以才有很多人一天到晚在否定大乘經典。大乘經典講的末那識、阿賴耶識、如來藏、眞如，他們都不信受。自己不信受也就罷了，偏偏還要寫文章、寫論文、寫書、說法，想方設法要否定大乘經中的法義，所以他們常常提出的主張就是：「阿羅漢就是佛，佛就是阿羅漢。佛跟阿羅漢的差別就只有：阿羅漢一世入滅；佛陀過去世成爲阿羅漢以後，永不入滅一直度眾生，所以成佛。所學法義和所證內涵沒有差別，證量是相同的。」這就是他們的說法。

然後他們從另一面又說：「第七識、第八識，是到部派佛教以後才興起了大乘佛教，那時候才創造出來的。」可是問題來了，二乘法中初果到四果的實證都不必親證第八識，而部派佛教的每一個派別，全部都是從聲聞上座部中分裂出來的；那些不迴心的定性聲聞阿羅漢們，都沒有證得第八識，竟然能夠發展出第八識，「他們寫出來的那些大乘經也都證明他們有證第八識」，因爲他們所謂的「部派佛教聲聞人」寫的大乘經中說得很清楚分明，沒有證的人顯然不可能寫得出來的。那麼「這樣看來，聲聞上座部分裂出來的聲聞人，那些部派佛教聲聞僧的智慧顯然比釋迦牟尼佛更高」，這就是他們暗地裡想要表達的意思。當他們這樣否定七、八識，以及主張「大乘非佛說」，同時主張「佛就是阿羅漢、阿羅漢就是佛」；這就是斷人佛種，因爲就算是有人想要眞的成佛，也成爲不可能了，不免跟著他們一樣成爲假阿羅漢而自稱是佛。

然後，大乘經典之所說，大家因此全部不信受，這結果就會是沒有人想要修學大乘法了，於是佛種就告斷滅。他們不曉得造作了這一些業以後，是成就了「斷佛種」的大惡業。這種惡業是三界中最大的惡業，因爲這樣謗佛同時也是謗法，並且也是毀謗所有的大乘勝義僧；因爲他們的意思其實是說：「你們大乘佛教宣稱開悟了、證得第八識，都是假的。」這樣子，他們顯然不是只有毀謗三藏教的三寶，也不是只有毀謗通教三寶，而且還是毀謗大乘別教、圓教的三寶，這是三界中最重之罪，不幸的是他們都不知道這罪業的重大，也不曾有人警覺到，這眞的很可憐。但是這些經典，他們都讀過，問題是讀不懂，所以無根毀謗正法，將來就是「斷佛種故受斯罪報」。「斷佛種」的意思究竟是什麼呢？他們無法理解，自以爲用解脫道來取代佛菩提道，然後每天有努力在弘揚他們錯會的解脫道、羅漢道，認爲這樣就是在續佛慧命。所以這個罪報的嚴重性，以及是否已經造作了這樣的最大惡業，他們是無所知的，他們對此是不曾有所理解的。

所以我說，《法華經》中的眞正意旨，不是一般人所能瞭解，乃至證悟以後還不一定能瞭解，這是因爲你若想要宣講《法華經》，就得要先瞭解 佛陀那個年代弘法的事情是怎麼回事。如果你說：「我不瞭解佛陀那個年代的事情。」那麼講起來終究是隔靴搔癢，沒有辦法講出其中眞正的道理來，並不是單單知道其中的法義就能如實宣講的。但是，諸位今天聽了這個眞正道理，是很重要的事，是因爲那一些人大部分是出家的，而你們可以看到很多個山頭，他們都是六識論者；其中還有一個是四大山頭之一，他們的網頁裡面還明著幫他們堂頭和尚宣示：「並沒有如來藏這個心存在，如來藏心只是方便說。」不曉得現在撤掉這個謗法的網頁沒有？所以這些人很可憐，而他們都不知道自己可憐。當你說他們可憐的時候，他們反而說：「不必你來可憐我，我一點都不可憐。」這就是說，他們不知道自己的可憐處，才是眞可憐。如果有的人知道自己很可憐的時候，其實不是最可憐的，只是有限度的可憐。

完全不知道自己可憐，那種人才是眞可憐；我們應該作的就是想方設法讓他們瞭解六識論的過失，讓他們回歸到八識論來，但是這個要讓他們實際上去瞭解：三乘菩提不論那一乘，全都是八識論的法義。要讓他們瞭解這一點，然後我們才有可能讓他們懂得懺悔滅罪，於是他們將來也可以紹繼佛種，這才是我們應該作的，而不應該心裡面詛咒說：「**讓這些人死掉算了，怎麼可以這樣毀謗佛法。**」我們不可以這樣作，因爲我們是菩薩，不是聲聞，所以我們要怎樣把八識論跟六識論的差別以及六識論有什麼過失，都要很詳細爲他們說明，讓他們去瞭解自己的過失；然後有朝一日想通了，願意好好懺悔滅罪、改往修來，他們捨報後就不必下墮三塗，未來世一樣可以紹繼佛種。這才是我們應該要作的事，所以我們爲正法、爲眾生作事的時候，不必考慮有沒有回收。

例如我們現在有個電視節目，電視台說我們很奇怪，人家半個鐘頭或一個鐘頭的節目中，一開頭就先打出自己道場的劃撥帳號，結束前還要再打出一遍，讓人家匯款去護持。他們問說：「你們怎麼都沒有呢？你們好奇怪！」因爲那一種劃撥，每一筆的金額都很小，一百元、二百元的，但是數量很多，收起來是很可觀的。我們說：「這沒關係，這種匯款就讓給宗教電視台收。」所以我們打出電視台的劃撥帳號。爲什麼呢？因爲我們目的不是要藉那個節目去獲取資金，我們是要藉這個節目來教育佛教界的廣大基層聽眾，快速提升他們的佛法知見水平；因爲收看這類電視節目的佛弟子們數目是最多的，但他們不會進入道場來學法。我們開闢了這個節目，以前沒有人像我們講過這樣深入又淺出的法，眞的叫作高格調，但是有達到效果，而我們不從這個節目中獲取任何聽眾的資金回報。

有些人被人家通知說：「有這麼一個好節目，你要每天收看。」其中有些回說：「哎呀！佛法節目我還得要看？我都懂了，電視上講的，大概都差不多啦！」說的也是。但是因爲被勸了幾次以後，他想：「好吧！我就聽看看，不然你會一直勸我。」他就眞的開始收看，看過以後卻說：「奇怪！我怎麼都看不懂？」我們這些老師們在錄製節目的時候，我都交代：「不要講太深，一定要講淺一點，否則人家聽不懂的。」他們依照這個原則來錄影，都已經講得很淺了，結果他竟然還聽不懂，他後來終於說：「哎呀！原來我還是不懂佛法。」本來是認爲他全部都懂了，不需要再收看的。我想，這樣我們就達到目的了，至少把某些人的慢心砍掉了。後來他越看越有興趣說：「啊！不懂還是得要看，因爲看久了，有許多還是會聽懂的。」表示他的佛法知見水平提升了。本來都聽不懂，現在終於懂一些了，我們這樣作就有達到效果了。我們目的不是在藉那個節目來廣收錢財，當然我們也可以效法別人那樣，把正覺的劃撥帳號打上去，我們財務組的同修們可就要忙翻了。

所以，對佛教界裡自以爲是的那一些人，我們該如何提升他們的知見？當他們提升了，六識論邪見就沒有市場了，再也賣不出去了。這就表示說，這一件大功德，我們已經成就了。我的想法是，這是一方大福田，這個大福田留給諸位種，不必讓外面的人來種；因爲他們還要經過長時間熏習才能滿足十信位，等他們十信位滿足而進了同修會，再來種這方福田，所以目前這個福田留給諸位種，這樣好不好？（大眾答：好！）對啊！（大眾鼓掌⋯⋯）我們大家一起種了這方福田，表示我們大家的善業淨業綁在一起。綁在一起，這個很重要。當你們這個善、淨業跟我綁在一起的時候，雖然我不是每一世都會站出來弘法，但你們總是會遇見我。

這個大福德綁在一起很重要，未來世總是每一劫之中都常常會相遇。我如果打出正覺的劃撥帳號，就等於是開放給會外那些聽眾都來種這方福田，那麼未來世我也會遇到他們，那我將會遇到一大群根器不足的人，我的時間將會不夠用，所以這方福田就留給諸位——由會裡出資而不讓聽眾劃撥款項來護持。我說的是眞的，每作一件事情，因果都存在的。否則我在未來世弘法時，將會遇到一大堆信徒，而我所說的法他們都聽不懂；他們就只是想跟著我，但全部聽不懂。那不如就分階段來，讓諸位一起種這個福田；因爲這是用同修會的錢去買節目來播放，錢是由諸位捐來的，所以你們每一個人都有一分福德，然後那些人將來就由你們的因緣去跟他們接觸，就不會累死我了，因爲攝受眾生就是攝受佛土。所以，我們一開始就沒有打算要登出我們的劃撥帳號。

我們就這樣子在這上面作，從基礎把大多數人的佛法知見水平提升。提升了以後，破壞正法的力量自然而然就消滅了，世尊破斥的相似像法的蔓延就會被抑止下來，這就是我們所要作的事。沽名釣譽、收集錢財，都不是我們要作的。我們又不是要弄一個一百公頃的大道場，我們不想也不需要這樣作，最多就是把正覺寺蓋好也就沒事了。這就是我們的想法，所以怎樣讓眾生不要跟著那些六識論者去毀謗大乘法、毀謗最勝妙的一切法根本的如來藏妙眞如心，這才是最重要的。

如果說你發大心去監獄裡面度化那一些人，最多就是他們被感化出來以後不再殺人、不再詐欺。但是，如果不去救他們，他們未來世受報也是很容易就回來人間，大不了一、二個大劫就回來了。可是以六識論邪見的推廣而斷壞眾生佛種的事情，那可不是一、二大劫或幾百世就可以回來人間，那是無間地獄的重罪，他們要回來人間可得要等很久。等他們回來的時候，且不說賢劫千佛過去了，乃至再過很久以後的星宿劫都過去了，連星宿劫的千佛也都過去了，他們可能都還回不來人間。

所以，我們怎樣去教導眾生不要跟著那一些六識論的邪見，一起毀謗最勝妙的大乘法，這才是最重要的。比起殺人放火而下墮三惡道幾百世或者幾千世，六識論者這種「**斷佛種**」的大惡業，那是幾千億倍的果報，可是他們有誰瞭解呢？他們並不瞭解。因此我們就有必要讓大家都瞭解，因爲如果我們知道這個後果而故意不講，或者只是冷眼旁觀，默然不加以導正，就不是眞正的菩薩，而要叫作無慈無悲，因爲那是極重的惡業。所以，我們必須在這上面去作，而我這樣的作法其實是跟共產黨學的，這叫作以鄉村包圍城市，因爲你希望那一些大山頭放下面子眞的轉變，其實是不可能的，那就只能從教育廣大基層佛教徒下手。當廣大的佛教徒都改變了，都知道六識論有許多過失，那些大山頭也就找不到人們去當信徒，他們只好跟著轉變，不就同樣回歸正法之中了嗎？

以前有一位法師教人持名唸佛，他都說：「講什麼體究念佛、參禪？那是大菩薩們的事情；你們好好給我老實唸佛，這一句佛號打死也不能放掉。」然後才沒過幾年，他也在講眞如佛性了。爲什麼他要跟在我們之後也講？因爲他如果固步自封，他的信眾會覺得說：「師父說來說去都是那麼淺的東西，我不要聽了。」人家就轉過去別的宗教台了。所以他得要跟著講，要有一點新的東西；因爲眾生都喜新厭舊，你就換一點新的。我們都歡迎他們有所改變，因爲這表示說，我們遭受到的抵制減少了。所以我們可以當西施，讓很多的東施跟著我們表演。我們都歡迎，不要嫌人家學得好醜。不管學得多麼醜，你們都要鼓掌，要鼓勵他們。假使西施是在深山裡面蹙眉捧心，誰看見呢？有什麼用呢？我們就是要在鬧市裡面輕顰微笑才能攝受有情，所以我們走入群眾中，對佛教界的基層信仰者作教育，只要他們的知見水平提升了，佛門中的外道見也就會漸漸地絕跡，相似像法就會減少。這就是要救護一切人不要造作「斷佛種」的惡業，因爲　世尊說：「斷佛種故受斯罪報。」那些人未來世要長劫領受三惡道的極痛苦果報，我們爲他們覺得不忍。

諸位聽完這一段，已經知道那個罪報有多麼嚴重，所以我們應該要以悲愍心來作這些事，不要以慶幸的心或者瞋恚心來作這些事。也許諸位這一、二週來，收看我們電視節目中講的那些學佛正知見，想起那些人這樣破壞佛法而生氣起來，那就不對了。也許有人想：「看你們能再囂張多久？你們繼續講六識論吧！繼續講講看吧！將來你們就等著瞧！」如果這樣存心的話，也是不好，這叫幸災樂禍。菩薩不應該幸災樂禍，而是要以悲愍的心情試著拯救他們。可是救的時候如果用溫言軟語，他們聽不進去，就改用金剛憤怒相、當頭棒喝。但當頭棒喝只是在法上來作，不能夠見了面或開講時就罵，這樣的棒喝反而讓他們生起反感，沒有辦法度化他們；我們要去獲取他們的認同，才能眞的救了他們。

他們認同了就不會再造作謗法謗佛的惡業，我們才能達到救護他們的目的。我們目的是要救護他們，不是爲了出一口氣。出那一口氣沒有必要，你每天鼻孔都已經出很多氣了。所以救護他們才是最重要的事，因爲菩薩就是從大悲中生；如果不是從大悲中生，就不叫作菩薩，所以菩薩不應該說「我要出一口氣」。以後如果再遇到六識論者繼續在主張「大乘非佛說」，你就把今天所聽的道理告訴他們，要懂得方便善巧去告訴他們，然後他們就可以遠離這樣的惡業，未來世便得救了。當他們確定自己是因爲你的一席話而得救，他們未來世就會是你的徒弟，就是你所要度的人，你這樣也是在攝受佛土。攝受佛土是從利益眾生的時候就開始的，並不是你出來弘法才開始的，這個知見諸位要瞭解。可是，毀謗此經如來藏而受生在畜生道中，就只有這樣的苦嗎？其實不然！接著再來看　佛陀怎麼開示：

經文：【若作駱駝或生驢中，身常負重加諸杖捶，

但念水草餘無所知，謗斯經故獲罪如是。】

語譯：【毀謗大乘經典或此經如來藏的人，死後下墮地獄受極痛苦果報，經歷餓鬼道而展轉來到人間作畜生時，若是生在專門爲人馱負重物的駱駝或牛、馬、驢子之中，身上總是經常擔負著極重之物，或是拉著裝載極重物的車子，假使因爲太重而有些負荷不起時，或是因爲車輛太重而使牠拉車的速度太慢時，就會被主人在牠們身上施加種種杖擊或捶打，疼痛難忍也只能忍受；

而牠們心中沒什麼智慧，只懂得有無清水可喝、青草可食，其餘是什麼都不懂的；牠們不得不接受這種長達很多劫的極重痛苦，原因只是因爲很多劫以前沒有智慧分別，自己隨意毀謗大乘經典殊勝妙義，或是跟隨著別有用心的人一起毀謗大乘經義，才會導致牠們獲得這樣的慘痛罪報。】

講義：「若作駱駝或生驢中，身常負重加諸杖捶，」終於從各種地獄中離開而經歷餓鬼道很多劫以後，如今生爲野狗、狐狸，受罪還是那樣淒慘。如果在畜生道中最慘的罪已經受完了，惡報總是會漸漸地減輕，所以後來去當駱駝或生在牛、馬、驢子一類之中，總是不會再「常困飢渴骨肉枯竭」了，因爲有主人會照顧牠們。但是主人照顧牠們，可不是因爲愛牠們，是因爲要牠工作。作爲駱駝或者作爲驢、馬、牛，身上常常要背負重物。背負重物在路上走久了，如果累了，速度變慢了，主人就會鞭打牠們。就像當馬讓人家騎，如果路走遠了，速度變慢了，主人趕時間時，牠也要挨打；皮鞭伺候算是好的，甚至於細棍、馬刺都有可能，所以當馬也眞的不容易。那麼當驢子，如果是磨坊裡的驢子，倒還算輕鬆，就只是要走路而已；可是在磨坊裡面繞圈圈一直走，也會頭暈眼花；不過這已經算是好的了，因爲主人會幫牠帶個眼罩遮住側方，讓牠只能看見前方地上，比較不會頭暈。這還算好，牠只是繞圈圈而已，身上不必負重。但你們看駱駝，每一隻駱駝背上都要揹多麼重的東西，而且在暑熱的沙漠中要走遠路，有時候二天都喝不到水，那日子都不好過。當驢子或者像西藏那些犛牛，那得要背負很重的重物，而且在山裡爬上爬下，眞的很辛苦。

「但念水草餘無所知，謗斯經故獲罪如是。」牠們像這樣辛苦工作的結果，一定有二個現象，就是既餓又渴，而牠們沒什麼智慧，所以牠們「但念水草餘無所知」。這一類畜生們，別的根本不會想，馱著重物在山中又上又下、又飢又渴時，想的就是喝水跟吃草，都不會想到別的，這樣的生命是多麼可憐。但是，最可憐的是牠們並不知道爲什麼今天會落到成爲驢、馬、牛、駱駝之中「但念水草餘無所知」；根本不知道爲什麼自己會是這樣痛苦的生活，所知道的就只是苦，這樣才是最可悲。如果生而爲人，受苦的時候還會想：「哎呀！我上輩子是造了什麼孽？今天這麼苦。」還會想到自己上輩子應該是造了什麼孽。可是驢、馬、牛、駱駝都不會想到說：「我上輩子造了什麼孽。」牠如果會想到這樣，那牠的主人就是獲得一頭寶駱駝、寶驢、寶馬、寶牛，因爲雙方可以互相溝通了，表示牠能懂得主人的思想。可是牠們不懂，這就是牠們最可悲之處。而這一種苦果，只是毀謗大乘經教的種種惡報中的一種，以外還有多少種呢？接著再來聽　佛怎麼開示：

經文：【有作野干來入聚落，身體疥癩又無一目；

爲諸童子之所打擲，受諸苦痛或時致死；

於此死已更受蟒身，其形長大五百由旬，

聾騃無足宛轉腹行，爲諸小蟲之所唼食，

晝夜受苦無有休息，謗斯經故獲罪如是。
若得爲人諸根闇鈍，矬陋攣躄盲聾背傴，
有所言說人不信受，口氣常臭鬼魅所著；
貧窮下賤爲人所使，多病痟瘦無所依怙；
雖親附人人不在意，若有所得尋復忘失；
若修醫道順方治病，更增他疾或復致死；
若自有病無人救療，設服良藥而復增劇；
若他反逆抄劫竊盜，如是等罪橫羅其殃，
如斯罪人永不見佛。衆聖之王說法教化，
如斯罪人常生難處，狂聾心亂永不聞法；
於無數劫如恒河沙，生輒聾瘂諸根不具；
常處地獄如遊園觀，在餘惡道如己舍宅，
駝驢豬狗是其行處，謗斯經故獲罪如是。

語譯：【有的是經歷地獄、餓鬼道之後來到畜生道中，成爲野狐一類的畜生而來到人們所住的聚落中，不但是身體長滿了疥癩，而且又少了一個眼睛；於是被童子們以木棍或石頭打擊、丟擲，只能領受種種苦痛，有時甚至於因此而導致死亡；

在這狐狸身中死亡之後又再受生於蟒蛇之身，牠的身形既長又大，達到五百由旬，卻是耳聾而對外境無所知，牠沒有腳而只能用身體彎彎曲曲以腹部行動，身上總是被許多很細小的蟲類咬牠、吃牠，因此而渾身既痛又癢，像這樣子從白天到夜晚之中，都要領受這種痛苦而沒有休止或停息，都是因爲往昔毀謗大乘法《妙法蓮華經》的緣故，今天所獲的餘罪就像這樣子。

終於在畜生道中受盡惡報以後可以生而爲人了，卻是六根闇昧遲鈍，而且身子矮小又不莊嚴，手腳也是生來就不正常而彎曲無力，又加上眼盲耳聾以及背部傴僂；

他生成這個樣子，勉強長大以後凡有所說，人們總是不相信、不接受，而且他開口說話時吐氣總是經常很臭，所以鬼魅一類下劣眾生便喜歡依附在他們身上；

這樣的人總是貧窮下賤不能自立，只好被其他有錢、有勢的人所使喚，身體多病消瘦無肉，而且沒什麼人願意讓他依附，就不會有什麼人保護他；

雖然他想要親近依附什麼人，但是人家始終都不在意他，縱使他很努力爲人服務而有所得，卻又常常不小心就忘失他的所得，依舊一無所有；

如果他修學醫療之道而隨順於醫方，想要爲人治療疾病，沒想到卻反而增加了別人的疾病，甚至於導致病患的死亡而難以收拾殘局；

如果自己有病需要別人來幫忙救治時，卻沒有人可以來幫他救治醫療，假使他自己服食了好藥就應該病癒，沒想到竟反而增長病況而變得更加劇烈；

有時他對別人有善心，卻是被別人反叛逆報，反而對他抄家打劫或者竊盜財物，就像是這樣子有種種罪報，明明沒他的事，但他卻是無緣無故就遇上了災殃，像這樣毀謗大乘經法的罪人是永遠都不可能有福報遇見諸佛的。

諸佛是眾聖之王，下生人間爲眾生說法教化時，像這樣的罪人一直都是出生於八難之處，或是心狂耳聾、心地散亂而且永遠不能聽聞到正法；

在無數劫的時光中，猶如恒河沙數劫那麼久，都是出生之後往往耳聾口啞而且六根不具足；常常繼續謗法而長時間處於地獄之中，猶如每天遊於自家的園觀一般，或是出生在其餘的惡道之中，猶如每天住在自己的舍宅之中，所以駱駝驢馬牛羊豬狗所行走的地方，就是牠們長劫之中所行走的處所；由於毀謗這類大乘妙法經典的緣故，才使牠們獲得前面所說這些痛苦的罪報。」

講義：「有作野干來入聚落，身體疥癩又無一目；為諸童子之所打擲，受諸苦痛或時致死；」這一段經文是說有的人從地獄、餓鬼道回來人間的時候就得當畜生，來人間當畜生時，有的是來作野外的狐狸一類眾生。當牠們在野外無法覓食，來到聚落以後，因為身上長滿了疥瘡皮膚病，往往又少了一個眼睛，看來就是讓人很不喜歡，所以被諸童子們以石頭棍棒既打又擲，所以領受到很多的苦痛，有時候乃至因此而死亡。

「於此死已更受蟒身，其形長大五百由旬，聾騃無足宛轉腹行，為諸小蟲之所唼食，晝夜受苦無有休息，謗斯經故獲罪如是。」在這一些眾生類中受報完以後，接著還要生受大蟒蛇之身。這可不是人間的巨蟒，而是在須彌山腳下當巨蟒。這樣的巨蟒身形長大五百由旬，眞的是好巨大。人間的巨蟒最長有多長？我想最多就是五、六公尺，總不會超過十公尺吧？一般所見如果有五、六公尺就算很長了。即使牠在深山野外長到十公尺好了，已經是不得了的巨蟒，可是比起這一條巨蟒，還眞的幾乎看不見了。那麼有人也許想：「像牠這麼長的巨蟒當然很威風。」可是不然，正因爲身體巨大所以受苦時同時也是無量，因爲牠的身體每一個鱗片裡面都有細蟲咬著，所以被無量細蟲一直在咬著、吃著。如果沒有細蟲咬，那身體大當然好啊！可是如果遍身都有細蟲在咬，那身體越大就受苦越多，而且牠又沒有手腳可以抓癢。不但如此，牠是既聾又呆，只知道受苦，而且只能「宛轉腹行」。這樣子，白天晚上都受苦報，沒有休息的時候，都是因爲往昔毀謗大乘經典，特別是《妙法蓮華經》，所以經歷完地獄餓鬼道以後來到畜生道中，受到的罪報就是這樣。

「若得爲人諸根闇鈍，」假使受報完畢了，終於可以投胎到人間來了，可是他的五根都不靈光，意根也就無所能爲了；也就是說，別人可以看見事物清楚分明，他看一切事物卻都是看不清楚，認知不清，這叫作「諸根闇鈍」。譬如同樣聽人家講某一件事情，或者同樣看見某一件事情發生的過程，或者聽人家說明某一些話，聰明伶俐的人一聽一看，就知道那是什麼意思、其中有什麼道理。可是有些人，他就是不知道詳情，永遠只看見表面。例如有的人講話很有藝術，話裡藏鋒，俗話叫作話裡帶刀、語中有刺；可是表面上看來他好像都是在讚歎對方，所以有的人一聽，轉頭就走，都不想聽；可是有的人聽不出言外之意，還聽得很高興說：「謝謝你！你這麼讚歎我，你對我真好。」這叫作諸根闇鈍。人家其實是在暗諷他，他還以為人家在讚歎他。

看待事情時也是一樣，有的人一看就知道，心想：「這事不對，會有後報，後報不好；而且不必一、二年，後報就會出現。」或者說：「明天你就會受報，人家一定會找上門來。」可是他看不清楚，認為都沒有問題；於是不久，果報就來了。他無法判斷事情的本末終始以及後果，這就是「諸根闇鈍」。一般人普遍看得清楚會有什麼後續的事情發生，但他總是看不見，認為未來是好的或者沒事。可不要以為說：「這種事情跟我無關，我這麼聰明。」我告訴你，學佛學到三惡道中去，都是聰明人出的問題。世間法中也是如此，聰明人都很會盤算，可是有一句諺語說得好：「人之千算，不如天之一算。」因為老天只要在最後把那算盤隨便撥一下就解決了！先讓他在這邊一直撥算盤，他撥了一世，老天在最後關鍵的那一秒輕易一撥，他可就全都完了。

事實上，因果律就是這樣，往往聰明人自以為可以從某些事情中得到好處，可是世間的聰明人不是只有他一個人，跟他一樣聰明的人很多，大家一看都知道他在想什麼、他想要達到什麼，然後人家看他心術不正，就在背後這邊手指搓一下，那邊腳動一下，他就會有很多事情都行不通，最後落入三惡道中，所以才會說聰明人專幹傻事。傻瓜專門幹聰明事，看來他都在吃虧，可是福報都落到他身上去，三界中的因果律就是這樣子。所以，那些人爲什麼會獲得那個痛苦的果報呢？就是因爲往世毀謗大乘妙法的惡業所致。很多人聰明才智眞的無人能及，好會賺錢，可是他們的智慧都只能用來爲老闆賺錢，自己出去開公司時都不能成功，一直賠錢；然後想要回到原來的公司去，老闆立刻說：「好！趕快回來！」他才一回來，又立刻幫老闆賺大錢。這就是說，他的果報就是如此。

這種毀謗大乘經教的人，回到人間以後不但在心智上「諸根闇鈍」，身體也不好：「矬陋攣躄盲聾背傴。」也就是說，他的身形既矮小，連手都彎彎曲曲而無法伸直，腳也廢掉了，連走路都很不方便。人家是老了沒有力氣才沒辦法好好走路，他則是一出生就這樣子；因此他有一個福報就是不用當兵，因爲身體檢查就通不過了。然後，站著也是身體傴僂，站不直；看著就是討人厭，不然就是不討人疼，人家看了都可憐他說：「哎呀！好可憐呵！」卻不會幫助他。像這樣的人，身分是卑賤的，是一般人覺得憐愍而不會去推崇他的，所以當他「有所言說人不信受」。不論他說了什麼話，人家都不當一回事，這叫作人微言輕。明明他講的有道理，人家也當作沒聽見；正是因爲往世欺騙人家，明明是最勝妙、最究竟的法，他竟說那是僞經，說那個不是佛講的。往世這樣欺騙人，所以即使後來歷盡了百千萬劫，三惡道中受報完了回到人間來，還會有這個果報：他即使說誠實語，人家也不相信他。譬如說，他如果懂得懺悔說：「大乘經眞是佛說，大家要相信啊！我往世受苦無量就是因爲毀謗大乘經典。」大家都認爲他講的對，可就是不肯聽他說，都是因爲往昔騙人——無根據的毀謗正法。明明是最勝妙的法，他說那個是僞經，他說那不是佛講的。

並且「口氣常臭鬼魅所著」，因爲他往昔所說的話都是假話，現在的果報就是嘴巴常常臭氣衝天。人家是熬夜上了火氣所以口臭，大不了把睡眠補足，再把維他命C吃一些也就解決了。他可不是，不管怎麼樣治療都永遠是臭的。不曉得有沒有中醫師遇過這種人？有喔！還眞的有欸！不論你怎麼樣為他醫治，他就是口臭，那就是往昔說謊謗法所得的業果、罪報，就得教導他對治因果病：以後說話都要說誠實語，不要毀謗賢聖，更不要毀謗正法，未來世就不會再這樣口臭治不好。因為往昔他說的話都是謊話，專門要欺騙人，明明是最究竟、最勝妙的正法，他卻毀謗而騙人說是僞經，所以就要讓他口臭。不管你怎麼為他醫治，他就是醫治不好，他就永遠都是臭的。

如果是一般人，他上火氣，肝臟有問題時，醫生診治把藥開了可以調節，他就不再口臭了，以後就跟正常人一樣。但如果是業障病，不論你怎麼治，他就是口臭。不開口就算了，一開口就是臭，整個房間裡大家都聞到了，於是沒有人要跟他講話，因為受不了。他才一開口，大家都要閃到旁邊去，離他遠遠地蒙著鼻子，要這樣跟他講話，那他會不會覺得很難過？因為人家跟他講話都要這樣奇怪，對不對？他想方設法去醫就是醫不好，問題就是出在往昔的因果罪報。

當他口氣常臭時，善人當然遠離，善神也一樣遠離他啊！因為善神也受不了。當善人遠離而善神也遠離時，誰最喜歡那個味道？鬼魅最喜歡啦！想想看，如果他身旁老是跟著鬼魅，他作生意作得起來嗎？他開了店門，人家沒辦法靠近，因爲都是鬼魅，稍微敏感的人就感覺這一家怪怪的、陰陰的，不喜歡進去，那他賣東西都不容易賣出去；談事情時也都一樣，鬼魅一天到晚圍在他身邊，時間久了家道一定中落。不管作什麼生意，他都很難成功。這種人只有一個行業他適合——去跟人家挑糞；因爲他的口臭再怎麼臭，也不會比糞便更臭，那他的口臭就被掩蓋過去了；可是身旁就是一堆食糞尿鬼，當然一生窮途潦倒，這就是他的罪業所生的果報。這樣的人當然是「貧窮下賤爲人所使」，他不可能作大生意的，連個小店鋪都開不起來，只好被人家當作下人來使喚。

那麼，他所能獲得的生活資源也是很短缺，有一餐沒一頓的，這也是正常，當然更不可能是飲食精美。這樣的人往往沒什麼眷屬，所以「多病痟瘦」，因爲沒有人照顧他，因此也是「無所依怙」。這種人都是福德很薄的人，想要尋求一個依靠的人都不可得，更沒有人想要保護他。雖然他會想方設法表示善意去親附於別人，可是別人並不當他一回事。他去依附的時候只能得到一個好處，人家會說：「這個某甲就是那個某某員外家挑糞的，你不要傷害他。」只有這個好處啦！因爲如果傷害他，員外就得再另外去找一個挑糞的人，大家只是爲了避免員外因此罵人而不傷害他。他只有這個好處，可是員外其實不重視他，看見他也當作沒看見，更不可能讓他登堂入室，所以「雖親附人人不在意」。

「若有所得尋復忘失；」縱使逢年過節，也許哪一天員外說：「這麼可憐，好啦，今年給他一貫錢好了。」所以就吩咐帳房說：「他也在咱們家挑三十年糞了，好啦，今年給他一貫錢。」這一貫錢才剛剛得了，結果明天一早不見了，他隨即失竊了：尋得復失。尋得是才剛剛得到。或者「尋復忘失」，好不容易得到這一貫錢，一生不曾有過這麼多錢。一貫錢是多少？是一千文。對他來講，眞是很多錢了，於是他想方設法去藏好，藏到一個很隱密的地方，他覺得很安心，每天還是繼續挑糞。過沒多久，有一天想起來說：那一貫錢到底藏在哪裡？沒想到卻忘記了，因爲藏得太隱密，連自己也找不到了。未來會被什麼人找到呢？可就不知道了。總之，就是他往昔毀謗大乘經而使人毀壞法身慧命，現在該補償人家；這算是他該別人的，那個福報他就得不到，所以說「尋復忘失」。

這種人，假使他想：「我應該懺悔，我一定往世造了惡業、造了孽，我要改變，以後去行善。」所以他努力修學醫方之道，想要醫治別人的疾病而且同時修學處方之道，所以接著就懂得「順方治病」，他就懂得隨順不同的疾病而使用不同的藥方。問題是，別人同樣醫病都沒事，他一醫就把人醫死了。人間沒有這回事嗎？有啊！所以，往世有惡業的人，學醫以後往往會醫死人，後來得賠償人家很多錢財，使他總是存不了錢財。往世沒有惡業的人，學醫就不會醫死人，因爲會被醫死的人不會到他手上來，沒有那個惡緣。所以說「若修醫道順方治病」的時候，往往被他醫治的人，越被他醫治，病反而越重。同樣的病，去到別的醫生那裡投了藥，漸漸好了；找到他診治以後，越醫就越病重：「更增他疾或復致死。」

所以，有時候電視新聞報導出來時，我的想法都跟人家不一樣。有的人發動親友去抗議，丟雞蛋、撒冥紙，我心裡第一個念頭起來說：「焉知他不是該死之人？」這話只能對諸位講（大眾笑…），因爲如果我在外面講，人家會罵說：「你這個人一點慈悲都沒有，你一定是魔！」人家往往會這樣罵，可是很多事情確實是這樣，往往是有背後的往世因果啊！爲什麼同樣的治療過程，別人沒事，他就有事？這很奇怪欸！這就是說，因爲他的因緣就是這樣，所以他其實不適合一開始就去當醫生，如果他懂得自己的宿命，他應該先去爲人家服勞力，去作苦力。工資微薄也沒有關係，就努力去作，這樣去償還眾生；因爲他過去世誤導眾生的罪很嚴重，這一世用苦力去償還眾生，就不會傷害到眾生，不必揹負更多的欠債。那麼，這一些業漸漸地消除，然後再一步一步往上去走。

所以，常常有人說：「我要我兒子當醫生，他一定要當醫生。」有人指定說：「我兒子一定要當工程師。」就設定一個目標，然後就逼著孩子去拚；但我都不管孩子們，你們要幹啥，自己去決定；我只要隨順因緣就好了，都不必擔心。如果很努力去找，職業還找不到，沒關係，老爸給你老米吃。這也是一個解決方法，因爲各人有各人的路，不會是一樣。因爲你設定他這一條路，難道他往世的因緣就適合這條路嗎？不見得！所以，這一類人剛回到人間時，不必急著要當醫生。他只是因爲醫生最受人尊崇，所以才想要當醫生。但不必這樣，因爲後果承受不了。

「若自有病無人救療，設服良藥而復增劇；」如果他自己生了病，既然自己當醫生，自己總能治吧？偏偏不行，他依舊得要給別人治才能好起來；

而且要找別人治的時候，都還不容易找，因爲人家會說：「你自己當醫生，自己醫治啦！我不好意思治你。」他得要自己診治。他當然懂得自己身體的病，也懂得如何處方服藥。問題是「設服良藥而復增劇」，別人身上看不見的怪事都會在他身上出現，你說可憐不可憐？眞可憐啊！但是看到這種可憐的現象，就要知道是往世所造的謗法大惡業，現在只是咎由自取。有的醫師很厲害，專治疑難雜症；別的醫師治不好的病，他都能治，當然他收費很貴。但是那個錢不好賺，因爲他往往是在干預因果；他懂得用一些奇怪的處方把人治好，但是他干預了因果，這種醫生往往晚年果報不好。所以很多事情看表面都不準，要從實質面來看，這得要先相信因果。所以，他雖然修醫道能夠順方治病，全部都懂，問題是自己生了病，竟沒有人能醫他；不得已，只好自己醫，結果好藥吃了，也只是加重他自己的病情，都是因爲往世謗大乘三寶所產生的果報。

「若他反逆抄劫竊盜，如是等罪橫羅其殃，如斯罪人永不見佛。」那麼，如果這些果報遭受到了，應該就很淒慘了吧？但他不只是這樣，有時候或者還會被別人反逆，或者被別人抄劫以及竊盜。有時候，或者別人造反時，重罪竟會跑到他身上來；官方往往不去抓那個造反的人，反而會因為私語傳來傳去而使官方聽說是他在背後指使，結果就來辦他。反逆，在古時候君權時代，這是最重的罪，有時候還會抄家滅族。結果別人指使的反逆罪，竟然會跑到他身上來；都是因為他福德極薄，沒有福德作依靠，所以那個背後主使的人花一些錢，叫官府說：「你就抓那個人去頂罪。」官府往往就抓了，他又無從辯解；他根本什麼都不知道，結果就被判了刑，還可能被砍了頭。

或者人家去抄劫、竊盜；抄劫就是半路上去打劫，比如人家有商隊或者什麼重要的貴重物品經過偏僻道路時，有人去打劫，那叫作抄劫；或者人家去竊盜，被發現了，結果跟官府勾結以後就把罪掛到他頭上去，「如是等罪橫羅其殃」時，眞的叫他百口莫辯。像這樣的罪人，在可預見的未來很多劫之中永不見佛。這種人是見不到諸佛的，未來世假使罪報全都受完了，他最多就是遇見辟支佛；可是辟支佛說法，他也不會信受，他也會懷疑，所以說「如斯罪人永不見佛」。

「眾聖之王說法教化，如斯罪人常生難處，狂聾心亂永不聞法；」是說一切聖人之中的法王，說法教化於人間的時候，也就是諸佛示現在人間而在爲眾生說法了，但是像這樣的罪人卻是「常生難處」，常常生在有災難的地方，或是生在八難之處，這樣的人當然沒有辦法聽聞諸佛說法。例如二千五百多年前 釋迦佛說法的時候，有多少人能聞 佛陀說法？大部分的人都聽不到，歐洲、亞洲、南美洲、北美洲、非洲，大部分人都聽不見，就只有印度那裡有人能夠聽見。不但如此，縱使讓他有因緣生在當時的印度，他還是「狂聾心亂永不聞法」，因爲他的佛菩提種還沒有生起，因爲往世謗大乘妙法而善根永斷，是一闡提人。「一闡提」就是善根斷盡，所以縱使有因緣可以生在有佛之處，聽聞正法時也會是「狂聾心亂」，那當然永遠無法聽聞正法。

「於無數劫如恒河沙，生輒聾瘂諸根不具；常處地獄如遊園觀，在餘惡道如己舍宅，駝驢豬狗是其行處，謗斯經故獲罪如是。」心狂了也沒有辦法聽聞，耳朵聾了也無法聽聞；或者縱使不狂不聾，可是心中亂想一堆，無法集中精神來聽，像這樣的人「於無數劫如恒河沙，生輒聾瘂諸根不具」。無數劫，那個無數劫要以恆河沙數來算；這麼長久的時間裡，每一世出生往往既聾又瘂。聾與瘂是合在一起的，會成爲啞巴是因爲耳聾，是因爲聽不見人家說什麼，他就無法學習講話，所以聾瘂大多是合而爲一的。現在比較進步，雖然聾了，還可以方便教導他學習說話；可是你要聽他說話，得很用心才能聽懂，因爲他的發音一定不準確。如果是古時候，聾了就聽不見，也沒有現代人方便學語的方法，就是會成爲啞巴。

而且這種人往往五根不具足，像這樣的人，不可能聽人解說人天善法以及因緣果報，所以往往又會繼續造作惡業，於是「常處地獄如遊園觀」，才回人間不久，又造惡業，所以常常住在地獄中。對一般人來說，想到監獄，腳底就涼了：「我可絕對不想進去呵！」可是有的人進監獄，就好像在他家的廚房來來去去一樣。對啊！他們不覺得被抓了進監獄有什麼問題，反而認爲那也是他的家。而且有很多的人更認爲那是他進修的地方，對啊！每關一次，他的竊盜技術就進步一級，因爲在獄中有機會互相學習。所以每關一次，竊盜功夫就進步一次，所以他們不覺得被關進監獄有什麼不好，所以他們遊監獄如每天進廚房吃飯一樣平常。而這些人則是「常處地獄如遊園觀」，也許上一回來到這個地獄，這一回來到不同的地獄，就多知道一點；也許來地獄很多趟以後說：「我又重遊舊地。」就是這一些人的寫照。

那麼每一次下了地獄，總是會再回來鬼道跟畜生道中，所以他在其餘的兩種惡道之中，也好像都是自己的家一樣，在人間住的時間反而少；因爲來到人間有機會便又造惡，所以他是在三惡道裡的時間最多，因此說他「在餘惡道如己舍宅」。所以，你假使在外面看見某一些畜生，看來牠們很喜歡當畜生的樣子，很滿意當畜生的生活，你也不要覺得奇怪。有的畜生不會喜歡人類的生活，牠們就是喜歡畜生道裡的生活，因爲牠們的心性就是那樣；可是牠們不知道這都是因爲自己的心性而導致現在成爲那樣，所以「在餘惡道如己舍宅」，牠們認爲那就是自己應該要住的地方。而牠們也常常在駝驢豬狗所行走居住的地方安住、行走。這就是牠們的果報，全都是因爲往昔無量劫前誹謗這一部《法華經》或其他大乘經典的緣故，才會獲得這樣的罪報。那麼牠們將來回到人間時會怎麼樣呢？

經文：【若得爲人聾盲瘖瘂，貧窮諸衰以自莊嚴；
水腫乾痟疥癩癰疽，如是等病以爲衣服；
身常臭處垢穢不淨，深著我見增益瞋恚，
婬欲熾盛不擇禽獸，謗斯經故獲罪如是。】

語譯：【假使他終於可獲得人身了，卻是耳聾眼盲又加上啞巴，而且是貧窮和種種衰患作爲自身的莊嚴；

而他的身體又有水腫的現象，或者身體枯瘦成病，皮膚還有乾癬疥瘡癰疔等病，無法好好穿衣服，他就以這些病作爲自己所穿的衣服；

而他的身體經常處於臭味的狀態下，永遠都是垢穢而不清淨，並且深深執著我見而不肯放捨，因此也使他的瞋恚不斷地增長，

在他的心中又同時是婬欲熾盛，所以也不選擇地與任何可以行淫的禽獸雜交，都是因爲往昔毀謗《妙法蓮華經》，或毀謗專講如來藏的大乘經典的緣故，這一世所獲得的罪報才會像這樣子。】

講義：「若得爲人聾盲瘖瘂，貧窮諸衰以自莊嚴；水腫乾痟疥癩癰疽，如是等病以爲衣服；」終於可以回來當人了，可是來到人間當人的時候卻是盲聾瘖瘂，如果不是眼睛生來就瞎了，不然就是耳朵根本聽不見。即使不聾不盲，喉嚨卻又出了問題，沒有辦法講話。好的職業當然就輪不到他，更不要說是創業；於是一生貧窮，種種衰弊之事全都在他身上出現了。人家是以寶冠、瓔珞、臂釧、手環、玉帶以自莊嚴，他卻是用貧窮衰弊來莊嚴自己。

而且身上若不是水腫就是乾癬。水腫就是渾身積水，顯示他的腎臟非常之差，這就是水腫。如果你們看見電視上有人在弘法時，他本來是瘦瘦的，突然間變胖了，而且胖得很虛，那就是水腫，一看就知道。聖嚴法師捨報前兩年，偶然看見他在電視上的模樣，我一看就跟我同修說他腎臟出問題了，果然才不過一年，消息傳來就說他在洗腎了。近年高雄有一位法師也是如此，其實也是水腫；這類疾病大部分都是腎臟損壞而產生的，當然腳氣病也有可能導致腳部水腫。乾痟，就是不管他吃多少食物，全都不吸收，肌肉一直消瘦下去，一點光澤都沒有。「疥癩癰疽」就不用解釋了，就是身上長疔啊、癰啊、膿瘡等等。人家是錦衣玉服穿著，他是用這一些病來當衣服，因為他就是以這個讓人家來瞧見他到底怎麼回事。

不但如此，「身常臭處垢穢不淨」，他那個身體就是臭得不得了，不論他怎麼清洗還都是臭的。有的女人有福報，生來就是身體香香的，所以才被人美名為香妃；若是身體常有臭味，一定會被叫作臭女人，不叫作臭妃，永遠不會被選為妃子。如果身體永遠都是臭的，就被稱為「身常臭處」；既然這樣，好衣服、名貴的保養品，當然都輪不到他使用，就被稱為「垢穢不淨」。

像這樣的人，你想要幫助他，他往往還會拒絕你，是因卑而生慢，成為卑慢。所以當你想幫助他的時候，他反而說：「你不用在那邊裝好心啦！我不會接受啦！」他反而罵你是假好心，就是因卑而生慢，這種人永遠都是「深著我見」。

「深著我見增益瞋恚，」你們如果仔細觀察，會發現一件事情：會誹謗大乘法的人，保證每一個人都是「我見深重」，死抱著意識的粗心、細心不放。大乘法從來都是講有八個識，二乘法也是如此；他們會主張「大乘非佛說」，就是因為不懂四部阿含諸經；他們不懂聲聞解脫道，所以認為人類只有六個識。那麼主張只有識陰六個識，當他們認定沒有第八識、第七識存在的時候，他們願意滅掉六個識而證涅槃嗎？或者說他們願意否定識陰六個識全部嗎？當然不肯！因為他們如果主張人都只有六識，然後又說六識都要滅掉才可以入無餘涅槃，又說要否定六識全部才有可能斷我見，那他們不是自打嘴巴嗎？所以，他們再怎麼樣都不肯否定意識的，一定要認定意識為常住法。所以你看宗喀巴，他的《菩提道次第廣論》還公開說意識是不生滅的，說意識是三世輪迴的主體；還公然主張說一切種子都是意識所執持的，所以主張「意識是結生相續識」，把眞如心如來藏的功德移來意識身上，那他當然不肯斷我見，因爲眞斷我見時就等於搬磚頭砸自己的腳。

那一些否定大乘法的人都是六識論者，只有一種人否定大乘法的時候還繼續在宣揚八識論，那叫作腦筋混亂。如果他腦筋是清楚的，當他否定大乘法、否定八識論的時候，就一定會堅持六識論，這樣的人當然是「**深著我見**」。所以說，凡是會堅持六識論來否定大乘，堅定主張「大乘非佛說」，這種人都是「**深著我見**」的人，因爲他不論怎樣都會去建立意識爲常住心。近代最有名的人就是釋印順，他否定了七、八識以後，又恐怕無餘涅槃會落入斷滅空中，結果只好回頭再來建立意識細心常住的說法，於是建立細意識常住說，重新再落回意識心中，所以他的我見就沒辦法斷除。這顯示他落入六識論中就不可能斷我見，一定會認定意識是常住的。當他落入一切粗細意識時，一定不離識陰六識的境界，我見是永遠不可能斷除的，這不就是「**深著我見**」嗎？「**深著我見**」的人，凡事都以我爲中心——以意識自我爲中心。當他以這個自我爲中心的時候，假使有人說他把佛法解釋錯了，他會怎麼反應？會很生氣而立刻寫文章出來否定別人的說法。

可是，也許你們有人想說：「**那可不一定呵！你看，人家印順跟昭慧都沒有寫文章否定你呵！**」那是因爲他們聰明，懂得看人行事。若是不聰明的，他就寫來否定了；人類是很聰明的，會隨便寫文章、寫書來否定正覺的法，那種人都叫作門外漢。什麼人才會寫這類文章？密宗！因爲密宗根本是門外漢，他們對基本佛法完全不懂。如果是顯教裡面的法師、居士呢？他們讀了我的書以後，會想辦法建立一些理論而尋找我書中法義的一些疑問，看能不能推翻，但他們最後會發覺無法推翻。既然無法推翻，最好的方法就是閉嘴不談，這是表面上還能夠安忍的人：「**反正他講他的，我不理他。**」不能安忍的愚癡人就放話說：「**我才懶得回應他，他的程度太差了。**」

這種人其實瞋恚心都是很重的，因爲他們的**我見**沒有斷除時，就會跟**見取見**相應。見取見以什麼爲業？以鬥爭爲業：「**當別人的說法跟我不一樣，我就要把他鬥倒。**」這叫作見取見，自己的說法不對，還認爲是天下第一高見，還要去鬥倒別人。如果你出來演說正法而評論大師們說錯的地方，以便救護眾生，那就不能叫作見取見，因爲不是以鬥爭爲業，而是全無瞋恚地救護眾生回歸正道。說法時不能隨便誣賴人，否則就成爲見取見。反過來說，如果以救護眾生爲業，而可以叫作見取見的話，那佛陀豈不是也有見取見了？那就變成謗佛了！所以說法不如實而要爭到贏，想要打倒對方，那才叫作見取見。如果是救護眾生說法如實，那不叫作見取見。

那種人會毀謗大乘法的原因，就是因爲落在意識我上面，或者落在識陰我上面，當然叫作「**深著我見**」。「**深著我見**」的人不能忍受別人說法跟他不同，就會「**增益瞋恚**」。「**增益瞋恚**」的人當然一定會想方設法把與他敵對的一方鬥倒，因爲他想要出一口惡氣。如果沒有辦法從法義上鬥倒，打官司也行，一定會想辦法把對方鬥倒，因爲心裡很生氣。可是「**增益瞋恚**」時去對凡夫鬥爭也許會成功，但不要對菩薩幹這種事；如果對菩薩這樣，他可就會踢到鐵板了。諸位想一想，我們《正覺電子報》這樣連載好幾期釋昭慧的故事，她會不會再告？不會呵？你們都看準她不會呀？她當然要衡量：「**如果我針對這些文章再告一次，結果會怎麼樣？**」她當然要衡量嘛！結果就是我們會辨正她更多的說法，戲就會更好看。必然如此啊！所以說，一直都跟我見相應的人，一遇到有人如理評論他所說法義時，他就免不了生起瞋恚心。

那麼，往昔謗大乘經的人還有一種類型：「**婬欲熾盛不擇禽獸。**」這是哪一類人？（大眾回答：密宗！）哎呀！諸位都是行家，都知道是密宗，他們就是這樣。但爲什麼他們會這樣？因爲他們的認定：「識陰是常住的。」所以他們主張六個識的見聞覺知是常住的。所以他們不允許有七、八識，因爲經上都說第八識如來藏離見聞覺知，這叫他們如何能接受？要是眞的轉依離見聞覺知的第八識，那他們的雙身法樂空雙運就必須要廢棄了。「是可忍，孰不可忍？」如果這樣他們也能接受的話，那你見了喇嘛們，罵他們祖宗十八代，他們也不會生氣了。因爲雙身法是他們活命的根本，他們都可以廢棄了，那死掉的祖宗算什麼？所以他們其實是我見最厚重的人。

因爲密宗喇嘛們連我見都弄不清楚，根本談不上斷我見的事情。事實上，他們其實都落在我所裡面，連識陰六識都還弄不清楚。他們都是落入識陰六識的心所法中，才能和樂空雙運中的六塵接觸；落入六塵的境界中，就是落入我所中，密宗喇嘛們都落在這裡面。因爲他們必須認定六個識都是常住的，雙身法才能成立，否則雙身法就得廢棄而成爲世間法，不能再叫作無上瑜伽了。如來藏離見聞覺知，那他想：「我怎麼能樂空雙運？不可能樂空雙運了。那我轉依如來藏正見以後，不就要把我自己密宗的根本法推翻了嗎？」所以他們不可能接受第八識的，不論第八識心妙法要叫作法義或者思想，他們都絕不可能接受。所以，你如果要求密宗來接受第八識如來藏，那叫作與虎謀皮，就好像愚人去跟一頭老虎說「**把你的皮割下來送給我**」一樣，牠一定不可能接受。

根據密宗經典或續典的說法，他們的樂空雙運，假使找不到人身的明妃或者夜叉的明妃，那時找一頭母性的畜生當明妃也行。這是他們的密續裡面明白寫著的，我們並沒有誣賴他們，所以他們正是這段經文中說的「**婬欲熾盛不擇禽獸**」。諸位想想看那些喇嘛們，他們早上醒來想到的第一件事情就是樂空雙運，因爲他們的祖師自古以來都是這樣教導，密續中也這樣說，宗喀巴在《廣論》中也這樣講，說二六時（十二個時辰）中都必須樂空雙運。而且宗喀巴教他的徒眾們說：女人是寶貝，你們一生都要受用女人，不可以離開女人。換句話說，妳們女生若是密宗信徒，那就一生都要受用男人，不許離開男人。宗喀巴又說，出家人受用異性來行淫，每天樂空雙運是無罪的；不管你是出家或在家都無罪，這就是宗喀巴講的。問題來了，假使找不到人男、人女或者天男、天女來行淫時，喇嘛們該怎麼辦？此時就是畜生男、畜生女也行。這不正是「不擇禽獸」嗎？

當喇嘛們「不擇禽獸」的時候，是不是失掉了人的格？是啊！失掉人的格了嘛！失掉人格的時候，下一輩子就不可能再繼續當人。即使他們一生都在布施，也不可能當人了，因爲已經失掉了生而爲人的格了。一個人捨報以後爲什麼會去當畜生呢？因爲他的心性已經是畜生，所以失掉了人的格以後，下一輩子就得去當畜生。如果一個人陰險毒辣，表示他已失掉了人的格，他已經得到毒蛇的格。得到毒蛇的格以後，下輩子就去受生當毒蛇，人見人怕。他在人間就是人見人怕，因爲大家知道他很陰險毒辣，所以大家都提防他，都避免跟他接觸，怕萬一接觸時不小心得罪了他，怎麼辦？因爲人常常會不小心得罪別人，一般人你若是得罪了，講開來也就沒事了，他卻不是，他會永遠記得，未來一定會暗中報復；你去向他道歉也沒有用，他還是會報復，那他就失掉了人的格，得到了毒蛇的格；所以死後就去當毒蛇，因爲他的格就是這樣。

那麼密宗有些喇嘛「婬欲熾盛不擇禽獸」，他們當然已失掉了人的格；他假使一生都沒有害人、沒有詐騙錢財，只是一生努力修雙身法而「不擇禽獸」來修，一樣是失掉了人的格，當然死後就會去當禽獸。當什麼樣的禽獸？去當野狗，在馬路上眾人注視之下也可以樂空雙運，因爲牠沒有人的格，有的是狗格。所以狗類會淪落到今天這個地步，是因爲前世被惡人所誤導以後，自己信受到底還努力去作。假使不是被惡人所誤導，不會走上這一條路，將來就不會失掉人的格，未來世還可以保住人身。

我們希望二十年內要把密宗趕出台灣佛教，如今我們已經作了幾年了？有三、四年了！大家要繼續努力，我們要使更多的台灣人保住人格，不要擁有畜生格以後自己都還不知道。這事情很重要，而我們已經有了初步成績。諸位有沒有感覺到？現在路上比較少見喇嘛了，以前路上喇嘛到處都是。不但如此，風景區還有喇嘛拉著女眾的手談情說愛，公然招搖成那樣子，他們自己都不覺得有什麼奇怪。現在呢？現在連路上都少了，因爲聽說他們都用皮包裝著喇嘛的服裝，去到密宗道場以後再換上去。我們有一些初步的成績是說，他們有一點在萎縮了，這現象已經開始了。

這就好像股市變成熊市時的曲線圖，高上來一點點就下去，高上來一點點又下去，那叫作M頭，不是W底。台灣密宗那個M頭已經出現了，在第二個高點以後已經開始往下走了，以後就是每上揚一下就會更加往下，就會一直往下發展。我們有希望達成這個目標，這是一件大功德，諸位在這一件功德上都有一分。但是我們還要繼續努力幫助密宗信徒認清這個事實，不要讓他們去落入三惡道很久以後落到鬼道，才又回到人間時，卻又走上了密宗這個「婬欲熾盛不擇禽獸」的老路，我們要幫助他們保住人格。乃至那一些密宗的喇嘛們，我們也要想辦法把他們拉回來，要把他們從畜生格再拉回到人格中來，這才是我們要作的。雖然他們會很痛苦，但這痛苦是短時的，最多只有一世；萬一落入畜生的格中，受苦可就無量世了。所以當他們弄清楚了，他們還是會感激諸位的。但是歸結到最後，爲什麼有人會這樣子？都是因爲往昔無量劫之前曾經謗法，才會導致這個結果，所以說「謗斯經故獲罪如是」。

今天《妙法蓮華經》要從五十頁第三段開始：

經文：【告舍利弗謗斯經者，若說其罪窮劫不盡；
以是因緣我故語汝：無智人中莫說此經。

若有利根智慧明了，多聞強識求佛道者，
如是之人乃可爲說。若人曾見億百千佛，
植諸善本深心堅固，如是之人乃可爲說。
若人精進常修慈心，不惜身命乃可爲說。
若人恭敬無有異心，離諸凡愚獨處山澤，
如是之人乃可爲說。】

這一段經文中說明：可以爲什麼人演說《法華經》。前面講的是不信者不應該爲他說，謗《法華經》的人將會有什麼樣的正報與花報。那麼現在回過頭來，從另一方面說，什麼樣的人我們可以爲他演說《法華經》。所以在開始之前，先把上一段作一個總結，因此 世尊說：

語譯：【我釋迦牟尼告訴你舍利弗，你們應當知道：誹謗這一部《妙法蓮華經》的人，我如果要說他們的罪業以及果報，就算不斷地宣講，一直講到這個劫過完了，還是講不完的；

由於這樣的因緣，所以我才特地告訴你說：「在沒有智慧的人之中，不要爲他們解說這一部經典。」

如果有人是個根性猛利的人，而他的智慧是聰明了達的，並且多聞強識，凡是他聽聞過的法，就可以記得而不會忘失；而且他又是尋求佛道的人，像這樣的人，你才可以爲他宣說這部《法華經》。

如果有人在過去很多劫以來，曾經面見過一億個百千佛，並且於諸佛的所在都以善心修集各種見道的資本，而且深心之中道心非常堅固，像這樣的人才可以爲他說《法華經》。

如果有人很精進而且常常修習慈心觀，爲了衆生可以不珍惜自己的色身性命，像這樣的人才可以爲他演說《法華經》。

如果有人對佛菩提非常恭敬，從來不曾有二心，而他沒有私心所以能夠離開一切凡夫和二乘愚人，自己無所求而處於山林水邊用功修行，像這樣的人才可以爲他演說《法華經》。」

講義：「告舍利弗謗斯經者，若說其罪窮劫不盡；以是因緣我故語汝：無智人中莫說此經。」世尊又說：「我告訴你舍利弗，凡是毀謗《法華經》的人，他的過失非常非常多，眞的是罄竹難書；」罄竹難書四字實在也比不上他的過失，因爲以竹片來寫，你能寫得了他多少罪業？就算現在以紙張來寫好了，也寫不了多少。諸位想想看，如果把他整整一生的言行都寫下來，可以成爲一本傳記，就足夠函蓋他的一生。可是如果謗《法華經》下了地獄以後，要經很多劫才能回到人間的事情全部寫下來；那麼一劫大概是多少年？應該是幾千億年啦！如果是幾千億年，那會有幾世？而且他下墮地獄以後不是三、五劫就能回來人間；因爲地獄的劫很長，下到了第一層地獄，那邊的一天相當於我們這裡一萬八千年；那麼再往下呢？又加倍長了。總之越往下就越長，如果在阿鼻地獄中過一劫就好，或者不必經過一劫，只在阿鼻地獄中過一生就好了，以它那裡的一天等於人間到底是幾劫？已經很有得算了（看誰的算盤比較好，算算看）；那麼他在那裡的一生相當於人間，眞的不曉得是幾劫了。

然後才能由深而淺：從阿鼻地獄受報完畢以後才能上來五無間地獄，再上來寒冰地獄、火熱地獄等等，一一歷盡才能來到餓鬼道中。餓鬼道的壽命比人命更長，而且是非常的長；因爲餓鬼道的壽命都不是短命鬼，所以人類可以罵人家是短命鬼，實際上餓鬼都沒有短命的，都是長壽的。在那餓鬼道裡要受幾劫的苦呢？也很難計算。餓鬼報受完了才能回來人間當畜生，在畜生道中也會當很久。以前舍利弗尊者神通很好，佛要他觀察一隻鴿子的往世，他往以前去看，看到八萬大劫前，牠還是鴿子；又看到牠八萬大劫以後仍然是鴿子；那麼如果要從鴿子轉過來當狗，中間要經歷多久的時間？連當鴿子都不只八萬大劫，你想想看，想要回來當人，那是要多久的時間？

如果是人類的一世，不管他那一世是多麼短壽，把他從出生到死的事情全部記錄起來，都算是寫一本記錄的書好了，到底要寫多少本書？如果只寫這一大劫中的每一世所有事情，寫成傳記需要多少本書？我看這個大樓整個給他放還不夠放。那你說，他毀謗大乘經而有罪過，死後在阿鼻地獄中所受的所有果報，以那裡面的整整一劫時間來說，幾十棟大樓的空間來存放他的一切記錄，眞的還不夠說。可是這麼長久的極難受苦報，卻只因爲很簡單地作一件事情就可以得到：毀謗大乘經法。要賺這個果報很容易賺，只要公開四處去說：「《法華經》非佛說，大乘經非佛說。」一、二句話就行了，這樣就可以賺到未來世三惡道的無量果報。哇！這個太好賺了！可是我想，有智之人絕對不想賺，愚癡人才會想要賺它。

可是近代佛教那些愚癡人，一天到晚跟在日本人後頭主張「大乘非佛說」，還寫成書本來公開流傳久遠，意思是說《法華經》、《如來藏經》全都是後人編出來的。就這樣簡簡單單一句話，或者簡簡單單一本書寫了出來，這個罪業所導致的未來世苦報，眞叫作無量世極慘痛苦報，因此「若說其罪窮劫不盡」。因爲無法計算，無量世的痛苦果報馬上就賺到了，太好賺了，只是有智之人所不爲焉。因此，佛說的「若說其罪窮劫不盡」，這還眞的沒有絲毫誇大，講的還是很簡略，但有多少人知道眞相呢？

所以爲了預防那些淺見無智之人，聽聞妙法時心中難忍而毀謗最勝法，佛菩薩應該以慈悲心著眼，就不要爲他們演說。正因爲這個因緣，所以釋迦牟尼佛才會向舍利弗說：「在沒有智慧的人之中，你不要爲他們講《妙法蓮華經》的內容。」因爲他們沒有智慧能夠理解，聽了以後就會毀謗，毀謗的結果就是未來無量世要受那個重罪苦果，所受的過程以及果報眞的「窮劫不盡」而說不完。所以大乘經很難令人信受，因爲《法華經》裡面所說的都是動不動就是幾劫、幾十劫、幾百劫、幾千劫，然後又說成佛的時程是三大阿僧祇劫，那些沒智慧的人如何能信受呢？且不說時間這麼久遠，單說現在一樣可以親證的明心證悟如來藏，我們說了二十年，還是有那麼多人不相信，何況證悟如來藏以後還要超過二大阿僧祇劫的努力修行才能成佛，他們怎麼聽得進去？所以眞的難信。

這樣看來，日本有一派所謂的佛教徒，他們每天在誦著幾個字：南無妙法蓮華經。有沒有？（有人回答：有。）那個叫作什麼教派？是日蓮正宗嘛！這樣看來，他們比那一些主張「大乘非佛說」的人，眞的是可取太多了！至少他們不毀謗，他們也每天認眞持唸此經的經名。所以你看，像他們那樣被說爲愚癡而老老實實每天持唸「歸命妙法蓮華經」的人，未來也會跟《妙法蓮華經》有緣。縱使這一世無緣也沒關係，未來世總會有緣親遇，甚至可以實證。退一萬步說，即使未來很多世都跟《妙法蓮華經》的法義實證無緣，至少不會像那一些在主張「大乘非佛說」的人要下墮阿鼻地獄一樣苦吧！

因爲他們即使繼續在人間輪轉，五億七千六百萬年後，彌勒菩薩降生人間時，他們至少還可以證得阿羅漢果。可是謗大乘經的人幾十年後，死了往生在阿鼻地獄中，在那邊受苦都還沒有過完第一天，日蓮正宗那些人卻已經在　彌勒佛座下證阿羅漢了。以阿鼻地獄中的一天時光，再來想想他們那一世就好，且不說以後的許多世，光是那一世的長劫無量極苦境界，怎生堪受？

眞的很難領受，可是又逃不掉那種痛苦。那可不是在人間的苦呵！人間的痛苦若是受不了時，悶過去就沒事了，大不了自殺了結。因爲人間的罪，不管法律怎麼究責，都不會把你究責到下一世再繼續判罪，人間的苦受最多只判一世。可是在阿鼻地獄痛到受不了時也會死，雖然是內相分，可是也會死，死了業風一吹又隨即活過來，好好的一個地獄身又在那裡，馬上又開始受苦。哎呀！那眞的難受。可是人家日本那些人只唸著「南無妙法蓮華經」的信徒們，留在這裡已經遇到　彌勒尊佛，已經成爲阿羅漢而可以出三界生死，並且還可以迴心大乘而繼續等候後面的九百九十五尊佛來到。但他在阿鼻地獄受苦，還沒有經過一天，他的時間眞的很長。爲了預防沒有智慧的人聽了不信就毀謗此經，所以應該避免爲這一類人演說《法華經》，因爲太難信了。

「若有利根智慧明了，多聞強識求佛道者，如是之人乃可爲說。」世尊接著就說明，是什麼樣的人可以爲他們演說：「如果有的人，根性是猛利的，而他們的智慧是很明白了達的；」換句話說，這個人除了根性猛利以外，他也有智慧，所以聽了就懂，並且可以深入了知而通達你所說的道理；又加上說：「他能夠多聞，不會拒絕多聞；」在修學佛法的過程中，最怕的就是得少爲足，稍微聽了二年的佛法就誇大口說：「所有佛法我都懂了，你別再跟我講佛法了。」如果他不得少爲足，就會想：「我多少聽聽看，假使一百句之中，有二、三句是可取的，我攝受了，那麼我就得利了。」所以他願意多聞。可是智慧不夠又不聰明了達的人，往往稍微熏習了一、二年，他就覺得自己很了不得，然後不管誰爲他說一些什麼法，他都拒絕：「你說的，我都知道了，不要再講了。」像這樣的人就是少聞，少聞的人會有一個結果，叫作寡慧。因爲他所聽聞的層面太狹窄，而這種人還有一個特性，就是聽了就忘了，老是記不住。「多聞」的人一定也是「強識」；這個**識**就讀作誌，也就是記住了；他聽很多了，也有很強的力量把它記住。

爲什麼「多聞」以後能夠「強識」？因爲他多聞以後，接下去聽很多的法義時都可以勝解，他有了勝解就能夠記住。沒有勝解就無法記住，也就是說，聽懂了才能記得住；聽不懂的話，記那些語言文字是沒有用的。所以會外有人說：「你們同修會這些老師們，個個都很厲害。」爲什麼？因爲我們不像那些法師們要弄了個經架，把要說的內容全都抄好，然後一個字一個字唸出來。我們最多就是放一張綱要在那邊，就開始宣講了。這個部分講完了，看一下綱要應該接著講什麼，然後又繼續講。他們對這一點覺得很出乎意料之外。我想，這樣我也達到目的了，我讓他們知道說：你看正覺這一些老師們這樣說法就是自心現量的流露。其實還有很多親教師都行，但他們沒有時間或者身分還不方便等等，所以目前還沒有辦法去電視上說法，以後隨著時間改變自然就會繼續增多。

爲什麼我們的親教師們能夠這樣講法呢？因爲曾經「多聞」，多聞以後水平提升了，針對某一些法，只要聽聞之後就有了勝解；勝解以後念心所才能成就，念心所成就的時候只要看那個綱要就行了，那綱要就是它的總持，所以不必一字又一字先寫下來，然後照本宣科。因爲我們上去說法不是在朗誦，很多法師錄影時都是用朗誦的，但我們不是。爲什麼我們的老師們不必這樣用朗誦的方式說法呢？就是因爲「多聞」，多聞之後就可以「強識」，也就是有了勝解所以產生了念心所，因此只要看到幾個字，知道接下來要講什麼，然後就源源不絕講出來，這樣叫作「多聞強識」。世尊吩咐說：「如果有人是多聞強識的一類人，而他又是求證佛菩提道的，才可以爲他演說《妙法蓮華經》。」這就是第一種可以爲他演說《法華經》的人。

「若人曾見億百千佛，植諸善本深心堅固，如是之人乃可為說。」接下來說：「如果有人過去很多劫以來，曾經看見過一億尊佛、一百尊佛、一千尊佛，或者見過一億個百千尊佛，或者已見過一億個一百尊佛，並且於一一佛所種植了各種善法的資本了，」這個資本很重要，經商得要有資本，學佛也要有資本；「這一些善法資本已經種植完成，所以他深心之中對於佛菩提的求證是非常堅固而不可動搖的，」當他聽到人家說：「你修解脫道就好，一世就可以成為阿羅漢，你為什麼要那麼辛苦修學佛菩提？那要三大阿僧祇劫欸！」可是他不為所動。心想：「我就是要修學佛菩提，三大阿僧祇劫也不畏懼。」世尊說：「遇到有這樣的人，才可以為他演說《妙法蓮華經》。」

「若人精進常修慈心，不惜身命乃可為說。」世尊說：「如果有人很精進，常常在修習慈心觀；他每天也都在設想如何能夠利益一切有情眾生，可以不惜身命而去努力，」不惜身命是很困難的，我跟諸位說一個眞的故事。我們十年前，大概十二年有了吧！有一位師姊，我覺得她悟後應該可以出來弘法，想要讓她試試看；那時候有差別智的課程，所以我叫她說：「接下來輪到妳，妳就上來講下一段。」結果她下次就不來上課了，因為她覺得有壓力。我說：「以後還要出來弘法，爲什麼這樣講一段就不行？妳必須要上來跟大家一樣各講一段；假使講錯了，我再來補充。」結果下回她就沒來了！後來聽說她私下有講：「老師都要破邪顯正，我如果出來弘法，被人家捅一刀，不是很倒楣嗎？」你們說這不就是顧惜身命嗎？所以今天講《法華經》，她當然沒辦法聽到。

眞正行菩薩道的時候，固然同時要考慮到身命的安全，這是基本的心態；但這是因爲留得有用之身，可以爲正法、爲眾生作更多事。然而局面若是必須要出面努力去奮戰的時候，就得要出面奮戰，應該要「不惜身命」才對。可是結果呢？竟是貪生怕死。假使眞的有人要拿刀來殺，我擋在前頭欸！還輪不到她嘛！那她因此就不來共修了，如今大概已經有十一、二年了。這就是對眾生的慈心不夠，就像中南部有一句俗諺說：「別人的囝仔死未了。」（台語）別人的孩子那麼多，死不光的，死幾個算什麼？如果這樣子想，就是慈心不夠。菩薩從大悲中生，如果不是滿腹的大悲心，就沒有資格當菩薩。不能深入地「常修慈心」就不可能爲了眾生而不惜身命。可是話說回來，也有許多菩薩深修慈心觀，願意不惜身命爲眾生的法身慧命來奮鬥，世尊說：

「像這樣的人，才可以爲他演說《妙法蓮華經》。」

「若人恭敬無有異心，離諸凡愚獨處山澤，如是之人乃可爲說。」世尊說：「還有一種人，他對三寶很恭敬而沒有二心，」也就是說三寶的事就是他的事，所以他把佛法能不能利益眾生的事，看作最重要，「從來沒有二心」，因爲這樣的人是不會有私心的，他既不會有私心，「而且又有智慧能夠離諸凡、愚，」離開凡夫以及二乘愚人，他是爲了想要證道以後出來利益眾生，因此不攀緣於權勢、錢財、眷屬，「獨自一個人處於山林水澤之中，努力爲證佛菩提而想要利益眾生，遇到這樣的人，才可以爲他說《妙法蓮華經》。」那你想說：「糟糕了，得要『離諸凡、愚』，離凡倒沒問題啦！離開二乘聖者那些愚人，我到哪裡去離？現在根本找不到阿羅漢，乃至找不到一個初果人。」你不必管他；既然現在沒有，你就不必離；有，你才需要離嘛！譬如說身上無病，就不必特地弄一個病再來離病嘛！所以，現在既沒有這一些二乘聖人愚夫，你就不必管他，你也不必刻意去找到以後才來遠離，有的話你才要離。

接著說「獨處山澤」。有人想：「我一家老小都在城市裡面，我的事業或者我上班時，也都在城市裡面，我怎麼樣可以獨處山澤？」但這裡講的「獨處山澤」，是針對出家以後想要求悟的人而說，所以要遠離饋鬧，不要跟人家有所往來，才能夠專心於道業上面。如果是在家人呢？「獨處山澤」就是不攀緣，不要今天打電話給張三，約明天泡茶聊天；明天聊天聊過了，又打電話給李四說：「咱們後天玩水去。」就這樣攀緣。如果住於鬧市之中卻能夠心無攀緣，也等於「獨處山澤」，只要在道業上努力去進行就夠了。如果是這樣的人，就可以聽受《妙法蓮華經》，善知識就可以為他演說《妙法蓮華經》了。那麼 世尊的開示中說有這樣總共四種人，都是可以為他們演說《妙法蓮華經》的。接著還有幾種呢？

經文：【又舍利弗若見有人，捨惡知識親近善友，如是之人乃可為說。

若見佛子持戒清潔，如淨明珠求大乘經，如是之人乃可為說。

若人無瞋質直柔軟，常愍一切恭敬諸佛，如是之人乃可為說。

復有佛子於大眾中，以清淨心種種因緣，譬喻言辭說法無礙，

如是之人乃可為說。

若有比丘爲一切智，四方求法合掌頂受，但樂受持大乘經典；
乃至不受餘經一偈，如是之人乃可爲說。
如人至心求佛舍利，如是求經得已頂受，其人不復志求餘經，
亦未曾念外道典籍，如是之人乃可爲說。】

語譯：【佛陀又說：

而且舍利弗啊！如果你看見有人他已經捨棄了惡知識，親近了善知識或者親近了同學正法的善友，像這樣的人，你就可以爲他演說《法華經》。

如果有佛弟子受持戒律是很清淨的、很高潔的，就如同清淨的明珠一樣而在尋求大乘經，這樣的人你才可以爲他演說《法華經》。

如果有人心地很和善，從來不起瞋恚心，而且他的心地是很直爽、很調柔，跟大眾接觸時身段柔軟，而常常憨念一切眾生，心中非常地恭敬諸佛，像這樣的人才可以爲他演說《法華經》。

還有佛弟子處於大眾之中有清淨心，並且能夠善巧方便利用種種的因緣，加上譬喻和精確的言辭而爲眾生演說佛法沒有障礙，像這樣的人正可以爲他演說《法華經》。

如果有比丘想要獲得一切智智，他四面八方到處去尋求正法，總是恭敬地合掌以頭頂領受，但他只愛樂於受持大乘經典；如果是二乘的經典，乃至一部經、一首偈，他都不願接受，像這樣的人才可以爲他演說《法華經》。如果有人以至誠心來尋求佛陀的身骨舍利而作供養，這樣的人求得經典以後，便以頭頂來受持諸佛的法舍利，再也不會起心動念去尋求其餘二乘法或者人天善法的經典，心中也從來都不曾想過要學習外道的經典或者書籍，像這樣的人才可以爲他演說《法華經》。」

講義：這一段偈中又講了六種可以聽聞《法華經》的人。第一種人是：「又舍利弗若見有人，捨惡知識親近善友，如是之人乃可爲說。」佛陀說了：「舍利弗啊！你如果看見有的人能夠捨離惡知識來親近善友，才可以爲他演說《法華經》。」捨離惡知識是第一個條件，親近善友是第二個條件，因爲捨離惡知識的人不一定會親近善友。有一些人知道某一些道場或者某一些大師說法錯誤，乃至是在毀謗聖教，所以他們跟隨了一、二十年以後，讀了正覺同修會的書籍，知道那是在誤導眾生，是惡知識，所以他們遠離了。可是，遠離之後有來親近善知識嗎？也沒有，如果這些人全部有來親近善知識，我們把這整棟大樓買下來也不夠容納；這證明他們終究沒有來，但是已經先離開惡知識了；在這樣的情況下，還不足以由我們爲他們來演講《法華經》。

這就是說，他們的善根還不夠，所以只能先遠離惡知識；至於跟善知識親近，那需要的往往不是一世、二世的因緣。如果是這一世才來親近，他每週二來聽聽經典，聽經後把功德迴向完了，他就忘光光了；回家以後繼續過他的世間法，心不在道業上，所以他也不會努力求證悟，也不會努力修集福德或者修除性障，全都不會作。他就只是來聽聞，聽聞完了就打包起來，放在他腦海某一個位置；就這麼存放著，下一次來聽經時就打開，再把它聯結上來，下課後又把它打包了。這表示說，他跟善知識的緣還很淺。所以捨離惡知識以後不一定能親近善友，親近善友之後也不一定就能夠頂戴受持，因爲他的信位功德還不具足。

如果他修學佛法以來不過三生、十世，那還早著哩！因爲修學佛菩提，始從初信位，末至十信圓滿，最快要一個大劫，慢的人要一萬大劫。一個大劫可能是幾千億年，那一萬大劫呢？那眞的是太長了！所以各人有各人的因緣。度眾要努力，至於能不能度得來，卻要隨緣，因爲有的人現在才在初信位，有的人到了二信位，有的人在三信位；有的人一大劫可以滿足十信，有的人卻要一萬大劫啊！所以，我都沒有期待正覺同修會將來會員能有十萬人、一百萬人，根本不可能啦！因爲這麼深妙的法，哪有可能會有那麼多人來學！學這個法，以前一位居士說：「蕭老師啊！你那個法太深了，能夠學你這個法的人，就像那個金字塔的頂端，大概不超過百分之五啦！」我其實很認同他的看法，但是他後面那些話，就不中聽了，他說：「與其讓那百分之九十五的人在紅塵道場打滾，不如讓他們學月溪法師的法。」（大眾笑…）他說完了，我就接著說：「這裡面有一個問題，在紅塵道場中打滾，他們不會否定如來藏正法；可是如果在月溪法師的法裡面打滾，他們可是會否定如來藏正法呵！」我這一說，他們不敢再講話了。所以要「親近善友」不是那麼容易的事。

因此，諸位看到外面一大群佛教徒都只把行善當作在學佛，你也不要灰心氣餒，心想說：「哎呀！這些人爲什麼那麼難度？」不用這樣想，因爲你要這樣想說，我如今六住滿心了，或者我七住滿心了，乃至見性了說我十住滿心了，他們那些人還得要經過初信位、十信位，得要先修好人天善法以後，進了初住位還要好好去爲眾生作布施，那是他們該作的。那麼回過頭來想一想說：「他們要什麼時候才能到六住滿心？如果要像我這樣已經得七住滿心了，我看是很難很難呵！這樣想起來，我還算不錯。」有沒有覺得不錯？有啊！應該覺得不錯啊！因爲這對一般的學佛人來講，眞是可望而不可及。有的人甚至連望都不敢望，他們都不敢想說：「我想要看看人家七住位開悟了，是長什麼模樣？」不但不敢看，連想都不敢想。

但是，只有小人物才這樣說嗎？不然欸！大法師也這樣講，所以曾經有大法師跟我講：「你講什麼體究念佛、實相念佛？那是大菩薩們的事！我們算什麼？」鼎鼎大名的大法師欸！那你說，你可以開悟明心，在第七住之中滿心不退，是應該有一點點安慰吧！然後再來發大悲心，看我們在什麼地方、什麼層面可以爲他們作事，來讓他們可以早日轉進。這就是我們悟後所應該作的，而不是去影響他們說：「你們都應該來學。」假使他們所有人全都來學，我們這邊怎麼辦？沒有那麼多親教師教他們，也沒有那麼多場所容納他們。所以捨惡知識的人，不一定便能親近善友，因爲他往世修學次法還不具足，這一世實修正法的因緣還不夠。如果捨了惡知識而能夠快速的親近善友，這種人一定會信受《妙法蓮華經》，表示他的善根淳厚，當人家在說「《妙法蓮華經》是後人創造的」，他心裡面不會相信，他一定相信說：「這一定是佛說的。」這樣的人當然可以爲他演說《妙法蓮華經》。

「若見佛子持戒清潔，如淨明珠求大乘經，如是之人乃可爲說。」那麼第二種人，如果有佛弟子受持佛戒，不論是五戒、八戒、式叉摩那戒、比丘尼戒、比丘戒或者菩薩戒，他都不犯戒，清淨地持戒，就好像清淨的明珠一樣，也在努力勤求大乘經典。如果有誰爲他講：「修解脱道可以成阿羅漢。」他連想都不想，他只想學大乘法，這就是個菩薩根性的人。菩薩根性的人聽到二乘法時不生喜樂，所以即使《阿含正義》讀完了，他的觀行也完成了，證得阿羅漢果以後也會把它丟開說：「這不是我要的。」他一心只想要明心見性當菩薩，想要利樂眾生，像這樣的人不是爲一己之私。

那些愛樂修學二乘解脱道的人，一天到晚想著：「我要趕快出離三界生死。」堂上老爸、老媽什麼都不懂，還在輪迴，他也不想理會，就想要自己入涅槃。他對孩子們也不會這樣想：「我這些笨孩子，我要度他們，好好讓他們也得解脱、也得智慧。」他都不想，只想自己死了就入涅槃，這樣的人就不能叫作佛子。這樣的人都是 佛陀行道時在路上撿來的，不是 佛陀親生的；因爲 佛陀來人間不是要度這種人，這種人也不是 佛陀一世又一世來度化的人。得要是「持戒清潔」而且「求大乘經」的人，應該是「如淨明珠求大乘經」，像這樣的人，才可以爲他演說《妙法蓮華經》。

那一種愛樂二乘法的人非常多，例如玄奘菩薩那個年代好了，當時二乘菩提的《俱舍論》非常風行；可是那一些人聽到《瑜伽師地論》時，立刻罵將開來：「這個外道論，你學它幹什麼！」然而玄奘菩薩都已經把二乘經典嫻熟而且親證了，早已證得阿羅漢果了，但他知道有《瑜伽師地論》，這部論太重要了，一定要設法去學，在震旦找來找去沒有人可以教導他。唐太宗又把持著前往西域的關口，沒有獲得允許也不許出國，玄奘菩薩下定決心，不管生死存亡，就偷偷地溜出國，去西天的過程眞的是九死一生。結果冬天到了西域，好像是在蔥嶺北邊吧？正好下大雪，都沒有路可以走了，只好停留在那邊等雪融再走。因此就跟當地那些法師們來往，結果遇到了誰？木叉趜多！而另一位般若趜多是安慧的徒弟，安慧又是何許人哉？就是《大乘廣五蘊論》的作者，在《大正藏》裡面印著，那叫作僞論。

僞論也放進《大正藏》裡面，眞的害死人！若不是那一部論來作導火線，二○○三年楊先生他們也不會公然否定阿賴耶識。他們只是看到釋印順舉出那一部論講：「阿賴耶識也是識蘊所攝。」喔！這一下，認爲找到明確證據可以推翻正覺同修會了：「你看，阿賴耶識還是識蘊，是生滅法，所以我們證得佛地眞如，當然比正覺同修會更高。從此以後，你們正覺不可以再說是開悟者，你們應該封山、關門了。」問題是，佛說識蘊是根、塵二法相觸而生，那就是眼識到意識，不外這六個識；安慧論師把阿賴耶識歸入識蘊，到底要歸入識蘊中的哪一個識？歸不進去！可笑的是，安慧這個凡夫論師竟然也可以把祂列入識蘊之中。出生識蘊的心可以歸入識蘊之內，這是什麼邏輯？這種不通的邏輯，但他們會相信，也眞沒智慧。安慧最有名的徒弟就是般若趜多，他們都是聲聞人；他的師父安慧也是聲聞僧，爲了冒充大乘菩薩，就故意寫了《大乘廣五蘊論》。他如果要寫「廣五蘊論」就隨他去寫，但別加上「大乘」二字；明明是聲聞人，偏來寫「大乘」的「廣五蘊論」，後代的凡夫大師們（例如釋印順）迷迷糊糊沒有智慧，只看見那僞論被收入《大正藏》中，就全信了，也就跟著它亂走，接著就毀謗最勝妙的第八識正法，成就地獄業。

安慧的徒弟般若趜多寫了一部論，叫作《破大乘論》。他想：「我的師父安慧破得不夠，我要破得徹底一點。」就寫了個《破大乘論》，後來還是被玄奘寫的《制惡見論》給破盡了。這些假冒大乘菩薩的部派佛教聲聞人很大膽，但他爲什麼要這樣寫？他大概是氣玄奘法師讓他很沒面子，氣不過才寫的。又如玄奘菩薩取經過程中，想要翻山越嶺到印度去，遇到大雪封山，那個冬天停留在蔥嶺北邊沒什麼事，就去拜訪附近的法師們，當然也就同樣拜訪了聲聞僧木叉趜多。當時木叉趜多高高地坐在上面，就像我今天上座說法一樣坐在上面；玄奘當時坐在下面，好像諸位一樣坐在下面；然後，兩個人就開始論法，就講起《俱舍論》來。

爲什麼要講《俱舍論》呢？因爲玄奘說：「我要去西天學習《瑜伽師地論》。」木叉趜多就說：「你要學佛法，我這裡有的是；去西天學那《瑜伽師地論》，那是外道論，你學它幹什麼？」本來玄奘菩薩很恭敬他，聽到他講這一句話否定根本論，對他便一點都不尊重了，於是就說：「好啊！那我們就來談《俱舍論》好了，《俱舍論》是你的專長嘛！」可是才一開頭，木叉趜多就講錯了，玄奘菩薩就把他的錯處指出來：你錯在哪裡，為什麼錯。他沒辦法辯解，就說：「那不然，不要再談這個法義，我們講論中別的法義。」他就從《俱舍論》裡面取出另一部分來講，結果又講錯了，玄奘菩薩又辨正他的錯處，他又說：「這個法義也不要講，我們講最後面的法義好了。」一樣又講錯了，依舊被玄奘指正。最後玄奘菩薩說：「我們就講某個部分好了。」把論中的法義提出來說時，木叉趜多不懂，竟然說：「《俱舍論》裡面沒有這個法義啦！」玄奘菩薩笑著說：「有啊！」但他爭執說沒有，因為他知道自己無法講出道理來了，便這樣胡謅。

那時，剛好國王的叔父也出家，名為智月，也住在那裡，對經論也有深入研究，便當場出面說：「有，《俱舍論》有這一段文字、法義。」然後就把論請了出來，當場指出來說：「你看，在這裡。」這木叉趜多怎麼說呢？他說：「啊！我老了，忘記了，對不起啦！」玄奘菩薩看他不懂裝懂，誤導別人還想要說謊籠罩別人，就有意要對治他，於是三天兩頭就去找他論法。自從那次以後，他不敢再高坐了，就下座來跟玄奘平起平坐；到最後，他是遠遠看玄奘菩薩來了，乾脆避走不見。

這表示什麼呢？表示那些二乘人冒稱是大乘菩薩時，連自己本宗的論都沒有學好，全無所證，根本無法與玄奘菩薩對話；而那時玄奘菩薩還沒有到西天，他已經把聲聞解脫道全都實證了，早就具足解脫果了。後來玄奘菩薩在西天遊學完成，聽說般若趜多寫了一部《破大乘論》，他才一拿到手，當晚就開始寫《制惡見論》破他，好像是寫了一千五百頌吧？（編案：一千六百頌。）一個晚上就把它寫完，把般若趜多的主張全部破盡了。那一部頌好像被戒日王拿去閱讀收藏了吧？就沒有流傳回震旦來，現在都已找不到了。但是沒關係，將來假使有機會，般若趜多那部《破大乘論》又出現了，咱們再來破他；因爲那一定很容易破，沒有什麼困難啦！這就是說，聲聞僧專求二乘經，讀了大乘經便自以爲懂，其實還不知道自己是聲聞僧，而且連二乘經都不懂呢。

專求二乘經，表示他心地不直，因爲他想：「大乘經這麼深，我不能承認說我不會啊！我如果承認不會，那我還弘什麼法？還能受什麼人供養？」所以不承認自己不會，就乾脆推翻，全面推翻以後就沒事了。就像現代也有一個搞學術的人，想要推翻阿含部的《央掘魔羅經》。我說他夠笨，他越弄就越會身敗名裂，因為現在已不是正覺同修會尚未出現的年代，鄉下老人家會說他：「目睭擘無金。」（台語，意謂剛睡醒還沒張眼看清楚。）真是睡眼惺忪，隨隨便便就想作什麼。所以，專求大乘經的人心地比較正直，因為他知道：「二乘法不究竟，大乘法我還不懂；既然不懂，我要修學啊！不該隨便就否定。」像這樣的人就可以為他演說《法華經》。

「若人無瞋質直柔軟，常愍一切恭敬諸佛，如是之人乃可為說。」第三種人是「無瞋質直柔軟」，這是指他自己的心性。這是說他心性調柔，不會動不動就生氣，他心性本質上是正直的、不彎曲的。不彎曲的人都有個特性，例如你如果向他請教某一個法，他會說：「對不起！這個我不會，你們另請高明。」如果心地不直，就會跟你講一大堆，都是胡謅的；他就是不承認自己不會，就是想要籠罩人。無瞋又質直，心地當然是調柔的，這樣心地調柔的人，會常常愍念一切眾生。這種人不是自私的人，所以會常常愍念一切眾生。會愍念眾生的人，也是不會生起慢心的，一定「恭敬諸佛」，這些是連在一起的。

你們可以注意去看：凡是自認為證量跟 佛陀一樣的人，或者開口說大話：「釋迦牟尼佛只是化身佛，我們現在已經是報身佛了。」你們看那一些人，他們都不會愍念一切眾生。那一些人，凡是眾生對密法有所求的時候，他們會先開口：「你先供養一百萬元，再來求法。」不然就開口說：「你明天送二百萬元來供養我。」有時又向另一個人說：「你後天送一千萬元來供養我。」假使學人推說沒錢，因為眞的不富有，他就說：「你家裡沒錢呵？你有房子啊！拿去銀行抵押借款啊！」這種事在台灣屢見不鮮，但那不是佛教裡的法師，那是附佛法外道密宗的喇嘛。

還有一種喇嘛是，他根本什麼法都沒有，也要騙錢。所以七、八年前，有一個女眾到同修會來，說要我們幫忙她，說她的好朋友拿了房子去貸款，貸了五百萬元，帶去上海供養喇嘛，說喇嘛答應他：只要供養了五百萬元台幣，就會教他一個法。結果供養了以後，他什麼法也沒有學到；她說這個朋友心裡面很鬱悶，知道受騙了又沒辦法把錢要回來，接著銀行借的款還不了，房子又被查封了，最後精神失常。那種騙子，動不動就自稱是活佛，他們對 釋迦如來一向沒什麼恭敬心；這種人不會「常愍一切」，能夠騙就騙。

所以說，想要實修《法華經》的人，一定是「無瞋質直柔軟，常愍一切」，而且「恭敬諸佛」，像這樣的人就可以爲他演說《妙法蓮華經》。而那種騙人錢財色身的喇嘛們會作什麼事呢？當人家說他們的法錯了，他們不會想要檢討，根本不想檢討改過。人家把證據擺出來，證明他們的法義錯了，他們還要狡辯到底。然後，當他們無法回應的時候，就使出下三濫的手段：你們到處去流通正法書籍時，他們就叫徒眾們去外面蒐集正覺的書籍，一箱又一箱搬回去收藏起來。最近聽說台南有個密宗道場，家裡堆積了一堆我們結緣版的贈閱書籍，我們有同修親眼看見，說有超過一萬本。一萬本可眞是不少欸！要放滿整整一個房間了，那你說這樣的人能叫作「質直」嗎？能叫作「柔軟」嗎？他是爲了自己的名聞與利養，希望正法書籍別再流通，以免間接顯示他的法義不是佛法；所以什麼樣的不正當手段，他都可以作。這種人，你跟他講《法華經》，他也聽不進去啦！

「復有佛子於大眾中，以清淨心種種因緣，譬喻言辭說法無礙，如是之人乃可爲說。」第四種具緣的人是：如果還有佛弟子在大眾中，他有智慧，言辭辯給，所以他以無所求的心、以清淨心，在種種的因緣當中去把握各種因緣，用各種的「譬喻言辭」而可以爲眾生「說法無礙」，這表示他的智慧是廣博通達的，這樣的人可以爲他演說《法華經》。他聽了就會瞭解：「啊！原來這裡面有這一些道理，我以前竟然都不知道。」他聽完以後就會通達，這種人就可以爲他演說《法華經》。

「若有比丘爲一切智，四方求法合掌頂受，但樂受持大乘經典；」第五種是說，如果有比丘—當然包括比丘尼—爲了想要求得「一切智」的智慧，就是大乘法中說的一切種智；因此他就四面八方到處去求法，只要遇到大乘法，或是聽說有誰能夠理解大乘法，他就很恭敬地「合掌」來求法；得到了法以後，他就頂戴受持。這個現象在台灣普遍不普遍？不普遍。在台灣，大部分佛教寺院聽到說：「某某法師啊！你在跟誰學法？好久不見啊！」「我在正覺學法。」「哎呀！你怎麼在那邊學法？你是法師，跟居士學什麼法？」喔！原來法師不可以跟居士學法，那他到底是什麼人？是聲聞人還是菩薩？那就是聲聞嘛！

這表示他們在學法上面的基本知見都還很淺薄。因爲：剃髮著染衣，這是聲聞相，不是菩薩相。菩薩有些什麼相？菩薩也有現聲聞相的，但是菩薩大部分現什麼相？有宰官之相，專門判案，該死的惡人，菩薩一判就讓他死；

該剁腳後跟的，一判就把他剁了腳後跟。菩薩是什麼樣的行業中都有，可是菩薩也可以現聲聞相。然而現聲聞相的人是不是菩薩呢？不一定。比如說，他現聲聞相之後，又受了菩薩戒，他卻主張說：「菩薩戒是別解脫戒，比丘聲聞戒才是正解脫戒。」那麼請問：他是聲聞還是菩薩？是聲聞嘛！如果他主張法師不可以跟居士學法，那表示他對佛菩提完全外行。完全外行的人才會這樣，這跟玄奘當年在西天時，親隨一切善知識學法，不論善知識現在家相或出家相，與這些聲聞出家人的心態完全不同。由此可見我們對台灣佛教那些出家人應該要作的教育，顯然作得還不夠，眞的還差很多啦！但這些工作，由誰來作最適合？由你們諸位法師來作是最適合。因爲他們認同你們身上那一件僧衣，你們表相上的身分跟他們是一樣的，他們就比較會聽得進去。但是期待也別太大，能有一半僧眾聽得進去就很好了；因爲台灣佛教五十年來被教育出來的思想，就是佛教中只有聲聞僧而沒有菩薩僧，他們多數是不承認有菩薩僧的。

所以，求得大乘之法而能夠「合掌頂受」，這才是眞的菩薩。但是有多少人懂得要求證「一切智」智呢？多數不懂。都把聲聞解脫道當作成佛之道，因爲他們中了釋印順的邪毒已經太久了。誠如古時醫生說的：「七年之疾，求三年之艾。」那已經七年的老病沈痾，得要用艾草來灸上整整三年才會好。台灣佛教被釋印順誤導幾年了？不要講四十年、五十年，只講二十年就好了，那麼「七年之疾，求三年之艾」，你想要導正他們最少也要七分之三的時間吧！那得要幾年？所以等我們《眞假沙門》這本書出來了以後，至少也要再等五年、八年才有辦法轉變他們。所以，眞正爲求「一切智」智慧的人是不多的，他們都以爲說：「所謂成佛之道就只是四聖諦、八正道、十二因緣。至於第八識如來藏，那是外道神我。」但是，有人懂得應該要追隨佛陀的「一切智」智，那就是一切種智，於是他就「四方求法」，只要能求得「大乘經典」，他就是「合掌頂受」。他只樂於受持「大乘經典」，如果是二乘法的經典，不但不受持，乃至其中的一首偈那麼短，也不願意受持：「乃至不受餘經一偈。」佛說：「如是之人乃可爲說。」一心一意要修學大乘法，像這樣的人就可以爲他演說《妙法蓮華經》了。

「如人至心求佛舍利，如是求經得已頂受，其人不復志求餘經，亦未曾念外道典籍，如是之人乃可爲說。」最後第六種人，譬如有人以至誠心在求佛舍利，想要供養舍利。舍利有二種，一般是指肉身舍利，諸佛都以碎身舍利方式而取滅度，才能夠廣泛跟眾生結下法緣；可是諸佛還有法舍利，也就是三藏十二部經中的妙義。如果有人以至誠心來求二種舍利，連碎身舍利也一樣覓求，像這樣覓求「大乘經」，求到了以後就會「頂戴受持」。當他獲得「大乘經」以後，再也讀不下二乘經典了，你要他讀《阿含經》，他會讀得非常痛苦，沒有辦法全部讀完，於是他就放下不讀了。這種人「不復志求餘經」，他只專求「大乘經」；他對二乘經尚且都不喜樂了，何況是「外道典籍」呢？所以如果他有外道書籍，譬如有人曾經送他一本說：「這個氣功妙法，可以讓你打通任督二脈，至於其他的經脈也都沒有問題，全部可以打通。打通以後，你就成仙了。」他想：「我又不想去當山人，叫我成仙幹什麼？」連看都不看。縱使盛情難卻而接受下來呢，回到家裡便丟到角落裡，從此不動它。

也許有人說：「我們這個妙法可以發起大神通，你趕快來學。」「不去。」「你不想來，不然我把書送給你。」「不要。」他連翻都不想翻，因爲他專求佛菩提的智慧。老實說，現在也沒有人能教人修證神通，那些所謂能教神通的人，我們有些很早期的同修去學神通，如今已經超過十年，應該有了吧？終於好不容易修成一種神通——有吃就有通。以外，什麼神通都沒有。十一、二年了，到現在還是如此。但那種通，不必他去修，笨蛋才想要去修。對那些「外道典籍」，眞正的菩薩，凡是想要修大乘法的人，不愛樂這一些外道法，他要的是實相智慧。所以，這一種人求得「大乘經典」時就會當作法舍利，「不復志求餘經」。

至於「外道典籍」，他更不想讀，爲什麼呢？因爲當他「大乘經典」讀多了以後，看到那些外道寫的所謂經典，立即發覺全都是世間法，不然就是戲論，他完全讀不下去。如果是這樣的求證佛法的人，你就可以爲他演說這一部《妙法蓮華經》。所以《法華經》不能到街頭上去隨便就講，因爲眾生不相應。而且如果還沒有學佛或者淺學的人，聽到你爲他們講《法華經》，他們會說這個是在講夢話，因爲他們根本不可能接受。且不說世俗人，你看那些主張「大乘非佛說」的六識論聲聞人，他們常常說的就是：「大乘經典裡面講的，很多都是神話。」「神話」的意思就是說，那是講給小孩子聽的故事。那你想，如何能爲他們宣講《法華經》呢？那麼，佛陀說完了這六種，接下來要作個總結：

經文：【告舍利弗我說是相，求佛道者窮劫不盡；如是等人則能信解，汝當為說妙法華經。】

語譯：【我告訴舍利弗你們啊！我若是說明《妙法蓮華經》有關的種種法相，追求佛菩提道的人其實有更多更多不同狀況的人，如果要詳細一一加以說明的話，整整一劫講過了也還是講不完的；只有面對剛才我所說的這十種人，才能為他們演說《法華經》，當你為他們演說了以後，他們就能夠信解，所以你應當為這十種人解說《妙法蓮華經》。】

講義：「告舍利弗我說是相，求佛道者窮劫不盡；如是等人則能信解，汝當為說妙法華經。」接著 佛陀又說：「我告訴舍利弗你們大眾啊！我若是詳細說明《妙法蓮華經》有關的種種法相，由於追求佛菩提道實證的人之中，其實還有更多不同狀況的人，如果要詳細一一加以說明的話，整整一劫講過了也還是講不完的；這是因為在求證佛菩提道的人之中，根性和因緣眞是千差萬別，沒有辦法只用三言兩語就講得清楚的；所以就算整整講過了這一個大劫，也還是講不完。那麼，只有像剛才我所說的這十種人，才能爲他們演說這部《法華經》；爲他們演說圓滿以後，他們也才能夠信受及理解，其餘的人是聽不懂的。所以只有這十種人，你應當爲他們解說《妙法蓮華經》。」這一段偈文的意思很淺顯明白，咱們就不必再作解釋，直接進入下一品來解說。

（未完，詳續第六輯中解說。）

佛菩提二主要道次第概要表——二道並修，以外無別佛法

佛菩提道——大菩提道

十信位修集信心——一劫乃至一萬劫

資糧位

初住位修集布施功德（以財施爲主）。
二住位修集持戒功德。
三住位修集忍辱功德。
四住位修集精進功德。
五住位修集禪定功德。
六住位修集般若功德（熏習般若中觀及斷我見，加行位也）。

外門廣修六度萬行

見道位

七住位明心般若正觀現前，親證本來自性清淨涅槃。
八住位起於一切法現觀般若中道。漸除性障。
十住位眼見佛性，世界如幻觀成就。

一至十行位，於廣行六度萬行中，依般若中道慧，現觀陰處界猶如陽焰，至第十行滿心位，陽焰觀成就。

一至十迴向位熏習一切種智；修除性障，唯留最後一分思惑不斷。第十迴向滿心位成就菩薩道如夢觀。

內門廣修六度萬行

遠波羅蜜多

初地：第十迴向位滿心時，成就道種智一分（八識心王一一親證後，領受五法、三自性、七種第一義、七種性自性、二種無我法）復由勇發十無盡願，成通達位菩薩。復又永伏性障而不具斷，能證慧解脫而不取證，由大願故留惑潤生。此地主修法施波羅蜜多及百法明門。證「猶如鏡像」現觀，故滿初地心。

二地：初地功德滿足以後，再成就道種智一分而入二地；主修戒波羅蜜多及一切種智。滿心位成就「猶如光影」現觀，戒行自然清淨。

解脫道：二乘菩提

→ 斷三縛結，成初果解脫

→ 薄貪瞋癡，成二果解脫

→ 斷五下分結，成三果解脫

→ 入地前的四加行令煩惱障現行悉斷，成四果解脫，留惑潤生。分段生死已斷，煩惱障習氣種子開始斷除，兼斷無始無明上煩惱。

圓滿成就究竟佛果

近波羅蜜多 —— 大波羅蜜多 —— 圓滿波羅蜜多

修道位 —— 究竟位

三地：二地滿心再證道種智一分，故入三地。此地主修忍波羅蜜多及四禪八定、四無量心、五神通。能成就俱解脫果而不取證，留惑潤生。滿心位成就「猶如谷響」現觀及無漏妙定意生身。

四地：由三地再證道種智一分故入四地。主修精進波羅蜜多，於此土及他方世界廣度有緣，無有疲倦。進修一切種智，滿心位成就「如水中月」現觀。

五地：由四地再證道種智一分故入五地。主修禪定波羅蜜多及一切種智，斷除下乘涅槃貪。滿心位成就「變化所成」現觀。

六地：由五地再證道種智一分故入六地。此地主修般若波羅蜜多——依道種智現觀十二因緣一一有支及意生身化身，皆自心眞如變化所現，「非有似有」，成就細相觀，不由加行而自然證得滅盡定，成俱解脫大乘無學。

七地：由六地「非有似有」現觀，再證道種智一分故入七地。此地主修一切種智及方便波羅蜜多，由重觀十二有支一一支中之流轉門及還滅門一切細相，成就方便善巧，念念隨入滅盡定。滿心位證得「如犍闥婆城」現觀。

八地：由七地極細相觀成就故再證道種智一分而入八地。此地主修一切種智及願波羅蜜多。至滿心位純無相觀任運恆起，故於相土自在，滿心位復證「如實覺知諸法相意生身」故。

九地：由八地再證道種智一分故入九地。主修力波羅蜜多及一切種智，成就四無礙，滿心位證得「種類俱生無行作意生身」。

十地：由九地再證道種智一分故入此地。此地主修一切種智——智波羅蜜多。滿心位起大法智雲，及現起大法智雲所含藏種種功德，成受職菩薩。

等覺：由十地道種智成就故入此地。此地應修一切種智，圓滿等覺地無生法忍；於百劫中修集極廣大福德，以之圓滿三十二大人相及無量隨形好。

妙覺：示現受生人間已斷盡煩惱障一切習氣種子，並斷盡所知障一切隨眠，永斷變易生死無明，成就大般涅槃，四智圓明。人間捨壽後，報身常住色究竟天利樂十方地上菩薩；以諸化身利樂有情，永無盡期，成就究竟佛道。

七地滿心斷除故意保留之最後一分思惑時，煩惱障所攝色、受、想三陰有漏習氣種子全部斷盡。 ←

煩惱障所攝行、識二陰無漏習氣種子任運漸斷，所知障所攝上煩惱任運漸斷。 ← 斷盡變易生死成就大般涅槃

佛子蕭平實 謹製
（二〇〇九、〇二 修訂）
（二〇一二、〇二 增補）

佛教正覺同修會〈修學佛道次第表〉

第一階段

* 以憶佛及拜佛方式修習動中定力。
* 學第一義佛法及禪法知見。
* 無相拜佛功夫成就。
* 具備一念相續功夫—動靜中皆能看話頭。
* 努力培植福德資糧，勤修三福淨業。

第二階段

* 參話頭，參公案。
* 開悟明心，一片悟境。
* 鍛鍊功夫求見佛性。
* 眼見佛性〈餘五根亦如是〉親見世界如幻，成就如幻觀。
* 學習禪門差別智。
* 深入第一義經典。
* 修除性障及隨分修學禪定。
* 修證十行位陽焰觀。

第三階段

* 學一切種智真實正理—楞伽經、解深密經、成唯識論…。
* 參究末後句。
* 解悟末後句。
* 透牢關—親自體驗所悟末後句境界，親見實相，無得無失。
* 救護一切眾生迴向正道。護持了義正法，修證十迴向位如夢觀。
* 發十無盡願，修習百法明門，親證猶如鏡像現觀。
* 修除五蓋，發起禪定。持一切善法戒。親證猶如光影現觀。
* 進修四禪八定、四無量心、五神通。進修大乘種智，求證猶如谷響現觀。

佛教正覺同修會 共修現況 及 招生公告　2016/1/16

一、共修現況：（請在共修時間來電，以免無人接聽。）

台北正覺講堂 103 台北市承德路三段 277 號九樓 捷運淡水線圓山站旁
Tel..**總機** 02-25957295（晚上）（**分機：九樓**辦公室 10、11；知客櫃檯 12、13。 **十樓**知客櫃檯 15、16；書局櫃檯 14。 **五樓**辦公室 18；知客櫃檯 19。**二樓**辦公室 20；知客櫃檯 21。）
Fax..25954493

第一講堂　台北市承德路三段 277 號九樓

禪淨班：週一晚上班、週三晚上班、週四晚上班、週五晚上班、週六下午班、週六上午班（皆須報名建立學籍後始可參加共修，欲報名者詳見本公告末頁）

增上班：瑜伽師地論詳解：每月第一、三、五週之週末 17.50～20.50 平實導師講解（僅限已明心之會員參加）

禪門差別智：每月第一週日全天　平實導師主講（事冗暫停）。

佛藏經詳解　平實導師主講。已於 2013/12/17 開講，歡迎已發成佛大願的菩薩種性學人，攜眷共同參與此殊勝法會聽講。詳解 釋迦世尊於《佛藏經》中所開示的眞實義理，更爲今時後世佛子四眾，闡述佛陀演說此經的本懷。眞實尋求佛菩提道的有緣佛子，親承聽聞如是勝妙開示，當能如實理解經中義理，亦能了知於大乘法中：如何是諸法實相？善知識、惡知識要如何簡擇？如何才是清淨持戒？如何才能清淨說法？於此末法之世，眾生五濁益重，不知佛、不解法、不識僧，唯見表相，不信眞實，貪著五欲，諸方大師不淨說法，各各將導大量徒眾趣入三塗，如是師徒俱堪憐憫。是故，平實導師以大慈悲心，用淺白易懂之語句，佐以實例、譬喻而爲演說，普令聞者易解佛意，皆得契入佛法正道，如實了知佛法大藏。

此經中，對於實相念佛多所著墨，亦指出念佛要點：以實相爲依，念佛者應依止淨戒、依止清淨僧寶，捨離違犯重戒之師僧，應受學清淨之法，遠離邪見。本經是現代佛門大法師所厭惡之經典：一者由於大法師們已全都落入意識境界而無法親證實相，故於此經中所說實相全無所知，都不樂有人聞此經名，以免讀後提出問疑時無法回答；二者現代大乘佛法地區，已經普被藏密喇嘛教滲透，許多有名之大法師們大多已曾或繼續在修練雙身法，都已失去聲聞戒體及菩薩戒體，成爲地獄種姓人，已非眞正出家之人，本質只是身著僧衣而住在寺院中的世俗人。這些人對於此經都是讀不懂的，也是極爲厭惡的；他們尚不樂見此經之印行，何況流通與講解？今爲救護廣大學佛人，兼欲護持佛教血脈永續常傳，特選此經宣講之。每逢週二 18.50~20.50 開示，不限制聽講資格。會外人士需憑身分證件換證入內聽講（此是大樓管理處之安全規定，敬請見諒）。桃園、台中、台南、高雄等地講堂，亦於每週二晚上播放平實導師所講本經之 DVD，不必出示身分證件即可入內聽講，歡迎各地善信同霑法益。

第二講堂　台北市承德路三段 267 號十樓。

禪淨班：週一晚上班、週六下午班。

進階班：週三晚上班、週四晚上班、週五晚上班（禪淨班結業後轉入共修）。

佛藏經詳解：平實導師講解。每週二 18.50~20.50（影像音聲即時傳輸）。本會學員憑上課證進入聽講，會外學人請以身分證件換證進入聽講（此為大樓管理處安全管理規定之要求，敬請諒解）。

第三講堂　台北市承德路三段 277 號五樓。

進階班：週一晚上班、週三晚上班、週四晚上班、週五晚上班。

佛藏經詳解：平實導師講解。每週二 18.50~20.50（影像音聲即時傳輸）。本會學員憑上課證進入聽講，會外學人請以身分證件換證進入聽講（此為大樓管理處安全管理規定之要求，敬請諒解）。

第四講堂　台北市承德路三段 267 號二樓。

進階班：週一晚上班、週三晚上班、週四晚上班、週五晚上班（禪淨班結業後轉入共修）。

佛藏經詳解：平實導師講解。每週二 18.50~20.50（影像音聲即時傳輸）。本會學員憑上課證進入聽講，會外學人請以身分證件換證進入聽講（此為大樓管理處安全管理規定之要求，敬請諒解）。

第五、第六講堂　為**開放式講堂**，不需以身分證件換證即可進入聽講，台北市承德路三段 267 號地下一樓、地下二樓。已規劃整修完成，每逢週二晚上講經時段開放給會外人士自由聽經，請由大樓側面梯階逕行進入聽講。**聽講者請尊重講者的著作權及肖像權，請勿錄音錄影，以免違法；若有錄音錄影被查獲者，將依法處理**。

正覺祖師堂　大溪鎮美華里信義路 650 巷坑底 5 之 6 號（台 3 號省道 34 公里處 妙法寺對面斜坡道進入）電話 03-3886110　傳真 03-3881692 本堂供奉 克勤圓悟大師，專供會員每年四月、十月各二次精進禪三共修，兼作本會出家菩薩掛單常住之用。除禪三時間以外，每逢單月第一週之週日 9:00~17:00 開放會內、外人士參訪，當天並提供午齋結緣。教內共修團體或道場，得另申請其餘時間作團體參訪，務請事先與常住確定日期，以便安排常住菩薩接引導覽，亦免妨礙常住菩薩之日常作息及修行。

桃園正覺講堂（第一、第二講堂）：桃園市介壽路 286、288 號 10 樓（陽明運動公園對面）電話：03-3749363（請於共修時聯繫，或與台北聯繫）

禪淨班：週一晚上班、週三晚上班、週四晚上班、週五晚上班。

進階班：週六上午班、週五晚上班。

佛藏經詳解：平實導師講解。每週二晚上，以台北正覺講堂所錄 DVD

放映；歡迎會外學人共同聽講，不需出示身分證件。

新竹正覺講堂 新竹市東光路 55 號二樓之一 電話 03-5724297（晚上）

第一講堂：

禪淨班：週一晚上班、週五晚上班、週六上午班。

進階班：週三晚上班、週四晚上班（由禪淨班結業後轉入共修）。

佛藏經詳解：平實導師講解。每週二晚上，以台北正覺講堂所錄 DVD 放映。歡迎會外學人共同聽講，不需出示身分證件。

第二講堂：

禪淨班：週三晚上班、週四晚上班。

佛藏經詳解：每週二晚上與第一講堂同時播放佛藏經詳解 DVD。

台中正覺講堂 04-23816090（晚上）

第一講堂 台中市南屯區五權西路二段 666 號 13 樓之四（國泰世華銀行樓上。鄰近縣市經第一高速公路前來者，由五權西路交流道可以快速到達，大樓旁有停車場，對面有素食館）。

禪淨班：週三晚上班、週四晚上班。

進階班：週一晚上班、週六上午班（由禪淨班結業後轉入共修）。

增上班：單週週末以台北增上班課程錄成 DVD 放映之，限已明心之會員參加。

佛藏經詳解：平實導師講解。每週二晚上，以台北正覺講堂所錄 DVD 放映。歡迎會外學人共同聽講，不需出示身分證件。

第二講堂 台中市南屯區五權西路二段 666 號 4 樓

禪淨班：週一晚上班、週三晚上班、週六上午班。

進階班：週五晚上班（由禪淨班結業後轉入共修）。

佛藏經詳解：每週二晚上與第一講堂同時播放佛藏經詳解 DVD。

第三講堂、第四講堂：台中市南屯區五權西路二段 666 號 4 樓。

嘉義正覺講堂 嘉義市友愛路 288 號八樓之一 電話：05-2318228

第一講堂：

禪淨班：週一晚上班、週四晚上班、週五晚上班。

進階班：週三晚上班（由禪淨班結業後轉入共修）。

佛藏經詳解：平實導師講解。每週二晚上，以台北正覺講堂所錄 DVD 放映。歡迎會外學人共同聽講，不需出示身分證件。

第二講堂 嘉義市友愛路 288 號八樓之二。

台南正覺講堂

第一講堂 台南市西門路四段 15 號 4 樓。06-2820541（晚上）

禪淨班：週一晚上班、週三晚上班、週四晚上班、週五晚上班、週六下午班。

增上班：單週週末下午，以台北增上班課程錄成 DVD 放映之，限已明心之會員參加。

佛藏經詳解：平實導師講解。每週二晚上，以台北正覺講堂所錄 DVD 放映。歡迎會外學人共同聽講，不需出示身分證件。

第二講堂　台南市西門路四段 15 號 3 樓。

佛藏經詳解：每週二晚上與第一講堂同時播放佛藏經詳解 DVD。

第三講堂　台南市西門路四段 15 號 3 樓。

進階班：週三晚上班、週四晚上班、週六上午班（由禪淨班結業後轉入共修）。

佛藏經詳解：每週二晚上與第一講堂同時播放佛藏經詳解 DVD。

高雄正覺講堂　高雄市新興區中正三路 45 號五樓 07-2234248（晚上）

第一講堂（五樓）：

禪淨班：週一晚上班、週三晚上班、週四晚上班、週五晚上班、週六上午班。

增上班：單週週末下午，以台北增上班課程錄成 DVD 放映之，限已明心之會員參加。

佛藏經詳解：平實導師講解。每週二晚上，以台北正覺講堂所錄 DVD 放映。歡迎會外學人共同聽講，不需出示身分證件。

第二講堂（四樓）：

進階班：週三晚上班、週四晚上班、週六上午班（由禪淨班結業後轉入共修）。

佛藏經詳解：每週二晚上與第一講堂同時播放佛藏經詳解 DVD。

第三講堂（三樓）：

進階班：週四晚上班（由禪淨班結業後轉入共修）。

香港正覺講堂　☆**已遷移新址**☆

九龍觀塘，成業街 10 號，電訊一代廣場 27 樓 E 室。
（觀塘地鐵站 B1 出口，步行約 4 分鐘）。電話：(852) 23262231
英文地址：Unit E, 27th Floor, TG Place, 10 Shing Yip Street, Kwun Tong, Kowloon

禪淨班：雙週六下午班 14:30-17:30，已經額滿。
雙週日下午班 14:30-17:30，2016 年 4 月底前尚可報名。

進階班：雙週五晚上班（由禪淨班結業後轉入共修）。

增上班：單週週末上午，以台北增上班課程錄成 DVD 放映之，限已明心之會員參加。

妙法蓮華經詳解：平實導師講解。雙週六 19:00-21:00，以台北正覺講堂所錄 DVD 放映；歡迎會外學人共同聽講，不需出示身分證件。

美國洛杉磯正覺講堂　☆已遷移新址☆

825 S. Lemon Ave Diamond Bar, CA 91798 U.S.A.
Tel. (909) 595-5222（請於週六 9:00~18:00 之間聯繫）
Cell. (626) 454-0607

禪淨班：每逢週末 15：30~17：30 上課。

進階班：每逢週末上午 10：00~12：00 上課。

佛藏經詳解：平實導師講解。每週六下午 13：00~15：00，以台北正覺講堂所錄 DVD 放映。歡迎各界人士共享第一義諦無上法益，不需報名。

二、招生公告　**本會台北講堂及全省各講堂，每逢四月、十月下旬開新班，每週共修一次**（每次二小時。開課日起三個月內仍可插班）；**但美國洛杉磯共修處之禪淨班得隨時插班共修。各班共修期間皆為二年半，欲參加者請向本會函索報名表**（各共修處皆於共修時間方有人執事，非共修時間請勿電詢或前來洽詢、請書），**或直接從本會官方網站**(http://www.enlighten.org.tw/newsflash/class)**或成佛之道網站下載報名表**。共修期滿時，若經報名禪三審核通過者，可參加四天三夜之禪三精進共修，有機會明心、取證如來藏，發起般若實相智慧，成為實義菩薩，脫離凡夫菩薩位。

三、新春禮佛祈福 農曆**年假**期間停止共修：自農曆新年前七天起停止共修與弘法，正月 8 日起回復共修、弘法事務。新春期間正月初一～初七 9.00～17.00 開放台北講堂、正月初一~初三開放新竹講堂、台中講堂、台南講堂、高雄講堂，以及大溪禪三道場（正覺祖師堂），方便會員供佛、祈福及會外人士請書。美國洛杉磯共修處之休假時間，請逕詢該共修處。

密宗四大派修雙身法，是外道性力派的邪法；又以生滅的識陰作為常住法，是常見外道，是假的藏傳佛教。

西藏覺囊巴以他空見弘揚第八識如來藏勝法，才是真藏傳佛教

佛教正覺同修會　弘法行事表　2014/08/19

1、**禪淨班**　以無相念佛及拜佛方式修習動中定力，實證一心不亂功夫。傳授解脫道正理及第一義諦佛法，以及參禪知見。共修期間：二年六個月。每逢四月、十月開新班，詳見招生公告表。

2、**《佛藏經》詳解**　平實導師主講。已於 2013/12/17 開講，歡迎已發成佛大願的菩薩種性學人，攜眷共同參與此殊勝法會聽講。詳解釋迦世尊於《佛藏經》中所開示的眞實義理，更爲今時後世佛子四眾，闡述 佛陀演說此經的本懷。眞實尋求佛菩提道的有緣佛子，親承聽聞如是勝妙開示，當能如實理解經中義理，亦能了知於大乘法中：如何是諸法實相？善知識、惡知識要如何簡擇？如何才是清淨持戒？如何才能清淨說法？於此末法之世，眾生五濁益重，不知佛、不解法、不識僧，唯見表相，不信眞實，貪著五欲，諸方大師不淨說法，各各將導大量徒眾趣入三塗，如是師徒俱堪憐憫。是故，平實導師以大慈悲心，用淺白易懂之語句，佐以實例、譬喻而爲演說，普令聞者易解佛意，皆得契入佛法正道，如實了知佛法大藏。每逢週二 18.50~20.50 開示，不限制聽講資格。會外人士需憑身分證件換證入內聽講（此是大樓管理處之安全規定，敬請見諒）。桃園、新竹、台中、台南、高雄等地講堂，亦於每週二晚上播放平實導師講經之 DVD，不必出示身分證件即可入內聽講，歡迎各地善信同霑法益。

有某道場專弘淨土法門數十年，於教導信徒研讀《佛藏經》時，往往告誡信徒曰：「後半部不許閱讀。」由此緣故坐令信徒失去提升念佛層次之機緣，師徒只能低品位往生淨土，令人深覺愚癡無智。由有多人建議故，平實導師開始宣講《佛藏經》，藉以轉易如是邪見，並提升念佛人之知見與往生品位。此經中，對於實相念佛多所著墨，亦指出念佛要點：以實相爲依，念佛者應依止淨戒、依止清淨僧寶，捨離違犯重戒之師僧，應受學清淨之法，遠離邪見。本經是現代佛門大法師所厭惡之經典：一者由於大法師們已全都落入意識境界而無法親證實相，故於此經中所說實相全無所知，都不樂有人聞此經名，以免讀後提出問疑時無法回答；二者現代大乘佛法地區，已經普被藏密喇嘛教滲透，許多有名之大法師們大多已曾或繼續在修練雙身法，都已失去聲聞戒體及菩薩戒體，成爲地獄種姓人，已非眞正出家之人，本質上只是身著僧衣而住在寺院中的世俗人。這些人對於此經都是讀不懂的，也是極爲厭惡的；他們尚不樂見此經之印行，何況流通與講解？今爲救護廣大學佛人，兼欲護持佛教血脈永續常傳，特選此經宣講之，主講者平實導師。

3、**瑜伽師地論**詳解　詳解論中所言凡夫地至佛地等 17 師之修證境界與理論，從凡夫地、聲聞地……宣演到諸地所證一切種智之眞實正理。由平實導師開講，每逢一、三、五週之週末晚上開示，僅限已明心之會員參加。

4、**精進禪三**　主三和尚：平實導師。於四天三夜中，以克勤圓悟大師及大慧宗杲之禪風，施設機鋒與小參、公案密意之開示，幫助會員剋期取證，親證不生不滅之眞實心——人人本有之如來藏。每年四月、十月各舉辦二個梯次；平實導師主持。僅限本會會員參加禪淨班共修期滿，報名審核通過者，方可參加。並選擇會中定力、慧力、福德三條件皆已具足之已明心會員，給以指引，令得眼見自己無形無相之佛性遍佈山河大地，眞實而無障礙，得以肉眼現觀世界身心悉皆如幻，具足成就如幻觀，圓滿十住菩薩之證境。

5、**阿含經**詳解　選擇重要之阿含部經典，依無餘涅槃之實際而加以詳解，令大眾得以現觀諸法緣起性空，亦復不墮斷滅見中，顯示經中所隱說之涅槃實際—如來藏—確實已於四阿含中隱說；令大眾得以聞後觀行，確實斷除我見乃至我執，證得**見到**眞現觀，乃至**身證**……等眞現觀；已得大乘或二乘見道者，亦可由此聞熏及聞後之觀行，除斷我所之貪著，成就慧解脫果。由平實導師詳解。不限制聽講資格。

6、**大法鼓經**詳解　詳解末法時代大乘佛法修行之道。佛教正法消毒妙藥塗於大鼓而以擊之，凡有眾生聞之者，一切邪見鉅毒悉皆消殞；此經即是大法鼓之正義，凡聞之者，所有邪見之毒悉皆滅除，見道不難；亦能發起菩薩無量功德，是故諸大菩薩遠從諸方佛土來此娑婆聞修此經。由平實導師詳解。不限制聽講資格。

7、**解深密經**詳解　重講本經之目的，在於令諸已悟之人明解大乘法道之成佛次第，以及悟後進修一切種智之內涵，確實證知三種自性性，並得據此證解七眞如、十眞如等正理。每逢週二 18.50~20.50 開示，由平實導師詳解。將於《大法鼓經》講畢後開講。不限制聽講資格。

8、**成唯識論**詳解　詳解一切種智眞實正理，詳細剖析一切種智之微細深妙廣大正理；並加以舉例說明，使已悟之會員深入體驗所證如來藏之微密行相；及證驗見分相分與所生一切法，皆由如來藏—阿賴耶識—直接或展轉而生，因此證知一切法無我，證知無餘涅槃之本際。將於增上班《瑜伽師地論》講畢後，由平實導師重講。僅限已明心之會員參加。

9、**精選如來藏系經典**詳解　精選如來藏系經典一部，詳細解說，以此完全印證會員所悟如來藏之眞實，得入不退轉住。另行擇期詳細解說之，由平實導師講解。僅限已明心之會員參加。

10、**禪門差別智**　藉禪宗公案之微細淆訛難知難解之處，加以宣說及剖析，以增進明心、見性之功德，啓發差別智，建立擇法眼。每月第一週日全天，由平實導師開示，僅限破參明心後，復又眼見佛性者參加（事冗暫停）。

11、**枯木禪**　先講智者大師的《小止觀》，後說《釋禪波羅蜜》，詳解四禪八定之修證理論與實修方法，細述一般學人修定之邪見與岔路，及對禪定證境之誤會，消除枉用功夫、浪費生命之現象。已悟般若者，可以藉此而實修初禪，進入大乘通教及聲聞教的三果心解脫境界，配合應有的大福德及後得無分別智、十無盡願，即可進入初地心中。親教師：平實導師。未來緣熟時將於大溪正覺寺開講。不限制聽講資格。

註：本會例行年假，自 2004 年起，改爲每年農曆新年前七天開始停息弘法事務及共修課程，農曆正月 8 日回復所有共修及弘法事務。新春期間（每日 9.00~17.00）開放台北講堂，方便會員禮佛祈福及會外人士請書。大溪鎮的正覺祖師堂，開放參訪時間，詳見〈正覺電子報〉或成佛之道網站。本表得因時節因緣需要而隨時修改之，不另作通知。

佛教正覺同修會　贈閱書籍 目錄

2015/09/29

1.**無相念佛**　平實導師著　回郵10元
2.**念佛三昧修學次第**　平實導師述著　回郵25元
3.**正法眼藏—護法集**　平實導師述著　回郵35元
4.**真假開悟簡易辨正法&佛子之省思**　平實導師著　回郵3.5元
5.**生命實相之辨正**　平實導師著　回郵10元
6.**如何契入念佛法門**（附：印順法師否定極樂世界）平實導師著　回郵3.5元
7.**平實書箋**—答元覽居士書　平實導師著　回郵35元
8.**三乘唯識**—如來藏系經律彙編　平實導師編　回郵80元
（精裝本　長27 cm　寬21 cm　高7.5 cm　重2.8公斤）
9.**三時繫念全集**—修正本　回郵掛號40元（長26.5 cm×寬19 cm）
10.**明心與初地**　平實導師述　回郵3.5元
11.**邪見與佛法**　平實導師述著　回郵20元
12.**菩薩正道**—回應義雲高、釋性圓…等外道之邪見　正燦居士著　回郵20元
13.**甘露法雨**　平實導師述　回郵20元
14.**我與無我**　平實導師述　回郵20元
15.**學佛之心態**—修正錯誤之學佛心態始能與正法相應　孫正德老師著　回郵35元
附錄：平實導師著**《略說八、九識並存…等之過失》**
16.**大乘無我觀**—《悟前與悟後》別說　平實導師述著　回郵20元
17.**佛教之危機**—中國台灣地區現代佛教之真相（附錄：公案拈提六則）
平實導師著　回郵25元
18.**燈　影**—燈下黑（覆「求教後學」來函等）　平實導師著　回郵35元
19.**護法與毀法**—覆上平居士與徐恒志居士網站毀法二文
張正圜老師著　回郵35元
20.**淨土聖道**—兼評**選擇本願念佛**　正德老師著　**由正覺同修會購贈**　回郵25元
21.**辨唯識性相**—對「紫蓮心海《辯唯識性相》書中否定阿賴耶識」之回應
正覺同修會 台南共修處法義組 著　回郵25元
22.**假如來藏**—對法蓮法師《如來藏與阿賴耶識》書中否定阿賴耶識之回應
正覺同修會 台南共修處法義組 著　回郵35元
23.**入不二門**—公案拈提集錦 第一輯（於平實導師公案拈提諸書中選錄約二十則，
合輯為一冊流通之）平實導師著　回郵20元
24.**真假邪說**—西藏密宗索達吉喇嘛《破除邪說論》真是邪說
釋正安法師著　回郵35元
25.**真假開悟**—真如、如來藏、阿賴耶識間之關係　平實導師述著　回郵35元
26.**真假禪和**—辨正釋傳聖之謗法謬說　孫正德老師著　回郵30元

27.**眼見佛性**—駁慧廣法師眼見佛性的含義文中謬說

游正光老師著　回郵 25 元

28.**普門自在**—公案拈提集錦 第二輯（於平實導師公案拈提諸書中選錄約二十則，合輯爲一冊流通之）平實導師著　回郵 25 元

29.**印順法師的悲哀**—以現代禪的質疑為線索　恒毓博士著　回郵 25 元

30.**識蘊真義**—現觀識蘊內涵、取證初果、親斷三縛結之具體行門。

—依《成唯識論》及《惟識述記》正義，略顯安慧《大乘廣五蘊論》之邪謬

平實導師著　回郵 35 元

31.**正覺電子報** 各期紙版本　免附回郵　每次最多函索三期或三本。

（已無存書之較早各期，不另增印贈閱）

32.**現代人應有的宗教觀**　蔡正禮老師 著　回郵 3.5 元

33.**遠惑趣道**—正覺電子報般若信箱問答錄　第一輯　回郵 20 元

34.**遠惑趣道**—正覺電子報般若信箱問答錄　第二輯　回郵 20 元

35.**確保您的權益**—器官捐贈應注意自我保護　游正光老師 著　回郵 10 元

36.**正覺教團電視弘法三乘菩提 DVD 光碟（一）**

由正覺教團多位親教師共同講述錄製 DVD 8 片，MP3 一片，共 9 片。有二大講題：一爲「三乘菩提之意涵」，二爲「學佛的正知見」。內容精闢，深入淺出，精彩絕倫，幫助大眾快速建立三乘法道的正知見，免被外道邪見所誤導。有志修學三乘佛法之學人不可不看。（製作工本費 100 元，回郵 25 元）

37.**正覺教團電視弘法 DVD 專輯（二）**

總有二大講題：一爲「三乘菩提之念佛法門」，一爲「學佛正知見（第二篇）」，由正覺教團多位親教師輪番講述，內容詳細闡述如何修學念佛法門、實證念佛三昧，以及學佛應具有的正確知見，可以幫助發願往生西方極樂淨土之學人，得以把握往生，更可令學人快速建立三乘法道的正知見，免於被外道邪見所誤導。有志修學三乘佛法之學人不可不看。（一套 17 片，工本費 160 元。回郵 35 元）

38.**佛藏經** 燙金精裝本 每冊回郵 20 元。正修佛法之道場欲大量索取者，請正式發函並蓋用大印寄來索取（2008.04.30 起開始敬贈）

39.**喇嘛性世界**—揭開假藏傳佛教譚崔瑜伽的面紗　張善思 等人合著

由正覺同修會購贈　回郵 20 元

40.**假藏傳佛教的神話**—性、謊言、喇嘛教　張正玄教授編著　回郵 20 元

由正覺同修會購贈　回郵 20 元

41.**隨 緣**—理隨緣與事隨緣　平實導師述　回郵 20 元。

42.**學佛的覺醒**　正枝居士 著　回郵 25 元

43.**導師之真實義**　蔡正禮老師 著　回郵 10 元

44.**淺談達賴喇嘛之雙身法**—兼論解讀「密續」之達文西密碼

吳明芷居士 著　回郵 10 元

45.**魔界轉世**　張正玄居士 著　回郵 10 元

46.**一貫道與開悟**　蔡正禮老師 著　回郵 10 元

47.**博愛**—愛盡天下女人　正覺教育基金會 編印　回郵 10 元

48.**意識虛妄經教彙編**—實證解脫道的關鍵經文　正覺同修會編印　回郵 25 元

49.**邪箭囈語**—破斥藏密外道多識仁波切《破魔金剛箭雨論》之邪說

陸正元老師著　上、下冊回郵各 30 元

50.**真假沙門**—依 佛聖教闡釋佛教僧寶之定義

蔡正禮老師著　俟正覺電子報連載後結集出版

51.**真假禪宗**—藉評論釋性廣《印順導師對變質禪法之批判及對禪宗之肯定》以顯示真假禪宗

附論一：凡夫知見 無助於佛法之信解行證

附論二：世間與出世間一切法皆從如來藏實際而生而顯

余正偉老師著　俟正覺電子報連載後結集出版　回郵未定

52.**假鋒虛焰金剛乘**—揭示顯密正理，兼破索達吉師徒《般若鋒兮金剛焰》。

釋正安 法師著　俟正覺電子報連載後結集出版

★ 上列贈書之郵資，係台灣本島地區郵資，大陸、港、澳地區及外國地區，請另計酌增（大陸、港、澳、國外地區之郵票不許通用）。尚未出版之書，請勿先寄來郵資，以免增加作業煩擾。

★ 本目錄若有變動，唯於後印之書籍及「成佛之道」網站上修正公佈之，不另行個別通知。

函索書籍請寄：佛教正覺同修會　103 台北市承德路 3 段 277 號 9 樓

台灣地區函索書籍者請附寄郵票，無時間購買郵票者可以等值現金抵用，但不接受郵政劃撥、支票、匯票。大陸地區得以人民幣計算，國外地區請以美元計算（請勿寄來當地郵票，在台灣地區不能使用）。欲以掛號寄遞者，請另附掛號郵資。

親自索閱：正覺同修會各共修處。　★請於共修時間前往取書，餘時無人在道場，請勿前往索取；共修時間與地點，詳見書末正覺同修會共修現況表（以近期之共修現況表爲準）。

註：正智出版社發售之局版書，請向各大書局購閱。若書局之書架上已經售出而無陳列者，請向書局櫃台指定洽購；若書局不便代購者，請於正覺同修會共修時間前往各共修處請購，正智出版社已派人於共修時間送書前往各共修處流通。 郵政劃撥購書及 大陸地區 購書，請詳別頁正智出版社發售書籍目錄最後頁之說明。

成佛之道 網站：http://www.a202.idv.tw　正覺同修會已出版之結緣書籍，多已登載於 成佛之道 網站，若住外國、或住處遙遠，不便取得正覺同修會贈閱書籍者，可以從本網站閱讀及下載。　書局版之《宗通與說通》亦已上網，台灣讀者可向書局洽購，售價 300 元。《狂密與眞密》第一輯~第四輯，亦於 2003.5.1.全部於本網站登載完畢；台灣地區讀者請向書局洽購，每輯約 400 頁，售價 300 元（網站下載紙張費用較貴，容易散失，難以保存，亦較不精美）。

＊＊假藏傳佛教修雙身法，非佛教＊＊

正智出版社 籌募弘法基金發售書籍目錄 2016/4/18

1.**宗門正眼**—公案拈提 第一輯 重拈 平實導師著 500 元

因重寫內容大幅度增加故，字體必須改小，並增爲 576 頁 主文 546 頁。比初版更精彩、更有內容。初版《禪門摩尼寶聚》之讀者，可寄回本公司免費調換新版書。免附回郵，亦無截止期限。（2007 年起，每冊附贈本公司精製公案拈提〈超意境〉CD 一片。市售價格 280 元，多購多贈。）

2.**禪淨圓融** 平實導師著 200 元（第一版舊書可換新版書。）

3.**真實如來藏** 平實導師著 400 元

4.**禪—悟前與悟後** 平實導師著 上、下冊，每冊 250 元

5.**宗門法眼**—公案拈提 第二輯 平實導師著 500 元

（2007 年起，每冊附贈本公司精製公案拈提〈超意境〉CD 一片）

6.**楞伽經詳解** 平實導師著 全套共 10 輯 每輯 250 元

7.**宗門道眼**—公案拈提 第三輯 平實導師著 500 元

（2007 年起，每冊附贈本公司精製公案拈提〈超意境〉CD 一片）

8.**宗門血脈**—公案拈提 第四輯 平實導師著 500 元

（2007 年起，每冊附贈本公司精製公案拈提〈超意境〉CD 一片）

9.**宗通與說通**—成佛之道 平實導師著 主文 381 頁 全書 400 頁售價 300 元

10.**宗門正道**—公案拈提 第五輯 平實導師著 500 元

（2007 年起，每冊附贈本公司精製公案拈提〈超意境〉CD 一片）

11.**狂密與真密 一～四輯** 平實導師著 西藏密宗是人間最邪淫的宗教，本質不是佛教，只是披著佛教外衣的印度教性力派流毒的喇嘛教。此書中將西藏密宗密傳之男女雙身合修樂空雙運所有祕密與修法，毫無保留完全公開，並將全部喇嘛們所不知道的部分也一併公開。內容比大辣出版社喧騰一時的《西藏慾經》更詳細。並且函蓋藏密的所有祕密及其錯誤的中觀見、如來藏見……等，藏密的所有法義都在書中詳述、分析、辨正。每輯主文三百餘頁 每輯全書約 400 頁 售價每輯 300 元

12.**宗門正義**—公案拈提 第六輯 平實導師著 500 元

（2007 年起，每冊附贈本公司精製公案拈提〈超意境〉CD 一片）

13.**心經密意**—心經與解脫道、佛菩提道、祖師公案之關係與密意 平實導師述 300 元

14.**宗門密意**—公案拈提 第七輯 平實導師著 500 元

（2007 年起，每冊附贈本公司精製公案拈提〈超意境〉CD 一片）

15.**淨土聖道**—兼評「選擇本願念佛」 正德老師著 200 元

16.**起信論講記** 平實導師述著 共六輯 每輯三百餘頁 售價各 250 元

17.**優婆塞戒經講記** 平實導師述著 共八輯 每輯三百餘頁 售價各 250 元

18.**真假活佛**—略論附佛外道盧勝彥之邪說（對前岳靈犀網站主張「盧勝彥是證悟者」之修正） 正犀居士（岳靈犀）著 流通價 140 元

19.**阿含正義**—唯識學探源 平實導師著 共七輯 每輯 300 元

20.**超意境** CD 以平實導師公案拈提書中超越意境之頌詞，加上曲風優美的旋律，錄成令人嚮往的超意境歌曲，其中包括正覺發願文及平實導師親自譜成的黃梅調歌曲一首。詞曲雋永，殊堪翫味，可供學禪者吟詠，有助於見道。內附設計精美的彩色小冊，解說每一首詞的背景本事。每片 280 元。【每購買公案拈提書籍一冊，即贈送一片。】

21.**菩薩底憂鬱** CD 將菩薩情懷及禪宗公案寫成新詞，並製作成超越意境的優美歌曲。 1.主題曲〈菩薩底憂鬱〉，描述地後菩薩能離三界生死而迴向繼續生在人間，但因尚未斷盡習氣種子而有極深沈之憂鬱，非三賢位菩薩及二乘聖者所知，此憂鬱在七地滿心位方才斷盡；本曲之詞中所說義理極深，昔來所未曾見；此曲係以優美的情歌風格寫詞及作曲，聞者得以激發嚮往諸地菩薩境界之大心，詞、曲都非常優美，難得一見；其中勝妙義理之解說，已印在附贈之彩色小冊中。 2.以各輯公案拈提中直示禪門入處之頌文，作成各種不同曲風之超意境歌曲，值得玩味、參究；聆聽公案拈提之優美歌曲時，請同時閱讀內附之印刷精美說明小冊，可以領會超越三界的證悟境界；未悟者可以因此引發求悟之意向及疑情，眞發菩提心而邁向求悟之途，乃至因此眞實悟入般若，成眞菩薩。 3.正覺總持咒新曲，總持佛法大意；總持咒之義理，已加以解說並印在隨附之小冊中。本 CD 共有十首歌曲，長達 63 分鐘。每盒各附贈二張購書優惠券。每片 280 元。

22.**禪意無限** CD 平實導師以公案拈提書中偈頌寫成不同風格曲子，與他人所寫不同風格曲子共同錄製出版，幫助參禪人進入禪門超越意識之境界。盒中附贈彩色印製的精美解說小冊，以供聆聽時閱讀，令參禪人得以發起參禪之疑情，即有機會證悟本來面目而發起實相智慧，實證大乘菩提般若，能如實證知般若經中的眞實意。本 CD 共有十首歌曲，長達 69 分鐘，每盒各附贈二張購書優惠券。每片 280 元。

23.**我的菩提路**第一輯　釋悟圓、釋善藏等人合著　售價 300 元

24.**我的菩提路**第二輯　郭正益、張志成等人合著　售價 300 元

25.**鈍鳥與靈龜**—考證後代凡夫對大慧宗杲禪師的無根誹謗。

平實導師著 共 458 頁 售價 350 元

26.**維摩詰經講記** 平實導師述 共六輯 每輯三百餘頁 售價各 250 元

27.**真假外道**—破劉東亮、杜大威、釋證嚴常見外道見　正光老師著　200 元

28.**勝鬘經講記**—兼論印順《勝鬘經講記》對於《勝鬘經》之誤解。

平實導師述　共六輯　每輯三百餘頁　售價 250 元

29.**楞嚴經講記** 平實導師述 共 **15** 輯，每輯三百餘頁 售價 300 元

30.**明心與眼見佛性**—駁慧廣〈蕭氏「眼見佛性」與「明心」之非〉文中謬說

正光老師著　共 448 頁　售價 300 元

31.**見性與看話頭** 黃正倖老師 著，本書是禪宗參禪的方法論。

內文 375 頁，全書 416 頁，售價 300 元。

32.**達賴真面目**—玩盡天下女人 白正偉老師 等著 中英對照彩色精裝大本 800 元

33.**喇嘛性世界**—揭開假藏傳佛教譚崔瑜伽的面紗　張善思 等人著　200元

34.**假藏傳佛教的神話**—性、謊言、喇嘛教　正玄教授編著　200元

35.**金剛經宗通**　平實導師述　共九輯　每輯售價250元。

36.**空行母**—性別、身分定位，以及藏傳佛教。
珍妮·坎貝爾著 呂艾倫 中譯 售價250元

37.**末代達賴**—性交教主的悲歌　張善思、呂艾倫、辛燕編著 售價250元

38.**霧峰無霧**—給哥哥的信　辨正釋印順對佛法的無量誤解
游宗明 老師著　售價250元

39.**第七意識與第八意識？**—穿越時空「超意識」
平實導師述　每冊300元

40.**黯淡的達賴**—失去光彩的諾貝爾和平獎
正覺教育基金會編著　每冊250元

41.**童女迦葉考**—論呂凱文〈佛教輪迴思想的論述分析〉之謬。
平實導師 著 定價180元

42.**人間佛教**—實證者必定不悖三乘菩提
平實導師 述，定價400元

43.**實相經宗通**　平實導師述　共八輯　每輯250元

44.**真心告訴您(一)**—達賴喇嘛在幹什麼？
正覺教育基金會編著　售價250元

45.**中觀金鑑**—詳述應成派中觀的起源與其破法本質
孫正德老師著　分為上、中、下三冊，每冊250元

46.**佛法入門**—迅速進入三乘佛法大門，消除久學佛法漫無方向之窘境。
○○居士著　將於正覺電子報連載後出版。售價250元

47.**藏傳佛教要義**—《狂密與真密》之簡體字版　平實導師 著 上、下冊
僅在大陸流通　每冊300元

48.**法華經講義**　平實導師述　共二十五輯　每輯300元
已於2015/05/31起開始出版，每二個月出版一輯

49.**西藏「活佛轉世」制度**—附佛、造神、世俗法
許正豐、張正玄老師合著　定價150元

50.**廣論三部曲**　郭正益老師著　定價150元

51.**真心告訴您(二)**—達賴喇嘛是佛教僧侶嗎？
—補祝達賴喇嘛八十大壽
正覺教育基金會編著　售價300元

52.**廣論之平議**—宗喀巴《菩提道次第廣論》之平議　正雄居士著
約二或三輯　俟正覺電子報連載後結集出版　書價未定

53.**末法導護**—對印順法師中心思想之綜合判攝　正慶老師著　書價未定

54.**菩薩學處**—菩薩四攝六度之要義　陸正元老師著　出版日期未定。

55.**八識規矩頌**詳解　○○居士 註解　出版日期另訂　書價未定。

56.**印度佛教史**—法義與考證。依法義史實評論印順《印度佛教思想史、佛教史地考論》之謬說　正偉老師著　出版日期未定　書價未定

57.**中國佛教史**—依中國佛教正法史實而論。 ○○老師 著　書價未定。
58.**中論正義**—釋龍樹菩薩《中論》頌正理。
孫正德老師著　出版日期未定　書價未定
59.**中觀正義**—註解平實導師《中論正義頌》。
○○法師（居士）著　出版日期未定　書價未定
60.**佛藏經講記**　平實導師述　出版日期未定　書價未定
61.**阿含經講記**—將選錄四阿含中數部重要經典全經講解之，講後整理出版。
平實導師述　約二輯　每輯 300 元　出版日期未定
62.**寶積經講記**　平實導師述　每輯三百餘頁 優惠價 300 元　出版日期未定
63.**解深密經講記**　平實導師述 約四輯　將於重講後整理出版
64.**成唯識論略解**　平實導師著　五～六輯　每輯300 元　出版日期未定
65.**修習止觀坐禪法要講記**　平實導師述　每輯三百餘頁
將於正覺寺建成後重講、以講記逐輯出版　出版日期未定
66.**無門關**—《無門關》公案拈提　平實導師著　出版日期未定
67.**中觀再論**—兼述印順《中觀今論》謬誤之平議。正光老師著 出版日期未定
68.**輪迴與超度**—佛教超度法會之真義。
○○法師（居士）著　出版日期未定　書價未定
69.**《釋摩訶衍論》平議**—對偽稱龍樹所造《釋摩訶衍論》之平議
○○法師（居士）著　出版日期未定　書價未定
70.**正覺發願文**註解—以真實大願為因 得證菩提
正德老師著　出版日期未定　書價未定
71.**正覺總持咒**—佛法之總持　正圜老師著　出版日期未定　書價未定
72.**涅槃**—論四種涅槃　平實導師著　出版日期未定　書價未定
73.**三自性**—依四食、五蘊、十二因緣、十八界法，說三性三無性。
作者未定　出版日期未定
74.**道品**—從三自性說大小乘三十七道品　作者未定　出版日期未定
75.**大乘緣起觀**—依四聖諦七真如現觀十二緣起 作者未定　出版日期未定
76.**三德**—論解脫德、法身德、般若德。　作者未定　出版日期未定
77.**真假如來藏**—對印順《如來藏之研究》謬說之平議　作者未定 出版日期未定
78.**大乘道次第**　作者未定　出版日期未定　書價未定
79.**四緣**—依如來藏故有四緣。　作者未定　出版日期未定
80.**空之探究**—印順《空之探究》謬誤之平議　作者未定 出版日期未定
81.**十法義**—論阿含經中十法之正義　作者未定　出版日期未定
82.**外道見**—論述外道六十二見　作者未定　出版日期未定

正智出版社有限公司　書籍介紹

禪淨圓融：言淨土諸祖所未曾言，示諸宗祖師所未曾示；禪淨圓融，另闢成佛捷徑，兼顧自力他力，闡釋淨土門之速行易行道，亦同時揭櫫聖教門之速行易行道；令廣大淨土行者得免緩行難證之苦，亦令聖道門行者得以藉著淨土速行道而加快成佛之時劫。乃前無古人之超勝見地，非一般弘揚禪淨法門典籍也，先讀為快。平實導師著　200元。

宗門正眼—公案拈提第一輯：繼承克勤圜悟大師碧巖錄宗旨之禪門鉅作。先則舉示當代大法師之邪說，消弭當代禪門大師鄉愿之心態，摧破當今禪門「世俗禪」之妄談；次則旁通教法，表顯宗門正理；繼以道之次第，消弭古今狂禪；後藉言語及文字機鋒，直示宗門入處。悲智雙運，禪味十足，數百年來難得一睹之禪門鉅著也。平實導師著　500元（原初版書《禪門摩尼寶聚》，改版後補充為五百餘頁新書，總計多達二十四萬字，內容更精彩，並改名為《宗門正眼》，讀者原購初版《禪門摩尼寶聚》皆可寄回本公司免費換新，免附回郵，亦無截止期限）（2007年起，凡購買公案拈提第一輯至第七輯，每購一輯皆贈送本公司精製公案拈提〈超意境〉CD一片，市售價格280元，多購多贈）。

禪—悟前與悟後：本書能建立學人悟道之信心與正確知見，圓滿具足而有次第地詳述禪悟之功夫與禪悟之內容，指陳參禪中細微淆訛之處，能使學人明自眞心、見自本性。若未能悟入，亦能以正確知見辨別古今中外一切大師究係眞悟？或屬錯悟？便有能力揀擇，捨名師而選明師，後時必有悟道之緣。一旦悟道，遲者七次人天往返，便出三界，速者一生取辦。學人欲求開悟者，不可不讀。　平實導師著。上、下冊共500元，單冊250元。

[illegible]法師、達賴喇嘛等人所說之「唯有名相、無此心體」。如來藏是涅槃之本際，是一切有智之人竭盡心智、不斷探索而不能得之生命實相；是古今中外許多大師自以爲悟而當面錯過之生命實相。如來藏即是阿賴耶識，乃是一切有情本自具足、不生不滅之眞實心。當代中外大師於此書出版之前所未能言者，作者於本書中盡情流露、詳細闡釋。眞悟者讀之，必能增益悟境、智慧增上；錯悟者讀之，必能檢討自己之錯誤，免犯大妄語業；未悟者讀之，能知參禪之理路，亦能以之檢查一切名師是否眞悟。此書是一切哲學家、宗教家、學佛者及欲昇華心智之人必讀之鉅著。　平實導師著　售價400元。

宗門法眼——公案拈提第二輯：列舉實例，闡釋土城廣欽老和尚之悟處；並直示這位不識字的老和尚妙智橫生之根由，繼而剖析禪宗歷代大德之開悟公案，解析當代密宗高僧卡盧仁波切之錯悟證據，並例舉當代顯宗高僧、大居士之錯悟證據（凡健在者，爲免影響其名聞利養，皆隱其名）。藉辨正當代名師之邪見，向廣大佛子指陳禪悟之正道，彰顯宗門法眼。悲勇兼出，強捋虎鬚；慈智雙運，巧探驪龍；摩尼寶珠在手，直示宗門入處，禪味十足；若非大悟徹底，不能爲之。禪門精奇人物，允宜人手一冊，供作參究及悟後印證之圭臬。本書於2008年4月改版，增寫爲大約500頁篇幅，以利學人研讀參究時更易悟入宗門正法，以前所購初版首刷及初版二刷舊書，皆可免費換取新書。平實導師著　500元（2007年起，凡購買公案拈提第一輯至第七輯，每購一輯皆贈送本公司精製公案拈提〈超意境〉CD一片，市售價格280元，多購多贈）。

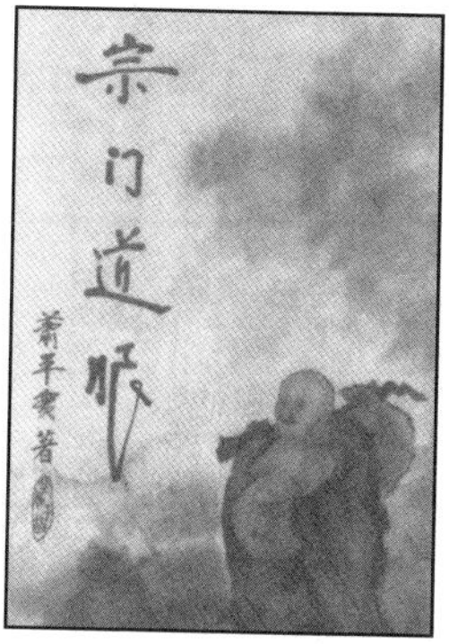

宗門道眼——公案拈提第三輯：繼宗門法眼之後，再以金剛之作略、慈悲之胸懷、犀利之筆觸，舉示寒山、拾得、布袋三大士之悟處，消弭當代錯悟者對於寒山大士……等之誤會及誹謗。　亦舉出民初以來與虛雲和尚齊名之蜀郡鹽亭袁煥仙夫子——南懷瑾老師之師，其「悟處」何在？並蒐羅許多眞悟祖師之證悟公案，顯示禪宗歷代祖師之睿智，指陳部分祖師、奧修及當代顯密大師之謬悟，作爲殷鑑，幫助禪子建立及修正參禪之方向及知見。假使讀者閱此書已，一時尚未能悟，亦可一面加功用行，一面以此宗門道眼辨別眞假善知識，避開錯誤之印證及歧路，可免大妄語業之長劫慘痛果報。欲修禪宗之禪者，務請細讀。平實導師著　售價500元（2007年起，凡購買公案拈提第一輯至第七輯，每購一輯皆贈送本公司精製公案拈提〈超意境〉CD一片，市售價格280元，多購多贈）。

楞伽經詳解：本經是禪宗見道者印證所悟眞僞之根本經典，亦是禪宗見道者悟後起修之依據經典；故達摩祖師於印證二祖慧可大師之後，將此經典連同佛缽祖衣一併交付二祖，令其依此經典佛示金言、進入修道位，修學一切種智。由此可知此經對於眞悟之人修學佛道，是非常重要之一部經典。此經能破外道邪說，亦破佛門中錯悟名師之謬說，亦破禪宗部分祖師之狂禪：不讀經典、一向主張「一悟即成究竟佛」之謬執。並開示愚夫所行禪、觀察義禪、攀緣如禪、如來禪等差別，令行者對於三乘禪法差異有所分辨；亦糾正禪宗祖師古來對於如來禪之誤解，嗣後可免以訛傳訛之弊。此經亦是法相唯識宗之根本經典，禪者悟後欲修一切種智而入初地者，必須詳讀。　平實導師著，全套共十輯，已全部出版完畢，每輯主文約320頁，每冊約352頁，定價250元。

宗門血脈—公案拈提第四輯：末法怪象—許多修行人自以爲悟，每將無念靈知認作眞實；崇尚二乘法諸師及其徒衆，則將外於如來藏之緣起性空—無因論之無常空、斷滅空、一切法空—錯認爲 佛所說之般若空性。這兩種現象已於當今海峽兩岸及美加地區顯密大師之中普遍存在；人人自以爲悟，心高氣壯，便敢寫書解釋祖師證悟之公案，大多出於意識思惟所得，言不及義，錯誤百出，因此誤導廣大佛子同陷大妄語之地獄業中而不能自知。彼等書中所說之悟處，其實處處違背第一義經典之聖言量。彼等諸人不論是否身披袈裟，都非佛法宗門血脈，或雖有禪宗法脈之傳承，亦只徒具形式；猶如螟蛉，非眞血脈，未悟得根本眞實故。禪子欲知 佛、祖之眞血脈者，請讀此書，便知分曉。平實導師著，主文452頁，全書464頁，定價500元（2007年起，凡購買公案拈提第一輯至第七輯，每購一輯皆贈送本公司精製公案拈提〈超意境〉CD一片，市售價格280元，多購多贈）。

宗通與說通：古今中外，錯誤之人如麻似粟，每以常見外道所說之靈知心，認作眞心；或妄想虛空之勝性能量爲眞如，或錯認物質四大元素藉冥性（靈知心本體）能成就吾人色身及知覺，或認初禪至四禪中之了知心爲不生不滅之涅槃心。此等皆非通宗者之見地。復有錯悟之人一向主張「宗門與教門不相干」，此即尚未通達宗門之人也。其實宗門與教門互通不二，宗門所證者乃是眞如與佛性，教門所說者乃說宗門證悟之眞如佛性，故教門與宗門不二。本書作者以宗教二門互通之見地，細說「宗通與說通」，從初見道至悟後起修之道、細說分明；並將諸宗諸派在整體佛教中之地位與次第，加以明確之教判，學人讀之即可了知佛法之梗概也。欲擇明師學法之前，允宜先讀。平實導師著，主文共381頁，全書392頁，只售成

宗門正道—公案拈提第五輯：修學大乘佛法有二果須證—解脫果及大菩提果。二乘人不證大菩提果，唯證解脫果：此果之智慧，名為聲聞菩提、緣覺菩提。大乘佛子所證二果之菩提果為佛菩提，故名大菩提果，其慧名為一切種智—函蓋二乘解脫果。然此大乘二果修證，須經由禪宗之宗門證悟方能相應。而宗門證悟極難，自古已然；其所以難者，咎在古今佛教界普遍存在三種邪見：1.以修定認作佛法，　2.以無因論之緣起性空—否定涅槃本際如來藏以後之一切法空作為佛法，3.以常見外道邪見（離語言妄念之靈知性）作為佛法。　如是邪見，或因自身正見未立所致，或因邪師之邪教導所致，或因無始劫來虛妄熏習所致。若不破除此三種邪見，永劫不悟宗門真義、不入大乘正道，唯能外門廣修菩薩行。　平實導師於此書中，有極為詳細之說明，有志佛子欲摧邪見、入於內門修菩薩行者，當閱此書。主文共496頁，全書512頁。售價500元（2007年起，凡購買公案拈提第一輯至第七輯，每購一輯皆贈送本公司精製公案拈提〈超意境〉CD一片，市售價格280元，多購多贈）。

狂密與真密：密教之修學，皆由有相之觀行法門而入，其最終目標仍不離顯教經典所說第一義諦之修證；若離顯教第一義經典、或違背顯教第一義經典，即非佛教。西藏密教之觀行法，如灌頂、觀想、遷識法、寶瓶氣、大聖歡喜雙身修法、喜金剛、無上瑜伽、大樂光明、樂空雙運等，皆是印度教兩性生生不息思想之轉化，自始至終皆以如何能運用交合淫樂之法達到全身受樂為其中心思想，純屬欲界五欲的貪愛，不能令人超出欲界輪迴，更不能令人斷除我見；何況大乘之明心與見性，更無論矣！故密宗之法絕非佛法也。而其明光大手印、大圓滿法教，又皆同以常見外道所說離語言妄念之無念靈知心錯認為佛地之真如，不能直指不生不滅之真如。西藏密宗所有法王與徒眾，都尚未開頂門眼，不能辨別真偽，以依人不依法、依密續不依經典故，不肯將其上師喇嘛所說對照第一義經典，純依密續之藏密祖師所說為準，因此而誇大其證德與證量，動輒謂彼祖師上師為究竟佛、為地上菩薩；如今台海兩岸亦有自謂其師證量高於　釋迦文佛者，然觀其師所述，猶未見道，仍在觀行即佛階段，尚未到禪宗相似即佛、分證即佛階位，竟敢標榜為究竟佛及地上法王，誑惑初機學人。凡此怪象皆是狂密，不同於真密之修行者。近年狂密盛行，密宗行者被誤導者極眾，動輒自謂已證佛地真如，自視為究竟佛，陷於大妄語業中而不知自省，反謗顯宗真修實證者之證量粗淺；或如義雲高與釋性圓…等人，於報紙上公然誹謗真實證道者為「騙子、無道人、人妖、癩蛤蟆…」等，造下誹謗大乘勝義僧之大惡業；或以外道法中有為有作之甘露、魔術……等法，誑騙初機學人，狂言彼外道法為真佛法。如是怪象，在西藏密宗及附藏密之外道中，不一而足，舉之不盡，學人宜應慎思明辨，以免上當後又犯毀破菩薩戒之重罪。密宗學人若欲遠離邪知邪見者，請閱此書，即能了知密宗之邪謬，從此遠離邪見與邪修，轉入真正之佛道。　平實導師著　共四輯　每輯約400頁（主文約340頁）每輯售價300元。

宗門正義—公案拈提第六輯：佛教有六大危機，乃是藏密化、世俗化、膚淺化、學術化、宗門密意失傳、悟後進修諸地之次第混淆；其中尤以宗門密意之失傳，爲當代佛教最大之危機。由宗門密意失傳故，易令　世尊本懷普被錯解，易令　世尊正法被轉易爲外道法，以及加以淺化、世俗化，是故宗門密意之廣泛弘傳與具緣佛弟子，極爲重要。然而欲令宗門密意之廣泛弘傳予具緣之佛弟子者，必須同時配合錯誤知見之解析、普令佛弟子知之，然後輔以公案解析之直示入處，方能令具緣之佛弟子悟入。而此二者，皆須以公案拈提之方式爲之，方易成其功、竟其業，是故平實導師續作宗門正義一書，以利學人。　全書500餘頁，售價500元（2007年起，凡購買公案拈提第一輯至第七輯，每購一輯皆贈送本公司精製公案拈提〈超意境〉CD一片，市售價格280元，多購多贈）。

心經密意—心經與解脫道、佛菩提道、祖師公案之關係與密意。　二乘菩提所證之解脫道，實依第八識心之斷除煩惱障現行而立解脫之名；大乘菩提所證之佛菩提道，實依親證第八識如來藏之涅槃性、清淨自性、及其中道性而立般若之名；禪宗祖師公案所證之眞心，即是此第八識如來藏；是故三乘佛法所修所證之三乘菩提，皆依此如來藏心而立名也。此第八識心，即是《心經》所說之心也。證得此如來藏已，即能漸入大乘佛菩提道，亦可因證知此心而了知二乘無學所不能知之無餘涅槃本際，是故《心經》之密意，與三乘佛菩提之關係極爲密切、不可分割，三乘佛法皆依此心而立名故。今者平實導師以其所證解脫道之無生智及佛菩提之般若種智，將《心經》與解脫道、佛菩提道、祖師公案之關係與密意，以演講之方式，用淺顯之語句和盤托出，發前人所未言，呈三乘菩提之眞義，令人藉此《心經密意》一舉而窺三乘菩提之堂奧，迴異諸方言不及義之說；欲求眞實佛智者、不可不讀！主文317頁，連同跋文及序文…等共384頁，售價300元。

宗門密意—公案拈提第七輯：佛教之世俗化，將導致學人以信仰作爲學佛，則將以感應及世間法之庇祐，作爲學佛之主要目標，不能了知學佛之主要目標爲親證三乘菩提。大乘菩提則以般若實相智慧爲主要修習目標，以二乘菩提解脫道爲附帶修習之標的；是故學習大乘法者，應以禪宗之證悟爲要務，能親入大乘菩提之實相般若智慧中故，般若實相智慧非二乘聖人所能知故。此書則以台灣世俗化佛教之三大法師，說法似是而非之實例，配合眞悟祖師之公案解析，提示證悟般若之關節，令學人易得悟入。平實導師著，全書五百餘頁，售價500元（2007年起，凡購買公案拈提第一輯至第七輯，每購一輯皆贈送本公司精製公案拈提〈超意境〉CD一片，市售價格280元，多購多贈）。

淨土聖道—兼評日本本願念佛：佛法甚深極廣，般若玄微，非諸二乘聖僧所能知之，一切凡夫更無論矣！所謂一切證量皆歸淨土是也！是故大乘法中「聖道之淨土、淨土之聖道」，其義甚深，難可了知；乃至眞悟之人，初心亦難知也。今有正德老師眞實證悟後，復能深探淨土與聖道之緊密關係，憐憫眾生之誤會淨土實義，亦欲利益廣大淨土行人同入聖道，同獲淨土中之聖道門要義，乃振奮心神、書以成文，今得刊行天下。主文279頁，連同序文等共301頁，總有十一萬六千餘字，正德老師著，成本價200元。

起信論講記：詳解大乘起信論心生滅門與心眞如門之眞實意旨，消除以往大師與學人對起信論所說心生滅門之誤解，由是而得了知眞心如來藏之非常非斷中道正理；亦因此一講解，令此論以往隱晦而被誤解之眞實義，得以如實顯示，令大乘佛菩提道之正理得以顯揚光大；初機學者亦可藉此正論所顯示之法義，對大乘法理生起正信，從此得以眞發菩提心，眞入大乘法中修學，世世常修菩薩正行。平實導師演述，共六輯，都已出版，每輯三百餘頁，售價各250元。

優婆塞戒經講記：本經詳述在家菩薩修學大乘佛法，應如何受持菩薩戒？對人間善行應如何看待？對三寶應如何護持？應如何正確地修集此世後世證法之福德？應如何修集後世「行菩薩道之資糧」？並詳述第一義諦之正義：五蘊非我非異我、自作自受、異作異受、不作不受……等深妙法義，乃是修學大乘佛法、行菩薩行之在家菩薩所應當了知者。出家菩薩今世或未來世登地已，捨報之後多數將如華嚴經中諸大菩薩，以在家菩薩身而修行菩薩行，故亦應以此經所述正理而修之，配合《楞伽經、解深密經、楞嚴經、華嚴經》等道次第正理，方得漸次成就佛道；故此經是一切大乘行者皆應證知之正法。 平實導師講述，每輯三百餘頁，售價各250元；共八輯，已全部出版。

真假活佛—略論附佛外道盧勝彥之邪說：人人身中都有眞活佛，永生不滅而有大神用，但衆生都不了知，所以常被身外的西藏密宗假活佛籠罩欺瞞。本來就眞實存在的眞活佛，才是眞正的密宗無上密！諾那活佛因此而說禪宗是大密宗，但藏密的所有活佛都不知道、也不曾實證自身中的眞活佛。本書詳實宣示眞活佛的道理，舉證盧勝彥的「佛法」不是眞佛法，也顯示盧勝彥是假活佛，直接的闡釋第一義佛法見道的眞實正理。眞佛宗的所有上師與學人們，都應該詳細閱讀，包括盧勝彥個人在內。正犀居士著，優惠價140元。

阿含正義—唯識學探源：廣說四大部《阿含經》諸經中隱說之眞正義理，一一舉示佛陀本懷，令阿含時期初轉法輪根本經典之眞義，如實顯現於佛子眼前。並提示末法大師對於阿含眞義誤解之實例，一一比對之，證實唯識增上慧學確於原始佛法之阿含諸經中已隱覆密意而略說之，證實 世尊確於原始佛法中已曾密意而說第八識如來藏之總相；亦證實 世尊在四阿含中已說此藏識是名色十八界之因、之本—證明如來藏是能生萬法之根本心。佛子可據此修正以往受諸大師（譬如西藏密宗應成派中觀師：印順、昭慧、性廣、大願、達賴、宗喀巴、寂天、月稱、……等人）誤導之邪見，建立正見，轉入正道乃至親證初果而無困難；書中並詳說三果所證的心解脫，以及四果慧解脫的親證，都是如實可行的具體知見與行門。全書共七輯，已出版完畢。平實導師著，每輯三百餘頁，售價300元。

超意境CD：以平實導師公案拈提書中超越意境之頌詞，加上曲風優美的旋律，錄成令人嚮往的超意境歌曲，其中包括正覺發願文及平實導師親自譜成的黃梅調歌曲一首。詞曲雋永，殊堪翫味，可供學禪者吟詠，有助於見道。內附設計精美的彩色小冊，解說每一首詞的背景本事。每片280元。【每購買公案拈提書籍一冊，即贈送一片。】

我的菩提路第一輯：凡夫及二乘聖人不能實證的佛菩提證悟，末法時代的今天仍然有人能得實證，由正覺同修會釋悟圓、釋善藏法師等二十餘位實證如來藏者所寫的見道報告，已爲當代學人見證宗門正法之絲縷不絕，證明大乘義學的法脈仍然存在，爲末法時代求悟般若之學人照耀出光明的坦途。由二十餘位大乘見道者所繕，敘述各種不同的學法、見道因緣與過程，參禪求悟者必讀。全書三百餘頁，售價300元。

我的菩提路第二輯：由郭正益老師等人合著，書中詳述彼等諸人歷經各處道場學法，一一修學而加以檢擇之不同過程以後，因閱讀正覺同修會、正智出版社書籍而發起抉擇分，轉入正覺同修會中修學；乃至學法及見道之過程，都一一詳述之。其中張志成等人係由前現代禪轉進正覺同修會，張志成原爲現代禪副宗長，以前未閱本會書籍時，曾被人藉其名義著文評論 平實導師（詳見《宗通與說通》辨正及《眼見佛性》書末附錄…等）；後因偶然接觸正覺同修會書籍，深覺以前聽人評論平實導師之語不實，於是投入極多時間閱讀本會書籍、深入思辨，詳細探索中觀與唯識之關聯與異同，認爲正覺之法義方是正法，深覺相應；亦解開多年來對佛法的迷雲，確定應依八識論正理修學方是正法。乃不顧面子，毅然前往正覺同修會面見平實導師懺悔，並正式學法求悟。今已與其同修王美伶（亦爲前現代禪傳法老師），同樣證悟如來藏而證得法界實相，生起實相般若眞智。此書中尚有七年來本會第一位眼見佛性者之見性報告一篇，一同供養大乘佛弟子。全書四百頁，售價300元。

鈍鳥與靈龜：鈍鳥及靈龜二物，被宗門證悟者說爲二種人：前者是精修禪定而無智慧者，也是以定爲禪的愚癡禪人；後者是或有禪定、或無禪定的宗門證悟者，凡已證悟者皆是靈龜。但後來被人虛造事實，用以嘲笑大慧宗杲禪師，說他雖是靈龜，卻不免被天童禪師預記「患背」痛苦而亡：「鈍鳥離巢易，靈龜脫殼難。」藉以貶低大慧宗杲的證量。同時將天童禪師實證如來藏的證量，曲解爲意識境界的離念靈知。自從大慧禪師入滅以後，錯悟凡夫對他的不實毀謗就一直存在著，不曾止息，並且捏造的假事實也隨著年月的增加而越來越多，終至編成「鈍鳥與靈龜」的假公案、假故事。本書是考證大慧與天童之間的不朽情誼，顯現這件假公案的虛妄不實；更見大慧宗杲面對惡勢力時的正直不阿，亦顯示大慧對天童禪師的至情深義，將使後人對大慧宗杲的誣謗至此而止，不再有人誤犯毀謗賢聖的惡業。書中亦舉證宗門的所悟確以第八識如來藏爲標的，詳讀之後必可改正以前被錯悟大師誤導的參禪知見，日後必定有助於實證禪宗的開悟境界，得階大乘眞見道位中，即是實證般若之賢聖。全書459頁，售價350元。

維摩詰經講記：本經係 世尊在世時，由等覺菩薩維摩詰居士藉疾病而演說之大乘菩提無上妙義，所說函蓋甚廣，然極簡略，是故今時諸方大師與學人讀之悉皆錯解，何況能知其中隱含之深妙正義，是故普遍無法爲人解說；若強爲人說，則成依文解義而有諸多過失。今由平實導師公開宣講之後，詳實解釋其中密意，令維摩詰菩薩所說大乘不可思議解脫之深妙正法得以正確宣流於人間，利益當代學人及與諸方大師。書中詳實演述大乘佛法深妙不共二乘之智慧境界，顯示諸法之中絕待之實相境界，建立大乘菩薩妙道於永遠不敗不壞之地，以此成就護法偉功，欲冀永利娑婆人天。已經宣講圓滿整理成書流通，以利諸方大師及諸學人。全書共六輯，每輯三百餘頁，售價各250元。

真假外道：本書具體舉證佛門中的常見外道知見實例，並加以教證及理證上的辨正，幫助讀者輕鬆而快速的了知常見外道的錯誤知見，進而遠離佛門內外的常見外道知見，因此即能改正修學方向而快速實證佛法。游正光老師著 。成本價200元。

勝鬘經講記：如來藏爲三乘菩提之所依，若離如來藏心體及其含藏之一切種子，即無三界有情及一切世間法，亦無二乘菩提緣起性空之出世間法；本經詳說無始無明、一念無明皆依如來藏而有之正理，藉著詳解煩惱障與所知障間之關係，令學人深入了知二乘菩提與佛菩提相異之妙理；聞後即可了知佛菩提之特勝處及三乘修道之方向與原理，邁向攝受正法而速成佛道的境界中。平實導師講述，共六輯，每輯三百餘頁，售價各250元。

楞嚴經講記：楞嚴經係密教部之重要經典，亦是顯教中普受重視之經典；經中宣說明心與見性之內涵極爲詳細，將一切法都會歸如來藏及佛性—妙眞如性；亦闡釋佛菩提道修學過程中之種種魔境，以及外道誤會涅槃之狀況，旁及三界世間之起源。然因言句深澀難解，法義亦復深妙寬廣，學人讀之普難通達，是故讀者大多誤會，不能如實理解佛所說之明心與見性內涵，亦因是故多有悟錯之人引爲開悟之證言，成就大妄語罪。今由平實導師詳細講解之後，整理成文，以易讀易懂之語體文刊行天下，以利學人。全書十五輯，全部出版完畢。每輯三百餘頁，售價每輯300元。

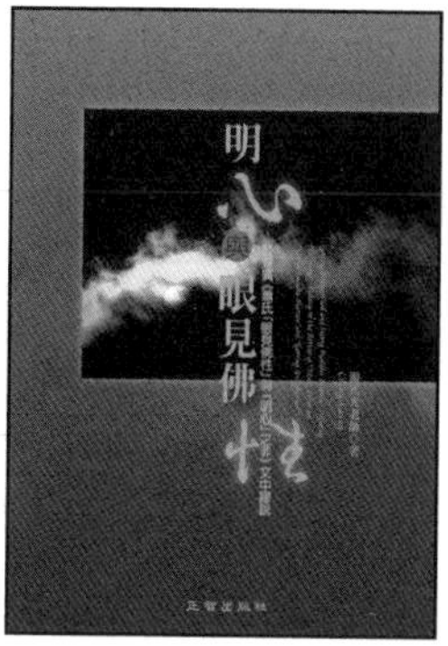

明心與眼見佛性：本書細述明心與眼見佛性之異同，同時顯示了中國禪宗破初參明心與重關眼見佛性二關之間的關聯；書中又藉法義辨正而旁述其他許多勝妙法義，讀後必能遠離佛門長久以來積非成是的錯誤知見，令讀者在佛法的實證上有極大助益。也藉慧廣法師的謬論來教導佛門學人回歸正知正見，遠離古今禪門錯悟者所墮的意識境界，非唯有助於斷我見，也對未來的開悟明心實證第八識如來藏有所助益，是故學禪者都應細讀之。 游正光老師著 共448頁 售價300元。

菩薩底憂鬱CD：將菩薩情懷及禪宗公案寫成新詞，並製作成超越意境的優美歌曲。 1.主題曲〈菩薩底憂鬱〉，描述地後菩薩能離三界生死而迴向繼續生在人間，但因尚未斷盡習氣種子而有極深沈之憂鬱，非三賢位菩薩及二乘聖者所知，此憂鬱在七地滿心位方才斷盡；本曲之詞中所說義理極深，昔來所未曾見；此曲係以優美的情歌風格寫詞及作曲，聞者得以激發嚮往諸地菩薩境界之大心，詞、曲都非常優美，難得一見；其中勝妙義理之解說，已印在附贈之彩色小冊中。 2.以各輯公案拈提中直示禪門入處之頌文，作成各種不同曲風之超意境歌曲，值得玩味、參究；聆聽公案拈提之優美歌曲時，請同時閱讀內附之印刷精美說明小冊，可以領會超越三界的證悟境界；未悟者可以因此引發求悟之意向及疑情，眞發菩提心而邁向求悟之途，乃至因此眞實悟入般若，成眞菩薩。 3.正覺總持咒新曲，總持佛法大意；總持咒之義理，已加以解說並印在隨附之小冊中。本CD共有十首歌曲，長達63分鐘，附贈二張購書優惠券。每片280元。

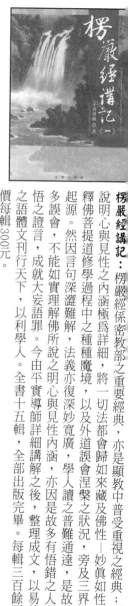

禪意無限CD：平實導師以公案拈提書中偈頌寫成不同風格曲子，與他人所寫不同風格曲子共同錄製出版，幫助參禪人進入禪門超越意識之境界。盒中附贈彩色印製的精美解說小冊，以供聆聽時閱讀，令參禪人得以發起參禪之疑情，即有機會證悟本來面目，實證大乘菩提般若。本CD共有十首歌曲，長達69分鐘，每盒各附贈二張購書優惠券。每片280元。

金剛經宗通：三界唯心，萬法唯識，是成佛之修證內容，是諸地菩薩之所修；般若則是成佛之道（實證三界唯心、萬法唯識）的入門，若未證悟實相般若，即無成佛之可能，必將永在外門廣行菩薩六度，永在凡夫位中。然而實相般若的發起，全賴實證萬法的實相；若欲證知萬法的眞相，則必須探究萬法之所從來，則須實證自心如來—金剛心如來藏，然後現觀這個金剛心的金剛性、眞實性、如如性、清淨性、涅槃性、能生萬法的自性性、本住性，名爲證眞如；進而現觀三界六道唯是此金剛心所成，人間萬法須藉八識心王和合運作方能現起。如是實證《華嚴經》的「三界唯心、萬法唯識」以後，由此等現觀而發起實相般若智慧，繼續進修第十住位的如幻觀、第十行位的陽焰觀、第十迴向位的如夢觀，再生起增上意樂而勇發十無盡願，方能滿足三賢位的實證，轉入初地；自知成佛之道而無偏倚，從此按部就班、次第進修乃至成佛。第八識自心如來是般若智慧之所依，般若智慧的修證則要從實證金剛心自心如來開始；《金剛經》則是解說自心如來之經典，是一切三賢位菩薩所應進修之實相般若經典。這一套書，是將平實導師宣講的《金剛經宗通》內容，整理成文字而流通之；書中所說義理，迥異古今諸家依文解義之說，指出大乘見道方向與理路，有益於禪宗學人求開悟見道，及轉入內門廣修六度萬行。講述完畢後結集出版，總共9輯，每輯約三百餘頁，售價各250元。

空行母—性別、身分定位，以及藏傳佛教：本書作者爲蘇格蘭哲學家，因爲嚮往佛教深妙的哲學內涵，於是進入當年盛行於歐美的假藏傳佛教密宗，擔任卡盧仁波切的翻譯工作多年以後，被邀請成爲卡盧的空行母（又名佛母、明妃），開始了她在密宗裡的實修過程；後來發覺在密宗雙身法中的修行，其實無法使自己成佛，也發覺密宗對女性岐視而處處貶抑，並剝奪女性在雙身法中擔任一半角色時應有的身分定位。當她發覺自己只是雙身法中被喇嘛利用的工具，沒有獲得絲毫應有的尊重與基本定位時，發現了密宗的父權社會控制女性的本質；於是作者傷心地離開了卡盧仁波切與密宗，但是卻被恐嚇不許講出她在密宗裡的經歷，也不許她說出自己對密宗的教義與教制下對女性剝削的本質，否則將被咒殺死亡。後來她去加拿大定居，十餘年後方才擺脫這個恐嚇陰影，下定決心將親身經歷的實情及觀察到的事實寫下來並且出版，公諸於世。出版之後，她被流亡的達賴集團人士大力攻訐，誣指她爲精神狀態失常、說謊……等。但有智之士並未被達賴集團的政治操作及各國政府政治運作吹捧達賴的表相所欺，使她的書銷售無阻而又再版。正智出版社鑑於作者此書是親身經歷的事實，所說具有針對「藏傳佛教」而作學術研究的價值，也有使人認清假藏傳佛教剝削佛母、明妃的男性本位實質，因此洽請作者同意中譯而出版於華人地區。珍妮·坎貝爾女士著，呂艾倫 中譯，每冊250元。

霧峰無霧—給哥哥的信 本書作者藉兄弟之間信件往來論義，略述佛法大義；並以多篇短文辨義，舉出釋印順對佛法的無量誤解證據，並一一給予簡單而清晰的辨正，令人一讀即知。久讀、多讀之後即能認清楚釋印順的六識論見解，與眞實佛法之牴觸是多麼嚴重；於是在久讀、多讀之後，於不知不覺之間提升了對佛法的極深入理解，正知正見就在不知不覺間建立起來了。當三乘佛法的正知見建立起來之後，對於三乘菩提的見道條件便將隨之具足，於是聲聞解脫道的見道也就水到渠成；接著大乘見道的因緣也將次第成熟，未來自然也會有親見大乘菩提之道的因緣，悟入大乘實相般若也將自然成功，自能通達般若系列諸經而成實義菩薩。作者居住於南投縣霧峰鄉，自喻見道之後不復再見霧峰之霧，故鄉原野美景一一明見，於是立此書名爲《霧峰無霧》；讀者若欲撥霧見月，可以此書爲緣。游宗明 老師著 售價250元。

假藏傳佛教的神話—性、謊言、喇嘛教：本書編著者是由一首名叫「阿姊鼓」的歌曲爲緣起，展開了序幕，揭開假藏傳佛教—喇嘛教—的神秘面紗。其重點是蒐集、摘錄網路上質疑「喇嘛教」的帖子，以揭穿「假藏傳佛教的神話」爲主題，串聯成書，並附加彩色插圖以及說明，讓讀者們瞭解西藏密宗及相關人事如何被操作爲「神話」的過程，以及神話背後的眞相。作者：張正玄教授。售價200元。

達賴真面目—玩盡天下女人：假使您不想戴綠帽子，請記得詳細閱讀此書；假使您不想讓好朋友戴綠帽子，請您將此書介紹給您的好朋友。假使您想保護家中的女性，也想要保護好朋友的女眷，請記得將此書送給家中的女性和好友的女眷都來閱讀。本書爲印刷精美的大本彩色中英對照精裝本，爲您揭開達賴喇嘛的眞面目，內容精彩不容錯過，爲利益社會大衆，特別以優惠價格嘉惠所有讀者。編著者：白志偉等。大開版雪銅紙彩色精裝本。售價800元。

童女迦葉考—論呂凱文〈佛教輪迴思想的論述分析〉之謬：童女迦葉是佛世率領五百大比丘遊行於人間的歷史事實，是以童貞行而依止菩薩戒弘化於人間的大菩薩，不依別解脫戒（聲聞戒）來弘化於人間。這是大乘佛教與聲聞佛教同時存在於佛世的歷史明證，證明大乘佛教不是從聲聞法中分裂出來的部派佛教的產物，卻是聲聞佛教分裂出來的部派佛教聲聞凡夫僧所不樂見的史實；於是古今聲聞法中的凡夫都欲加以扭曲而作詭說，更是末法時代高聲大呼「大乘非佛說」的六識論聲聞凡夫極力想要扭曲的佛教史實之一，於是想方設法扭曲迦葉菩薩爲聲聞僧，以及扭曲迦葉童女爲比丘僧等荒謬不實之論著便陸續出現，古時聲聞僧寫作的《分別功德論》是最具體之事例，現代之代表作則是呂凱文先生的〈佛教輪迴思想的論述分析〉論文。鑑於如是假藉學術考證以籠罩大衆之不實謬論，未來仍將繼續造作及流竄於佛教界，繼續扼殺大乘佛教學人法身慧命，必須舉證辨正之，遂成此書。平實導師 著，每冊180元。

末代達賴—性交教主的悲歌：簡介從藏傳偽佛教（喇嘛教）的修行核心—性力派男女雙修，探討達賴喇嘛及藏傳偽佛教的修行內涵。書中引用外國知名學者著作、世界各地新聞報導，包含：歷代達賴喇嘛的祕史、達賴六世修雙身法的事蹟，以及《時輪續》中的性交灌頂儀式……等；達賴喇嘛書中開示的雙修法、達賴喇嘛的黑暗政治手段；達賴喇嘛所領導的寺院爆發喇嘛性侵兒童；新聞報導《西藏生死書》作者索甲仁波切性侵女信徒、澳洲喇嘛秋達公開道歉、美國最大假藏傳佛教組織領導人邱陽創巴仁波切的性氾濫，等等事件背後眞相的揭露。作者：張善思、呂艾倫、辛燕。售價250元。

黯淡的達賴—失去光彩的諾貝爾和平獎：本書舉出很多證據與論述，詳述達賴喇嘛不為世人所知的一面，顯示達賴喇嘛並不是眞正的和平使者，而是假借諾貝爾和平獎的光環來欺騙世人；透過本書的說明與舉證，讀者可以更清楚的瞭解，達賴喇嘛是結合暴力、黑暗、淫欲於喇嘛教裡的集團首領，其政治行為與宗教主張，早已讓諾貝爾和平獎的光環染污了。　本書由財團法人正覺教育基金會寫作、編輯，由正覺出版社印行，每冊250元。

第七意識與第八意識？—穿越時空「超意識」：「三界唯心，萬法唯識」是佛教中應該實證的聖教，也是《華嚴經》中明載而可以實證的法界實相。唯心者，三界一切境界、一切諸法唯是一心所成就，即是每一個有情的第八識如來藏，不是意識心。唯識者，即是人類各各都具足的八識心王——眼識、耳鼻舌身意識、意根、阿賴耶識，第八阿賴耶識又名如來藏，人類五陰相應的萬法，莫不由八識心王共同運作而成就，故說萬法唯識。依聖教量及現量、比量，都可以證明意識是二法因緣生，是由第八識藉意根與法塵二法為因緣而出生，又是夜夜斷滅不存之生滅心，即無可能反過來出生第七識意根、第八識如來藏，當知不可能從生滅性的意識心中，細分出恆審思量的第七識意根，更無可能細分出恆而不審的第八識如來藏。本書是將演講內容整理成文字，細說如是內容，並已在〈正覺電子報〉連載完畢，今彙集成書以廣流通，欲幫助佛門有緣人斷除意識我見，跳脫於識陰之外而取證聲聞初果；嗣後修學禪宗時即得不墮外道神我之中，得以求證第八識金剛心而發起般若實智。平實導師 述，每冊300元。

中觀金鑑—詳述應成派中觀的起源與其破法本質：學佛人往往迷於中觀學派之不同學說，被應成派與自續派所迷惑；修學般若中觀二十年後自以為實證般若中觀了，卻仍不曾入門，甫聞實證般若中觀者之所說，則茫無所知，迷惑不解；隨後信心盡失，不知如何實證佛法；凡此，皆因惑於這二派中觀學說所致。自續派中觀所說同於常見，以意識境界立為第八識如來藏之境界，應成派所說則同於斷見，但又同立意識為常住法，故亦具足斷常二見。今者孫正德老師有鑑於此，乃將起源於密宗的應成派中觀學說，追本溯源，詳考其來源之外，亦一一舉證其立論內容，詳加辨正，令密宗雙身法祖師以識陰境界而造之應成派中觀學說本質，詳細呈現於學人眼前，令其維護雙身法之目的無所遁形。若欲遠離密宗此二大派中觀謬說，欲於三乘菩提有所進道者，允宜具足閱讀並細加思惟，反覆讀之以後將可捨棄邪道返歸正道，則於般若之實證即有可能，證後自能現觀如來藏之中道境界而成就中觀。本書分上、中、下三冊，每冊250元，全部出版完畢。

人間佛教—實證者必定不悖三乘菩提：「大乘非佛說」的講法似乎流傳已久，卻只是日本人企圖擺脫中國正統佛教的影響，而在明治維新時期才開始提出來的說法；台灣佛教、大陸佛教的淺學無智之人，由於未曾實證佛法而迷信日本人錯誤的學術考證，錯認為這些別有用心的日本佛學考證的講法為天竺佛教的眞實歷史；甚至還有更激進的反對佛教者提出「釋迦牟尼佛並非眞實存在，只是後人捏造的假歷史人物」，竟然也有少數人願意跟著「學術」的假光環而信受不疑，於是開始有一些佛教界人士造作了反對中國佛教而推崇南洋小乘佛教的行為，使佛教的信仰者難以檢擇，導致一般大陸人士開始轉入基督教的盲目迷信中。在這些佛教及外教人士之中，也就有一分人根據此邪說而大聲主張「大乘非佛說」的謬論，這些人以「人間佛教」的名義來抵制中國正統佛教，公然宣稱中國的大乘佛教是由聲聞部派佛教的凡夫僧所創造出來的。這樣的說法流傳於台灣及大陸佛教界凡夫僧之中已久，卻非眞正的佛教歷史中曾經發生過的事，只是繼承六識論的聲聞法中凡夫僧依自己的意識境界立場，純憑臆想而編造出來的妄想說法，卻已經影響許多無智之凡夫僧俗信受不移。本書則是從佛教的經藏法義實質及實證的現量內涵本質立論，證明大乘佛法本是佛說，是從《阿含正義》尚未說過的不同面向來討論「人間佛教」的議題，證明「大乘眞佛說」。閱讀本書可以斷除六識論邪見，迴入三乘菩提正道發起實證的因緣；也能斷除禪宗學人學禪時普遍存在之錯誤知見，對於建立參禪時的正知見有很深的著墨。平實導師 述，內文488頁，全書528頁，定價400元。

喇嘛性世界—揭開假藏傳佛教譚崔瑜伽的面紗：這個世界中的喇嘛，號稱來自世外桃源的香格里拉，穿著或紅或黃的喇嘛長袍，散布於我們的身邊傳教灌頂，吸引了無數的人嚮往學習；這些喇嘛虔誠地爲大衆祈福，手中拿著寶杵（金剛）與寶鈴（蓮花），口中唸著咒語：「唵．嘛呢．叭咪．吽……」，咒語的意思是說：「我至誠歸命金剛杵上的寶珠伸向蓮花寶穴之中」！「喇嘛性世界」是什麼樣的「世界」呢？本書將爲您呈現喇嘛世界的面貌。當您發現眞相以後，您將會唸：「噢！喇嘛．性．世界，譚崔性交嘛！」作者：張善思、呂艾倫。售價200元。

見性與看話頭：黃正倖老師的《見性與看話頭》於《正覺電子報》連載完畢，今結集出版。書中詳說禪宗看話頭的詳細方法，並細說看話頭與眼見佛性的關係，以及眼見佛性者求見佛性前必須具備的條件。本書是禪宗實修者追求明心開悟時參禪的方法書，也是求見佛性者作功夫時必讀的方法書，內容兼顧眼見佛性的理論與實修之方法，是依實修之體驗配合理論而詳述，條理分明而且極爲詳實、周全、深入。本書內文375頁，全書416頁，售價300元。

實相經宗通：學佛之目的在於實證一切法界背後之實相，禪宗稱之爲本來面目或本地風光，佛菩提道中稱之爲實相法界；此實相法界即是金剛藏，又名佛法之祕密藏，即是能生有情五陰、十八界及宇宙萬有（山河大地、諸天、三惡道世間）的第八識如來藏，又名阿賴耶識心，即是禪宗祖師所說的眞如心，此心即是三界萬有背後的實相。證得此第八識心時，自能瞭解般若諸經中隱說的種種密意，即得發起實相般若——實相智慧。每見學佛人修學佛法二十年後仍對實相般若茫然無知，亦不知如何入門，茫無所趣；更因不知三乘菩提的互異互同，是故越是久學者對佛法越覺茫然，都肇因於尚未瞭解佛法的全貌，亦未瞭解佛法的修證內容即是第八識心所致。本書對於修學佛法者所應實證的實相境界提出明確解析，並提示趣入佛菩提道的入手處，有心親證實相般若的佛法實修者，宜詳讀之，於佛菩提道之實證即有下手處。平實導師述著，共八輯，已全部出版完畢，每輯成本價250元。

真心告訴您（一）—達賴喇嘛在幹什麼？這是一本報導篇章的選集，更是「破邪顯正」的暮鼓晨鐘。「破邪」是戳破假象，說明達賴喇嘛及其所率領的密宗四大派法王、喇嘛們，弘傳的佛法是仿冒的佛法；他們是假藏傳佛教，是坦特羅（譚崔性交）外道法和藏地崇奉鬼神的苯教混合成的「喇嘛教」，推廣的是以所謂「無上瑜伽」的男女雙身法冒充佛法的假佛教，詐財騙色誤導眾生，常常造成信徒家庭破碎、家中兒少失怙的嚴重後果。「顯正」是揭櫫眞相，指出眞正的藏傳佛教只有一個，就是覺囊巴，傳的是 釋迦牟尼佛演繹的第八識如來藏妙法，稱爲他空見大中觀。正覺教育基金會即以此古今輝映的如來藏正法正知見，在眞心新聞網中逐次報導出來，將箇中原委「眞心告訴您」，如今結集成書，與想要知道密宗眞相的您分享。售價250元。

法華經講義：此書爲平實導師始從2009/7/21演述至2014/1/14之講經錄音整理所成。世尊一代時教，總分五時三教，即是華嚴時、聲聞緣覺教、般若教、種智唯識教、法華時；依此五時三教區分爲藏、通、別、圓四教。本經是最後一時的圓教經典，圓滿收攝一切法教於本經中，是故最後的圓教聖訓中，特地指出無有三乘菩提，其實唯有一佛乘；皆因眾生愚迷故，方便區分爲三乘菩提以助眾生證道。世尊於此經中特地說明如來示現於人間的唯一大事因緣，便是爲有緣眾生「開、示、悟、入」諸佛的所知所見——第八識如來藏妙眞如心，並於諸品中隱說「妙法蓮花」如來藏心的密意。然因此經所說甚深難解，眞義隱晦，古來難得有人能窺堂奧；平實導師以知如是密意故，特爲末法佛門四眾演述《妙法蓮華經》中各品蘊含之密意，使古來未曾被古德註解出來的「此經」密意，如實顯示於當代學人眼前。乃至〈藥王菩薩本事品〉、〈妙音菩薩品〉、〈觀世音菩薩普門品〉、〈普賢菩薩勸發品〉中的微細密意，亦皆一併詳述之，開前人所未曾言之密意，示前人所未見之妙法。最後乃至以〈法華大意〉而總其成，全經妙旨貫通始終，而依佛旨圓攝於一心如來藏妙心，厥爲曠古未有之大說也。平實導師述　已於2015/5/31起開始出版，每二個月出版一輯，共25輯。每輯300元。

西藏「活佛轉世」制度—附佛、造神、世俗法：歷來關於喇嘛教活佛轉世的研究，多針對歷史及文化兩部分，於其所以成立的理論基礎，較少系統化的探討。尤其是此制度是否依據「佛法」而施設？是否合乎佛法眞實義？現有的文獻大多含糊其詞，或人云亦云，不曾有明確的闡釋與如實的見解。因此本文先從活佛轉世的由來，探索此制度的起源、背景與功能，並進而從活佛的尋訪與認證之過程，發掘活佛轉世的特徵，以確認「活佛轉世」在佛法中應具足何種果德。定價150元。

真心告訴您(二)—達賴喇嘛是佛教僧侶嗎？補祝達賴喇嘛八十大壽：這是一本針對當今達賴喇嘛所領導的喇嘛教，冒用佛教名相、於師徒間或師兄姊間，實修男女邪淫，而從佛法三乘菩提的現量與聖教量，揭發其謊言與邪術，證明達賴及其喇嘛教是仿冒佛教的外道，是「假藏傳佛教」。藏密四大派教義雖有「八識論」與「六識論」的表面差異，然其實修之內容，皆共許「無上瑜伽」四部灌頂爲究竟「成佛」之法門，也就是共以男女雙修之邪淫法爲「即身成佛」之密要，雖美其名曰「欲貪爲道」之「金剛乘」，並誇稱其成就超越於（應身佛）釋迦牟尼佛所傳之顯教般若乘之上；然詳考其理論，則或以意識離念時之粗細心爲第八識如來藏，或以中脈裡的明點爲第八識如來藏，或如宗喀巴與達賴堅決主張第六意識爲常恆不變之眞心者，分別墮於外道之常見與斷見中；全然違背 佛說能生五蘊之如來藏的實質。售價300元。

佛法入門：學佛人往往修學二十年後仍不知如何入門，茫無所入漫無方向，不知如何實證佛法；更因不知三乘菩提的互異互同之處，導致越是久學者越覺茫然，都是肇因於尚未瞭解佛法的全貌所致。本書對於佛法的全貌提出明確的輪廓，並說明三乘菩提的異同處，讀後即可輕易瞭解佛法全貌，數日內即可明瞭三乘菩提入門方向與下手處。○○菩薩著 出版日期未定。

修習止觀坐禪法要講記：修學四禪八定之人，往往錯會禪定之修學知見，欲以無止盡之坐禪而證禪定境界，卻不知修除性障之行門才是修證四禪八定不可或缺之要素，故智者大師云「性障初禪」；性障不除，初禪永不現前，云何修證二禪等？又：行者學定，若唯知數息，而不解六妙門之方便善巧者，欲求一心入定，未到地定極難可得，智者大師名之爲「事障未來」：障礙未到地定之修證。又禪定之修證，不可違背二乘菩提及第一義法，否則縱使具足四禪八定，亦不能實證涅槃而出三界。此諸知見，智者大師於《修習止觀坐禪法要》中皆有闡釋。作者平實導師以其第一義之見地及禪定之實證證量，曾加以詳細解析。將俟正覺寺竣工啓用後重講，不限制聽講者資格；講後將以語體文整理出版。欲修習世間定及增上定之學者，宜細讀之。平實導師述著。

解深密經講記：本經係　世尊晚年第三轉法輪，宣說地上菩薩所應熏修之唯識正義經典，經中所說義理乃是大乘一切種智增上慧學，以阿陀那識—如來藏—阿賴耶識爲主體。禪宗之證悟者，若欲修證初地無生法忍乃至八地無生法忍者，必須修學《楞伽經、解深密經》所說之八識心王一切種智；此二經所說正法，方是眞正成佛之道；印順法師否定第八識如來藏之後所說萬法緣起性空之法，是以誤會後之二乘解脫道取代大乘眞正成佛之道，尚且不符二乘解脫道正理，亦已墮於斷滅見中，不可謂爲成佛之道也。平實導師曾於本會郭故理事長往生時，於喪宅中從首七開始宣講，於每一七各宣講三小時，至第十七而快速略講圓滿，作爲郭老之往生佛事功德，迴向郭老早證八地、速返娑婆住持正法。茲爲今時後世學人故，將擇期重講《解深密經》，以淺顯之語句講畢後，將會整理成文，用供證悟者進道；亦令諸方未悟者，據此經中佛語正義，修正邪見，依之速能入道。平實導師述著，全書輯數未定，每輯三百餘頁，將於未來重講完畢後逐輯出版。

阿含經講記—小乘解脫道之修證：數百年來，南傳佛法所說證果之不實，所說解脫道之虛妄，所弘解脫道法義之世俗化，皆已少人知之；從南洋傳入台灣與大陸之後，所說法義虛謬之事，亦復少人知之；今時台灣全島印順系統之法師居士，多不知南傳佛法數百年來所說解脫道之義理已然偏斜、已然世俗化、已非眞正之二乘解脫正道，猶極力推崇與弘揚。彼等南傳佛法近代所謂之證果者多非眞實證果者，譬如阿迦曼、葛印卡、帕奧禪師、一行禪師……等人，悉皆未斷我見故。近年更有台灣南部大願法師，高抬南傳佛法之二乘修證行門爲「捷徑究竟解脫之道」者，然而南傳佛法縱使眞修實證，得成阿羅漢，至高唯是二乘菩提解脫之道，絕非究竟解脫，無餘涅槃中之實際尚未得證故，法界之實相尚未了知故，習氣種子待除故，一切種智未實證故，焉得謂爲「究竟解脫」？即使南傳佛法近代眞有實證之阿羅漢，尚且不及三賢位中之七住明心菩薩本來自性清淨涅槃智慧境界，則不能知此賢位菩薩所證之無餘涅槃實際，仍非大乘佛法中之見道者，何況普未實證聲聞果乃至未斷我見之人？謬充證果已屬逾越，更何況是誤會二乘菩提之後，以未斷我見之凡夫知見所說之二乘菩提解脫偏斜法道，焉可高抬爲「究竟解脫」？而且自稱「捷徑之道」？又妄言解脫之道即是成佛之道，完全否定般若實智、否定三乘菩提所依之如來藏心體，此理大大不通也！平實導師爲令修學二乘菩提欲證解脫果者，普得迴入二乘菩提正見、正道中，是故選錄四阿含諸經中，對於二乘解脫道法義有具足圓滿說明之經典，預定未來十年內將會加以詳細講解，令學佛人得以了知二乘解脫道之修證理路與行門，庶免被人誤導之後，未證言證，干犯道禁，成大妄語，欲升反墮。本書首重斷除我見，以助行者斷除我見而實證初果爲著眼之目標，若能根據此書內容，配合平實導師所著《識蘊眞義》《阿含正義》內涵而作實地觀行，實證初果非爲難事，行者可以藉此三書自行確認聲聞初果爲實際可得現觀成就之事。此書中除依二乘經典所說加以宣示外，亦依斷除我見等之證量，及大乘法中道種智之證量，對於意識心之體性加以細述，令諸二乘學人必定得斷我見、常見，免除三縛結之繫縛。次則宣示斷除我執之理，欲令升進而得薄貪瞋痴，乃至斷五下分結…等。平實導師述，共二冊，每冊三百餘頁。每輯300元。

＊喇嘛教修外道雙身法，墮識陰境界，非佛教＊

＊弘揚如來藏他空見的覺囊派才是真正藏傳佛教＊

總經銷： 飛鴻 國際行銷股份有限公司
231 新北市新店市中正路 501 之 9 號 2 樓
Tel.02－82186688（五線代表號） Fax.02-82186458、82186459

零售：1.**全台連鎖經銷書局：**
三民書局、誠品書局、何嘉仁書店
敦煌書店、紀伊國屋、金石堂書局、建宏書局

2.**台北市：**佛化人生 羅斯福路 3 段 325 號 6 樓之 4 台電大樓對面

3.**新北市：**春大地書店 **蘆洲**中正路 117 號 明達書局 **三重**五華街 129 號

4.**桃園市縣：**誠品書局 **桃園市**中正路 20 號遠東百貨地下室一樓
金石堂 **桃園市**大同路 24 號 金石堂 **桃園**八德市介壽路 1 段 987 號
諾貝爾圖書城 **桃園市**中正路 56 號地下室 巧巧屋書局 **蘆竹**南崁路 263 號
墊腳石文化書店 **中壢市**中正路 89 號 來電書局 **大溪**慈湖路 30 號
御書堂 **龍潭**中正路 123 號

5.**新竹市縣：**大學書局 **新竹**建功路 10 號 誠品書局 **新竹**東區信義街 68 號
誠品書局 **新竹**東區中央路 229 號 5 樓 誠品書局 **新竹**東區力行二路 3 號
墊腳石文化書店 **新竹**中正路 38 號 金典文化 **竹北**中正西路 47 號

6.**苗栗市縣：**萬花筒書局 **苗栗市**府東路 73 號

7.**台中市：** **瑞成**書局、各大連鎖書店。
詠春書局 **台中市**永春東路 884 號 文春書局 **霧峰**中正路 1087 號

8.**彰化市縣：**心泉佛教流通處 **彰化市**南瑤路 286 號
員林鎮：墊腳石圖書文化廣場 中山路 2 段 49 號（04-8338485）

9.**台南市：**博大書局 **新營**三民路 128 號
藝美書局 **善化**中山路 436 號 宏欣書局 **佳里**光復路 214 號

10.**高雄市：**各大連鎖書店、**瑞成**書局
政大書城 **三民區**明仁路 161 號 政大書城 **苓雅區**光華路 148-83 號
明儀書局 **三民區**明福街 2 號 明儀書局 三多四路 63 號
青年書局 青年一路 141 號

11.**宜蘭縣市：**金隆書局 宜蘭市中山路 3 段 43 號
宋太太梅鋪 羅東鎮中正北路 101 號（039-534909）

12.**台東市：**東普佛教文物流通處 台東市博愛路 282 號

13.**其餘鄉鎮市經銷書局：**請電詢總經銷**飛鴻**公司。

14.**大陸地區請洽：**

香港：樂文書店
旺角店 :香港九龍旺角西洋菜街 62 號 3 樓
電話 : (852) 2390 3723 email: luckwinbooks@gmail.com
銅鑼灣店 :香港銅鑼灣駱克道 506 號 2 樓
電話 : (852) 2881 1150 email: luckwinbs@gmail.com

廈門：廈門外圖臺灣書店有限公司

地址：廈門市思明區湖濱南路809號 廈門外圖書城3樓 郵編：361004

電話：0592-5061658（臺灣地區請撥打 86-592-5061658）

E-mail：JKB118＠188.COM

15.**美國：世界日報圖書部**：紐約圖書部　電話 7187468889#6262

洛杉磯圖書部　電話 3232616972#202

16.**國內外地區網路購書：**

正智出版社 書香園地　http://books.enlighten.org.tw/

（書籍簡介、直接聯結下列網路書局購書）

三民 網路書局　http://www.Sanmin.com.tw

誠品 網路書局　http://www.eslitebooks.com

博客來 網路書局　http://www.books.com.tw

金石堂 網路書局　http://www.kingstone.com.tw

飛鴻 網路書局　http://fh6688.com.tw

附註：1.請儘量向各經銷書局購買：郵政劃撥需要十天才能寄到（本公司在您劃撥後第四天才能接到劃撥單，次日寄出後第四天您才能收到書籍，此八天中一定會遇到週休二日，是故共需十天才能收到書籍）若想要早日收到書籍者，請劃撥完畢後，將劃撥收據貼在紙上，旁邊寫上您的姓名、住址、郵區、電話、買書詳細內容，直接傳真到本公司 02-28344822，並來電 02-28316727、28327495 確認是否已收到您的傳真，即可提前收到書籍。 2.因台灣每月皆有五十餘種宗教類書籍上架，書局書架空間有限，故唯有新書方有機會上架，通常每次只能有一本新書上架；本公司出版新書，大多上架不久便已售出，若書局未再叫貨補充者，書架上即無新書陳列，則請直接向書局櫃台訂購。 3.若書局不便代購時，可於晚上共修時間向正覺同修會各共修處請購（共修時間及地點，詳閱**共修現況表**。每年例行年假期間請勿前往請書，年假期間請見共修現況表）。 4.郵購：郵政劃撥帳號 19068241。 5.正覺同修會會員購書都以八折計價（戶籍台北市者爲一般會員，外縣市爲護持會員）都可獲得優待，欲一次購買全部書籍者，可以考慮入會，節省書費。入會費一千元（第一年初加入時才需要繳），年費二千元。**6.尚未出版之書籍，請勿預先郵寄書款與本公司，謝謝您！** 7.若欲一次購齊本公司書籍，或同時取得正覺同修會贈閱之全部書籍者，請於正覺同修會共修時間，親到各共修處請購及索取；**台北市讀者**請洽：103 台北市承德路三段 267 號 10 樓（捷運淡水線 圓山站旁）請書時間：週一至週五爲 18.00~21.00，第一、三、五週週六爲 10.00~21.00，雙週之週六爲 10.00~18.00 請購處專線電話：25957295-分機 14（於請書時間方有人接聽）。

敬告大陸讀者：

大陸讀者購書、索書捷徑（尚未在大陸出版的書籍，以下二個途徑都可以購得，電子書另包括結緣書籍）：

1.廈門外國圖書公司：廈門市思明區湖濱南路 809 號 廈門外圖書城 3F

郵編：361004　電話：0592-5061658　網址：JKB118＠188.COM

2.電子書：正智出版社有限公司及正覺同修會在台灣印行的各種局版書、結緣書，已有『**正覺電子書**』陸續上線中，提供讀者於手機、平板電腦上購書、下載、閱讀正智出版社、正覺同修會及正覺教育基金會所出版之電子書，詳細訊息敬請參閱『正覺電子書』專頁：http://books.enlighten.org.tw/ebook

關於平實導師的書訊，請上網查閱：

成佛之道　http://www.a202.idv.tw

正智出版社 書香園地　http://books.enlighten.org.tw/

中國網採訪佛教正覺同修會、正覺教育基金會訊息：

http://big5.china.com.cn/gate/big5/fangtan.china.com.cn/2014-06/19/content_32714638.htm

http://pinpai.china.com.cn/

★ 正智出版社有限公司售書之稅後盈餘，全部捐助財團法人正覺寺籌備處、佛教正覺同修會、正覺教育基金會，供作弘法及購建道場之用；懇請諸方大德支持，功德無量。

★ 聲　明 ★

本社於 2015/01/01 開始調整本目錄中部分書籍之售價，以因應各項成本的持續增加。

＊ 喇嘛教修外道雙身法、墮識陰境界，非佛教 ＊

＊ 弘揚如來藏他空見的覺囊派才是真正藏傳佛教 ＊

售後服務—換書啓事（免附回郵） 2012/09/24

《楞嚴經講記》第 14 輯初版首刷本免費調換新書啓事：本講記第 14 輯出版前因 平實導師諸事繁忙，未將之重新閱讀而只改正校對時發現的錯別字，故未能發覺十年前所說法義有部分錯誤，於第 15 輯付印前重閱時才發覺第 14 輯中有部分錯誤尚未改正。今已重新審閱修改並已重印完成，煩請所有讀者將以前所購第 14 輯初版首刷本，寄回本社免費換新（初版二刷本無錯誤），本社將於寄回新書時同時附上您寄書回來換新時所付的郵資，並在此向所有讀者致上最誠懇的歉意。

《心經密意》初版書免費調換二版新書啓事：本書係演講錄音整理成書，講時因時間所限，省略部分段落未講。後於再版時補寫增加 13 頁，維持原價流通之。茲爲顧及初版讀者權益，自 2003/9/30 開始免費調換新書，原有初版一刷、二刷書籍，皆可寄來本來公司換書。

《宗門法眼》已經增寫改版爲 464 頁新書，2008 年 6 月中旬出版。讀者原有初版之第一刷、第二刷書本，都可以寄回本社免費調換改版新書。改版後之公案及錯悟事例維持不變，但將內容加以增說，較改版前更具有廣度與深度，將更能助益讀者參究實相。

換書者**免附回郵**，亦無截止期限；舊書請寄：111 台北郵政 73-151 號信箱 或 103 台北市承德路三段 267 號 10 樓 正智出版社有限公司。舊書若有塗鴨、殘缺、破損者，仍可換取新書；但缺頁之舊書至少應仍有五分之三頁數，方可換書。所有讀者不必顧念本公司是否有盈餘之問題，都請踴躍寄來換書；本公司成立之目的不是營利，只要能眞實利益學人，即已達到成立及運作之目的。若以郵寄方式換書者，免附回郵；並於寄回新書時，由本社附上您寄來書籍時耗用的郵資。造成您不便之處，再次致上萬分的歉意。

正智出版社有限公司 啓

國家圖書館出版品預行編目(CIP)資料

法華經講義 / 平實導師述. -- 初版. -
- 臺北市 : 正智, 2015.05
面 ; 公分
ISBN 978-986-5655-30-3（第一輯：平裝）
ISBN 978-986-5655-46-4（第二輯：平裝）
ISBN 978-986-5655-56-3（第三輯：平裝）
ISBN 978-986-5655-61-7（第四輯：平裝）
ISBN 978-986-5655-69-3（第五輯：平裝）
ISBN 978-986-5655-79-2（第六輯：平裝）
ISBN 978-986-5655-82-2（第七輯：平裝）

1. 法華部
221.5　　104004638

法華經講義——第五輯

著述者：平實導師
音文轉換：章乃鈞 高惠齡 劉惠莉 蔡正利 黃昇金
校對：章乃鈞 陳介源 孫淑貞 傅素嫻 王美伶
出版者：正智出版社有限公司
電話：〇二 28327495 28316727（白天）
傳眞：〇二 28344822
111 台北郵政 73-151 號信箱
郵政劃撥帳號：一九〇六八二四一
正覺講堂：總機〇二 25957295（夜間）

總經銷：飛鴻國際行銷股份有限公司
231 新北市新店區中正路 501-9 號 2 樓
電話：〇二 82186688（五線代表號）
傳眞：〇二 82186458 82186459

初版首刷：二〇一六年元月三十一日 二千冊
初版四刷：二〇一六年五月 二千冊
定價：三〇〇元